한국어로 내려온
New Bible

새로운
성 경

제75권

5부 | 총10부

하얀마음

하나님 말씀 중에서

1. 사랑의 하나님

- 세상을 창조하신 하나님은 모두를 사랑하신다. 인간만 특별히 더 사랑하지 않고, 우주 만물을 다 똑같이 사랑하신다. 그러니 하나님이 창조하신 천지 만물과 화친하고, 미물까지도 소중히 대하라.

- 하나님은 특정 종파나 민족만을 더 사랑하지 않으신다. 자기 자신만 구원받겠다는 욕심을 버리고, 자기 종파만 구원받는다는 편협한 교리에서 벗어나야 한다. 종파를 초월해서, 모두를 사랑하라.

- 원수까지 사랑하라 했으니, 이 세상에 사랑하지 못할 자가 누가 있겠는가? 종파가 다르다고 해서 부모 형제와 원수처럼 지내는 자는 인간의 근본을 모르는 자다. 가장 가까운 가족부터 사랑할 때 남도 진심으로 사랑할 수 있다.

- 한 사람을 원수같이 생각하던 마음에서 사랑하는 마음으로 돌리면, 자기 자신의 마음이 가장 기쁘고 행복하다. 하나님께서는 인간의 마음속에 무거움이 없이 기쁘고 행복한 삶을 살기를 바라신다.

- 이웃을 "내 몸처럼" 사랑하라 했으니, 마지막 한 장 남은 천국의 티켓도 이웃에게 양보하라. 자기 중심적인 신앙에서 벗어나서 남을 위해 살아야 한다.

- 독초도, 약초도, 이단도 사탄도 천사도 다 필요하기에 존재한다. 독초일지라도 극소량을 사용해서 생명을 살릴 수 있고, 약초라 하더라도 남용하면 생명을 잃을 수 있다.

- 세상 모든 것을 명약으로 활용하는 것은 인간의 지혜에 달렸다. 어떤 것이든 어떤 사람이든 적재적소에 꼭 필요한 명약으로 승화시키라.

- 사탄도 이단도 천사도 모두 하나님의 주관하에 존재한다. 진정한 하나님의 백성은 사탄과 마귀까지도 감화시켜서 천사로 거듭나게 한다.

2. 기도

- 하나님은 인간의 생각까지 모두를 다 알고 계신다. 우리의 소원도 이미 알고 계시기에, 소원의 기도를 할 필요가 없다. 우리가 받을 자격이 되면 내려 주신다.

- 죄를 짓고 아무리 회개를 해도 용서받지 못한다. 도둑질한 자는 용서해 달라고 기도하고, 도둑맞은 자는 도둑을 잡게 해 달라고 기도하면, 공의의 하나님은 누구의 편에 서시겠는가?

- 자기가 잘못한 것은 그 사람에게 직접 갚고 용서를 구하라. 그가 용서하면 하나님도 용서하신다. 땅에서 매면 하늘에서도 매이고, 땅에서 풀리면 하늘에서도 풀리는 이치다.

- "회당에서 기도하지 말고 골방에서 기도하라" 했다. 눈에 보이는 골방이 아니라, 골방과 같이 고요한 마음이다. 잡념을 버리고 하나님을 향해 마음을 집중하며, 사랑하고 용서하는 아름다운 생각만 나오도록 하라.

- "두드리면 열릴 것이다." 하는 것은 육의 소원을 위해 두드리라는 것이 아니라, 진리의 깨달음을 얻기 위해 두드리라는 것이다.

- 기도하는 방법: 생활 속에서 수시로 기도하는 삶을 살아야 한다.

- "저의 죄를 용서하여 주옵소서." 하는 회개의 기도를 하라.
- 범사에 "하나님! 감사합니다." 하라. 현재 가진 것에 감사하며, 과욕하지 말라. 자기 노력 이상의 것을 더 갖고자 기도하는 것은 도둑놈심보다. 공의의 하나님은 각자 노력한 만큼 주신다.
- "하나님 뜻대로 살아가겠나이다." 하며 마음의 각오를 다지라.

- 기도는 하나님의 말씀을 받아서 "행하는 것"이다. 하나님이 계심을 굳건히 믿고, 하늘을 향하여 한 점 부끄럼 없이 사는 삶 자체가 가장 위대한 기도이며, 삶이 곧 예배다.

3. 지도자

- 똑같이 사랑한다는 말을 해도, 순수하게 하는 말은 천사의 말이지만, 사기 쳐서 재산을 가로채려고 하는 말은 사탄의 말이다.

- 종교 지도자가 아무리 훌륭한 설교를 해도, 신도의 재물을 거둬서 더 큰 교회를 짓고 자기의 부귀영화를 바라며 설교하면 사탄의 가르침이 된다.

- "저희 교회는 만원사례요, 믿음은 다 같으니 이웃의 개척 교회에 가서 예배를 드리시오." 하며, 이웃 교회의 부흥을 먼저 생각하여 제 신도를 보내는 종교 지도자가 있다면 그를 따르라. 그가 하나님의 사랑을 실천하는 자다.

- "부자가 천국에 들어가는 것은 낙타가 바늘구멍을 통과하는 것보다 더 힘들다" 하였거늘, 지금의 교회에서는 부자가 되기만을 기도하고 소원하니, 이는 곧 천국을 포기하고 지옥 행 열차의 티켓을 사는 것과 같다.

- 예수는 빈손이었다. 종교 지도자가 예수보다 더 호화롭고 편안하게 살아간다면 잘못된 것이다. 부귀영화와 명예를 바라는 자는 절대로 갈 수 없는 좁고 협착한 길이 종교 지도자의 길이다.

- 종교 지도자는 유리로 비춰 봐 한 점의 부끄러움이 없이 살아야 한다. 의식주도 직접 일해서 해결하고, 예수의 가르침과 행함을 그대로 따라야 한다.

- 종말은 없다. 지금의 잘못 가는 종교 집단에게만 종말이 있다. 보이지 않는 하나님은 보이는 육의 종말은 관여하지 않으신다. 환경 파괴로 인간이 스스로 멸망을 자초하는 것이다. 종파끼리 싸우기 전에, 무너진 인성을 바로잡고 지구의 몸살을 해결하는 데 뜻을 모으는 게 급선무다.

4. 성전이란

- 이 세상 자체가 하나님께서 만드신 성전이다. 자연보다 더 아름다운 성전이 있는가? 보이는 건물이 성전이 아니라, 성스러운 마음가짐이 성전이다.

- 반석 위에 교회를 지으라 했다. 지상의 단단한 돌은 인간이 쪼갤 수 있으나, 마음속의 굳은 결의는 세상 무엇으로도 쪼갤 수 없다. 바르고 굳건한 믿음으로 성경의 가르침을 실천하는 것이 마음의 반석 위에 교회를 짓는 것이다.

- 손으로 지은 건물의 교회에 모여서 복음을 전하는 것이 아니라, 교회를 개인과 가정에 심어 주어야 한다. 무너지고 부서지는 건물을 짓지 말고, 마음속에 영원히 불변하는 참진리의 교회를 지으라.

5. 십계명

- 십계명은 인간이 죽어서 반드시 통과해야만 하는 열 개의 관문이다.

- 부모를 공경하지 아니한 자는 "네 부모를 공경하라." 하는 제5계명의 관문이 열리지 않으니 구원받을 수 없다.
- 살인, 간음, 거짓, 우상 등의 나머지 계명도 마찬가지다.

- 십계명은 하나님의 친필이다. 모기소리만 한 하나님의 음성이라도 들어 보겠다고 여기저기 찾아 헤매지 말고, 십계명부터 암송하고 지키라.

- 십계명은 영혼을 구원하는 양식이며, 십계명을 지키는 것이 구원을 받는 길이다. 인간이기에 지키고자 노력하고 또 노력한다면 지킬 수 있다.

- 십계명을 지키고 천사처럼 아름답게 살아가는 그 마음 하나면 세상에 이루어지지 않는 것이 없다.

6. 보물

- 하나님은 재물이 아니라 우리의 마음을 받으신다. 사랑을 실천하며 천사처럼 변하는 마음이 하나님께 바치는 보물이다.

- 보이지 않는 하나님께 재물을 바치려 하지 말고, 너희를 길러 준 부모에게 용돈 드리고, 찾아뵙고, 효성을 다하라. 그것이 하나님께 효도하는 것이다.

- 하늘에는 선과 악의 창고가 있다. 자기 창고에 선이 많으면 천국으로 구원을 받고, 악이 많으면 심판받아 지옥으로 간다. 그것이 바로 "선한 일을 행한 자는 생명의 부활로, 악한 일을 행한 자는 심판의 부활로" 나오는 것이다.

- "선악과를 따먹지 말라"는 것은 양심을 지키라는 것이다. 선과 악을 구분할 수 있는 양심을 최초에 인간에게 주셨다. 선한 열매는 취하고, 악한 열매는 버리며, 양심에 비추어 부끄럼 없는 삶을 살아가라.

- 가장 작은 거짓말을 하지 않고, 가장 작은 죄를 짓지 않으며, 가장 작은 선행을 하고, 가장 작은 악행을 멀리하는 것이 율법의 일점 일획도 빠뜨리지 말고 다 지키는 삶을 사는 것이다.

7. 우상

- 박물관에 있는 불상은 하나의 예술품이다. 그 조각품에 대고 제 소원을 빌 때 우상숭배가 된다. 십자가라 하여도 그 앞에서 소원을 빈다면 우상숭배하는 것이며, 하나님께 소원을 빈다면 하나님을 우상으로 전락시키는 것이다.

- 지금 기복신앙에 젖어 있는 모든 사람이 우상 앞에 절을 하고 있다. 조각품을 우상이라며 파괴하지 말고, 네 마음속에 있는 욕심의 우상을 무너트리라.

- 생수를 약초가 먹으면 약을 만들고 독사가 먹으면 독을 만든다. 같은 성경을 봐도 선한 지도자는 신도를 천사로 만드는 데 활용한다. 그러나 욕심이 가득한 지도자는 재물을 거두어들여 제가 부귀영화를 누리는 데 악용한다. 그가 바로 성경을 우상숭배의 도구로 전락시키는 거짓 선지자다.

- 성경을 한 획도 빼거나 더하지 말라는 것은, 그 가르침을 빠트리지 말고 온전히 지키라는 것이다. 성경 속에서 자기에게 유리한 구절만 보는 것은, 자기에게 불리한 구절들을 빼 버리는 것이다. 믿음이 제일이요, 행함은 구원과는 관계없다는 것은 자신에게 유리한 쪽으로 성경을 악용하는 것이다.

- 진정한 종교 지도자는 종파에 관계없이 어떤 종파든 어떤 책이든 접하고 보고 깨우쳐 견문을 넓히도록 인도한다. 참진리를 모르고 자신이 없는 자가 남을 이단이라며 배척하고, 신도들의 눈과 귀를 가린다.

8. 예수

- 예수의 재림은 없다. 예수가 다시 온다 해도, 과연 누가 그를 예수라고 믿겠는가? 예수와 같은 삶의 행함이 곧 예수의 재림이다. 각자 모두가 "재림 예수"가 되는, 차원 높은 믿음으로 가야 한다.

- 예수는 "주여 주여 하지 말고, 아버지의 뜻대로 행하라"고 했다. 예수가 전한 하나님의 뜻이 곧 "길이요, 진리요, 생명"이며, 그 가르침이 예수의 보혈처럼 소중한 것이다. 예수를 믿는 것은, 예수의 가르침을 믿고 따르는 것이다.

- 예수는 낮은 자로서 만백성을 섬기고자 했다. 만나는 모든 사람을 다 하나님이라 생각하라. 돈을 벌수록 겸손하고, 높은 지위를 얻을수록 낮아지라.

▪ 예수는 종파를 만들지 않았다. 인간이 만든 종교와 인간의 교리를 따르지 말고, 예수를 통해 전한 하나님의 참진리를 연구하고 따르라.

▪ 예수가 2천 년 전에 만백성을 위해 죽었으니, 지금 이 땅에는 예수의 가르침대로 사는 천사만 존재해야 한다. 예수가 죽어 가면서 바란 것은 만백성이 천사가 되어 예수의 자리를 채워 주는 것이지, 지금과 같이 재물을 바치면서 중언부언 제 소원만을 비는 백성들을 바란 것이 아니다.

9. 구원

▪ 천사가 사는 천국에는 천사만 갈 수 있으니, 천사 같은 마음을 길러야 한다.

- "천국 열쇠를 네게 주리니 땅에서 무엇이든지 매면 하늘에서도 매일 것이라" 했다. 땅에서 천사같이 사는 자가 하늘에서도 천사가 되어 천국에 들어간다. 모든 사람에게 천사같다는 말을 듣는 삶을 살아야 한다.

▪ 천사의 곱고 아름다운 마음은 부모를 공경하고 어른을 어른으로 대접하는 데에서 출발한다. 효도하는 자는 형제와 화목하게 지내기에 가정이 화목해지고, 이웃과 화목해지고, 국가가 화목해지고, 온 인류가 화목해진다.

- 그러므로 지상의 아름다운 소왕국은 가정에서부터 이루어야 한다.

▪ 선택된 14만 명만 구원받는 것이 아니라, 천사처럼 변하고자 하는 14만 명을 기초로 온 인류가 천사처럼 거듭나는 영적인 개혁이 시작되는 것이다.

▪ 천 년에 걸쳐서 하늘에서 이루어진 것같이 이 세상을 낙원으로 만들어, 만백성이 지상의 천국에서 살다가 죽어서 그대로 하늘의 천국으로 들어가는, 영원한 지상 낙원을 건설하는 것이 하나님의 계획이다.

- **이것이 구약과 신약에 이어 "새로운 성경"으로 역사하시는 하나님의 창조의 완성이다.**

▪ 지금의 믿음으로 구원받을 수 있다면 그 길을 가라. 그러나 자신이 없다면 하나님께서 직접 내리신 160권의 "새로운 성경"을 읽고 구원의 길을 보라!

하나님 머리말씀

이 새로운 성경을 읽는 너희 모두는
이 율법에 따라 행하면 영원히 구원받을 것이니라.

너희 인간이 수년, 수십 년, 평생
성서를 공부하고 기도하는 것은
하늘나라 나의 곁으로 오고 싶은 소망일진대,

몇천 년 전의 너희 인성과 생각이
지금의 너희와는 판이하게 다르니,

꺾여 가고 병들어 가는 너희를 고칠 수 있는 길은,
오늘 내가 선지자에게 내리는 새로운 성경과 같이
너희가 변화되는 것뿐이니라.

나의 예수가 태어난 것처럼
내가 아들 선지자를 선택하여
나의 새로운 성경을 온 세계에 전하고자 하니,

묵은 것은 버리고 새로운 것은 취하여,
너희 모두는
'여호와 하나님! 저의 죄를 용서하여 주옵소서.'
하는 기도문으로 기도하고, 죄를 뉘우치라.

이 새로운 성경은
수천 년간 내려온 성서를 요약한 것이니,
너희는 이 책을 정독하여 쉽게 깨달음을 얻고,
이대로 실천하여 하늘에 오르라.

대역자 머리말

■ 하나님의 율법을 지키는 선지자로 선택을 받도다.

저는 남들처럼 그저 열심히 살아온 평범한 사람이었습니다. 그러나 50대 중반에 사업에 실패하여 많은 부채에 시달렸으며, 건강도 악화되어 눈이 잘 안 보이고, 걷기도 어렵고, 두통이 심해서 잠을 이룰 수 없는 고통의 나날을 보냈습니다. 그때 제가 선택할 수 있는 것은 육의 삶을 끝내는 길뿐이었습니다.

죽기 직전에 그동안에 죄를 지은 이들에게 용서를 빌고 인생을 끝내기로 작정하였습니다. 어려서부터 지은 죄를 빌고 빌다 보니 끝이 없었고, 죽음으로도 그 많은 죄를 용서받을 길이 없다는 생각에 하염없이 눈물이 흘렀습니다. 그 순간 '재래식 화장실의 구더기는 죄를 짓지 않는데, 나는 인간으로서 구더기만도 못한 삶을 살았구나.' 하는 생각이 들면서 괴로움에 몸부림칠 때, 갑자기 하나님의 음성이 들렸습니다.

"나는 여호와 하나님이니라. 너는 십계명을 암송하고 내가 내려 주는 메시지를 받아 책으로 만들어 만백성을 구하라." 하시며, 제 눈을 손으로 문지르게 하시고, 아픈 머리와 다리를 손으로 두드리게 하셨습니다. 그러고 나니 눈도 잘 보이고 걸을 수 있었으며 머리의 통증도 말끔히 낫게 되었습니다. 그때부터 십계명을 암송하고 나면 들려주시는 말씀을 기록하였고, 1999년 8월부터 2004년 7월까지 권당 288쪽, 총 160권을 받아서 "새로운 성경"이라는 책으로 펴내게 되었습니다.

그러한 저에게 죽기보다도 힘든 길이 시작되었습니다. 모든 교인들이 저에게 사탄이요, 이단이요, 악마요, 마지막 시대에 온 거짓 선지자라 하면서 공격하였고, 저를 짐승을 보듯이 대하는가 하면, 편협한 종교 지도자들의 선동으로 신도들이 이 책을 직접 읽어보고 평가할 기회마저 막아 버렸습니다. 그래서 하나님의 말씀을 세상에 내는 데 많은 어려움을 겪으며, 피를 토하는 심정으로 책을 전하고 있습니다.

그러나 아무리 인간의 힘으로 막으려 해도, 하나님의 뜻이 세상에 전해지는 위대한 역사는 계속될 것입니다. 책으로 전해지는 "하나님의 말씀"은 세상 끝날까지 항상 우리와 함께하실 것입니다. 사람은 죽어도, 책에 기록된 말씀은 영원히 남으니까요.

■ 따뜻한 실천

하나님께서는 어려운 사람들에게 삶의 터전을 마련해 주고, 미래를 열어 주는 것을 기뻐하십니다. 어려운 이웃이 스스로 자립할 수 있도록 이끌어 주는 것이 진정으로 이웃을 돕는 것이라고 말씀하셨습니다. 그래서 일자리가 없는 제자들에게 작은 사업장을 만들어 주는 "달란트 사업"을 하고 있습니다. 식당, 반찬 가게 등을 차려 주고, 기존의 어려운 사업장이 자립할 수 있도록 돕고 있습니다(커피숍, 미용실, 의상실 등).

하나님께서는 교회에 나와서 모든 시간과 재물을 쏟기를 원하지 않으시고, 그 시간과 재물을 교육에 투자하여 스스로 미래를 열어 가기를 원하십니다. 그래서 제때 공부하지 못한 제자들에게 학업을 이어 가도록 하였습니다. 중화요리 주방장을 하며 초등학교 검정고시부터 공부하여 2012년에 방통대를 졸업한 36세 남성, 만학도들의 2년제 중학교에 입학해서 2007년에 명지대학을 졸업한 38세 여성, 중학교 검정고시를 시작으로 숭의여자대학을 졸업한 47세 여성 등이 있습니다. 그밖에도 많은 제자들에게 나이를 초월하여 배우고 깨우쳐서 사회 속의 당당한 일원이 되도록 인도하고 있습니다.

학자금 대출로 힘겨워하는 젊은이들을 위해 "따뜻한 바람 장학회"를 발족하여(2016년 12월) 대출받은 학자금 전액을 매월 갚아 주고 있습니다. 또한, 다문화 가정을 위해 "다문화 가족 랜드"를 조성하여, 각종 시설을 무료로 활용하도록 하고 있습니다.

이러한 따뜻한 실천이 아직은 미약합니다. 그러나 책의 수입이 늘고, 저와 뜻을 같이하는 분들이 늘어나면 계속 확대할 것입니다. 지도자로서 신도의 재물을 헌금으로 거둬들여 착복하는 것이 아니라, 하나님께서 기뻐하시는 일에 사용하도록 중매 역할만 하며 살아가고자 합니다. 이런 제가 과연 사탄이고 이단인가요? 하나님께서 기뻐하시는 일이라면, 저에게 사탄이라 하든 거짓 선지자라 하든 굽히지 않고 실천해 나갈 것입니다.

끝으로, 일상의 삶 속에서 "지금 내가 하는 행동이 과연 하나님께서 기뻐하실까, 슬퍼하실까?" 생각하고, 매사에 하나님께서 기뻐하시는 길을 택하기 바랍니다. 교회에 모여서 집단적으로 예배 드리는 것이 아니라, 개인이나 가정 단위로 새로운 성경을 읽어 스스로 깨우치고 그대로 행하면 충분합니다. 그것이 마음속에 성전을 짓고, 신령과 진정으로 예배 드리는 길입니다. 그러면 천국의 문에 들어서게 됩니다.

2017. 2. 1.

하나님 말씀 대역자 김용철

차 례

십 계 명

이 책은 십계명을 암송하고 나면 내려 주시는 "하나님의 음성"을 듣고 그대로 받아쓴 기록입니다. 하나님께서 십계명을 모세에게 내려 주셨지만, 그것은 만백성에게 내려 주신 것입니다. 마찬가지로 이 책의 모든 말씀도 저에게 내려 주셨지만, 만백성 각자에게 들려주시는 말씀입니다. 여러분도 이 책을 접할 때마다 십계명을 암송하고 나서 정독해 주시기 바랍니다.

제일은, 너는 나 외에는 다른 신들을 네게 있게 말지니라.

제이는, 너를 위하여 새긴 우상을 만들지 말고, 또 위로 하늘에 있는 것이나, 아래로 땅에 있는 것이나, 땅 아래 물 속에 있는 것의 아무 형상이든지 만들지 말며, 그것들에게 절하지 말며, 그것들을 섬기지 말라.

제삼은, 너는 너의 하나님 여호와의 이름을 망령되이 일컫지 말라.

제사는, 안식일을 기억하여 거룩히 지키라.

제오는, 네 부모를 공경하라.

제육은, 살인하지 말지니라.

제칠은, 간음하지 말지니라.

제팔은, 도적질하지 말지니라.

제구는, 네 이웃에 대하여 거짓 증거하지 말지니라.

제십은, 네 이웃의 집을 탐내지 말지니라.

나 여호와가 존재함을 믿는 그 자체가 구원의 길에 들어서는 기본이요, 근본이며, 나의 새로운 성경을 가슴에 안고 정독하는 자, 반석 위에 서서 하늘에 오르는 찬란한 빛을 보게 되는 영광을 얻게 됨이니라. 진정 나를 따르고 믿는 자는 감히 사탄이나 마귀도 근접하지 못하느니라.

〈하나님 말씀〉

2003년 3월

5,518 번째 하나님 말씀

2003년 3월 15일 07시 58분

1 사랑하는 나의 아들아!
2 "네, 아버님! 말씀하옵소서."
3 이 세상의 만백성 그 모두는 다 나의
아들딸이요, 나 여호와가 창조했으며
내가 똑같이 사랑한다 하였음이니라.
4 너희는 하늘에 오르는 길이요, 구원을
받기 위하여 몸부림치며 기도하고 헌
금하며 그와 같은 너희가 몸부림을 치
고 있으나,
5 너희는 나의 아들딸이요, 우선 너희가
구원이요, 구원을 받지 못하는 것은
간단한 것임을 알아야 할 것이니라.
6 너희가 살아가면서 하늘에 오르고 못
오르는 것이 얼마나 간단한 것인지
너희는 그 이치를 모르고 있음이니라.
7 너희가 선한 일을 하는 것은 천사가
되는 것이요, 악한 짓을 하는 것은 사
탄이요, 악마가 되는 간단한 그 이치
요, 원리를 어찌하여 모르는가?
8 나로부터 똑같이 선택된 아들딸이니
똑같이 소중한 나의 자식이니라.
9 너희가 나의 뜻을 순종하며 선한 일을
행하는 것은 천사요, 악한 짓을 하는
것은 사탄이 되는 것이라 내가 말하지
아니하였는가?
10 너희가 살아가는 행위요, 사랑함을 어
찌하느냐 그것이 가장 중요한 것이니,
11 그것이 너희에게 모두가 달렸다 내가
말하지 아니하였는가?
12 그러니 너의 제자들에게 이르라.
13 너희가 살아가면서 과연 지금 하고 있
는 짓이 사탄의 짓인가 천사의 짓인가
그것을 구분하면 알 것이니,
14 사탄의 짓은 하지 아니하면 될 것이며
선한 일이요, 천사가 되는 일은 행하
면 될 것이거늘,
15 그것이 구원을 받고 못 받는 것이라는
것을 알라.
16 울고 불며 나의 아들 예수의 이름을
부르며 보혈로써 구원을 받으며 재물
을 수천수만 가지 명칭을 갖다 붙이는
대로 바친다 해서 구원을 받고 안 받
는 것이 아니니라.
17 그는 다 필요없는 것이니라.
18 그러니 이제 간단한 것이니라.
19 다만, 너희의 마음 하나를 너희가 다
스리고 못 다스림이니,
20 마음을 다스리고 못 다스리는 것도 너
희가 하고 있는 짓이 천사의 짓이냐
사탄의 짓이냐 그것을 항상 생각하라.
21 내가 너희에게 뭐라 말하였느냐?
22 과연 지금 너희가 하고 있는 일이 나
여호와의 뜻에 위배되는 짓은 아닌가,
나를 슬프게 하는 짓은 아닌가,
23 나 여호와를 기쁘게 하는 짓인가 이것
을 구분하여 너희가 행하면 바로 하늘
에 오를 수 있는 백성이라 하였거늘,
24 그 하나의 이치를 깨우치지 못하고 너
희가 몸부림치며 울며불며 광란의 짓
을 하고 있으니, 그 짓을 하면 무엇을
하는가?

25 너희는 그와 같은 짓이 다 필요 없다
는 것을 알라.
26 너희는 남이 하는 것을 사탄이요, 이
단이라 욕하며 그를 저주하기 전에,
27 너희가 사랑으로써 대하며 사랑을 베
풀며 과연 너희가 하고 있는 행위가
얼마나 당당한 행위며 아름다운 행위
인가 그것을 구분하면,
28 천당에 그와 같이 너희가 올 수 있는
것은 간단한 것이니,
29 그 이치를 놓고 너희가 평생을 그리
살아가면 되느니라.
30 너희가 그리 몸부림치며 어렵고 힘든
길이라면 내가 천국에 오는 길을 그리
어렵고 힘들게 만든 것만은 아니니라.
31 너희가 지킬 수 없다는 그 계명도 그
저 차 한잔 마시는 수고로움보다도 편
하게 지킬 수 있다 했으니,
32 너희가 행동을 바로 하라.
33 행동이 천사의 행동인지 사탄의 행동
인지 여기서 너희가 스스로 평가하고
심판할 수 있으며 알 수 있는 것이니
라.
34 그와 같은 지혜를 준 것이 다 너희 자
신을 다스리고 올 수 있도록 그리하였
음이니, 그게 너희에게 가장 중요한
과제임을 알라.
35 네가 오늘에 서 있는 자리가 어디에
있으며,
36 네가 하는 행동이 나에게 부끄러운 행
동인가, 부끄럽지 않은 행동인가,
37 그리고 하고 있는 짓이 사탄의 짓인가
천사의 짓인가를 그때그때 구분하여,
38 천사의 짓이면 네가 할 것이며, 사탄
의 짓이면 하지 아니하면 그것이 하늘
에 오르는 길이지,
39 너희가 눈물을 짜고 오도방정을 떨며
말로써 수다를 떨며, 세상 것 다 저희
만 선택되었다 생각하는 그와 같은 것
에서 구원의 길에 오르는 것이 아니니
라.
40 내가 다락방에서 조용히 기도하라는
그 의미가 무엇인 줄 아는가?
41 바로 조용히 앉아서 얘기하라는 것이
니라.
42 네가 오늘의 하루를 과연 어찌 살았으
며 네가 내일은 과연 어찌 살 것인가,
43 나로부터 위배되는 짓은 과연 얼마나
했으며 나에게 부끄러운 짓은 얼마나
했는가 그것을 혼자 생각하라는 뜻이
니,
44 다락방에서 기도함이 거기에 있느니
라.
45 너희가 울고불고 광란이요, 남이 춤을
추자고 하니 춤을 추지 아니하면 믿음
이 없으며, 재물을 바치지 아니하면
믿음이 약하며, 눈물을 흘리지 않으면
믿음이 약하다 하여 그와 같이 남의
눈치를 보며, 감시를 느끼며,
46 종교 지도자에게 비위를 맞추며 아양
을 떨지 아니하면 잘못 가는 신도라는
거기에 맞춰 너희가 생각하고 살아가
니,
47 나를 경배하고, 나에게 오르는 길에
너희가 행동하고 있는 것이 옳고 그른
지 그것만 구분하면 되는 것이지, 그
를 신경 쓸 시간이 어디에 있는가?
48 너희는 정신이 없는 자들이니라.
49 그러니 그를 가지고 가라는 것이 다락
방에서 기도하라 함이요,

50 너희가 정녕 인내하고 참기 어려울 때 금식이라는 것을 하면서,
51 그저 한두 시간, 그리고 또 몇 시간, 한두 끼 금식하면서, 너희가 거기서 깨달음을 얻고 네가 서 있는 자리를 돌아다보면 되는 것이요,
52 그것이 회개와 반성이라는 것을 잊지 말라.
53 그와 같은 마음으로 너희가 하늘에 오르는 길을 보도록 하라, 사랑하는 나의 아들아!
54 너희가 구원을 받고 못 받는 것은 너희가 어떠한 행동을 하느냐 그것만 들여다보면 너희 스스로 심판관이요, 너희 스스로 안내하는 자요, 너희 스스로 천사가 될 수 있으며 너희 스스로 악마가 될 수 있는 것이니,
55 거기서 너희가 선택하여 가도록 그리하라.
56 그것만이 너희가 하늘에 오르는 참진리요, 위대한 길이며 위대한 역사를 이루는 것이니,
57 광란의 짓, 허례허식 하는 것, 남에게 보이려고 하는 짓은 다 부질없는 것이며 허세이니라.

5,519 번째 하나님 말씀

2003년 3월 15일 08시 04분

1 사랑하는 나의 아들아!
2 '네, 아버님! 말씀하옵소서."
3 모든 믿음의 길을 가는 백성이요, 지금 울고불고 광란의 짓을 하며 구원을 받겠다 말하는 종교 집단, 그들은 과연 무엇을 위해 믿음의 길을 가는가?
4 너희가 참진리요, 나 여호와의 뜻을 깨우쳐 내가 원하는 일과 원하지 않는 일을 그것 하나 구분하면 된다 하였으나,
5 그들은 지금 예수가 재림할 것이며 나의 아들 예수가 구름을 타고 온다고 믿고 있으며,
6 그리하여 만백성 그들이 볼 수 있고 알 수 있도록 요란하게 세상에 내려온다 그리 너희가 기다리며 그를 믿고 있는 것이 아닌가?
7 영광 가운데 천사가 나팔을 불며 하늘에 있는 모든 천군을 거느리고 그가 함께 내려온다 그 생각에서 너희는 지금 그를 기대하며 가고 있음이니라.
8 그리하여 나의 아들이 그와 같이 요란하게 소리 내어 오면서 그때 죽은 자를 살리게 되며 산 자를 또한 너희가 영광을 이룬다는 그와 같은 생각이요, 그와 같은 길에서 너희가 지금 살아가고 있는 것이며,
9 그 역사가 반드시 이루어질 것이라 그리 생각하고 있지 않은가?
10 그러나 그와 같은 역사는 없을 것이니라.
11 너희가 세상에서 2천 년이라는 그 많은 세월을 기다렸으면, 그 역사는 없다는 것을 알아야 할 것이니라.
12 종교 지도자들이 얼마나 간악한 방법으로 너희를 이용하고 쓰고 있는지 아는가?
13 살아서 올 것이다 하여 기다리며, 그리하여 살아서 안 오는 그에 대해 저희가 핍박을 받으면,
14 그들이 핍박함을 감내하고 인내할 수

없기에 죽은 자도 구하러 온다, 오늘
의 믿음을 제대로 가면 죽어서도 너희
는 나의 아들 예수가 와서 구원을 받
는다 그리 가르침이니,
15 살아서 너희가 구원받는 것을 보지 못
하면 죽어서도 구원받는다 그리 말함
이니,
16 너희가 앞으로 가도 죽음이요, 뒤로
가도 죽음이요, 앞으로 가도 재물을
바치며 뒤로 가도 재물을 바치도록 그
리 엮어 놓고서 그들은 그리 너희를
가르침이니라.
17 그러니 그들이 얼마나 사악한 자들인
가?
18 너희가 살아 있을 때 나의 아들 예수
가 천군을 데리고 나팔을 불며 내려오
는 것을 못 봐도 그 종교 지도자들은
죄가 아니요,
19 너희는 죽었으니 또 죽어서 그리 구원
을 받지 못하는 데도 저희는 문책을
받을 일이 없느니라.
20 그리하여 이리 빠지고 저리 빠지는 그
와 같은 사악한 방법으로 하여서 너희
를 그리 가르치는 것이 지금의 종교
집단들이요, 사악한 자들이 하고 있는
행위이니라.
21 그와 같은 역사는 이루어지지 아니함
을 이제 알라.
22 예수의 그와 같은 재림은 없음이니라.
23 너희는 성서에 의인이 오는 것은 도둑
처럼 온다는 것을 알고 있지 않은가?
24 도둑처럼 아무도 모르게 조용히 오니,
너희는 항상 깨어 있으며 기다리라 그
와 같이 말을 하면서,
25 어찌하여 너희는 한 입 가지고 두말하
는 그들의 말을 믿는가?
26 내가 뭐라 했느냐?
27 사탄이요, 사악한 자는 뱀의 혀가 둘
이니 그들이 뱀의 혀를 가진 자라 내
가 그리 말하였음이니라.
28 그들이 재물이요, 너희를 지옥으로 이
끌고 가는 사탄의 두 혓바닥을 너희는
보지 못하는가?
29 나는 그들의 시뻘건 두 혓바닥을 보고
있는 여호와이니라.
30 그리하여 그 사탄의 두 혓바닥에 너희
가 속지 말며 너희가 죽지 말라.
31 그리고 지옥으로 가지 말라는 것이 나
여호와의 뜻이니라.
32 은밀히 내려오며 도둑같이 내려오느
니라.
33 잠자는 자에게 언제 왔는지도 모르게
그리 온다는 그 말은 믿지 아니하는가?
34 지금 바로 그와 같은 역사가 이루어짐
이니라.
35 내가 새로운 성경이라 내리며 내 새로
운 법전을 세상에 내려보냄이니,
36 지금 조용히 내려와 이 심판의 역사가
이루어지고 있음이니라.
37 조용히 다락방에 앉아 160권의 법전
을 기록하여 만백성에게 전하기 위하
여 그 역사가 지금 이루어졌으며 그
역사는 세상을 다 덮을 것이니,
38 이를 보지 아니하고 이를 행하지 아니
하면 구원을 받을 수 없다는 것을 너
희는 알아야 할 것이니라.
39 천사를 앞세우며 천군을 앞세우며 나
팔 불며 요란하게 세상에 있는 백성이
모두를 다 들을 수 있고 볼 수 있도록
그와 같은 방법으로 온다 하니,

40 나의 아들 예수가 재림하여 천군을 데
리고 세상을 뒤집으며 하늘을 덮으며
내려올 때 기도하지 아니하는 자가 어
디에 있으며 경배하지 아니하는 자가
어디에 있겠는가?
41 그와 같이 해서 너희가 정녕 구원의
길의 참진리요, 아름다운 마음으로 사
는 백성과 그리 살지 않는 백성을 구
분할 수 있다 말하는가?
42 그와 같은 역사는 없을 것이니라.
43 조용히 내려오니 지금 내려와 있음을
알라.
44 이제 너희가 울고불고 광란의 짓을 함
으로써 얻을 것은 아무것도 없음이니
라.
45 나의 법전을 보고 조용히 끼어들어
경배하고 너희가 정독하고 또 정독하
며 그대로 살고자 노력하는 그 앞에
구원의 문이 열릴 것이며, 구원의 빛
을 그때 보게 됨이니라.
46 이를 명심하여 전하도록 그리하라, 사
랑하는 나의 아들딸들아!

5,520 번째 하나님 말씀

2003년 3월 15일 08시 10분

1 사랑하는 나의 아들아!
2 "네, 아버님! 말씀하옵소서."
3 너희에게 말을 못 하는 짐승이요, 표
현을 하지 못하는 그 짐승도 어찌 가
는가?
4 길러 주고 보살펴 준 주인에게 감사함
을 알며, 그 뜻에 감사하는 생각을 하
고 사는 것이 짐승이니라.
5 그러나 짐승보다 높은 생각이요, 지혜
를 가진 너희는 나 여호와로부터 세상
에 생명을 받아 나간 것을,
6 그리고 너희가 이 세상에 노력하는 만
큼 모두가 살 수 있도록 대자연의 아
름다움을 너희에게 다 주었으며 오늘
의 너희가 살아갈 수 있는 그 역사함
을 내가 이루어 주었거늘,
7 어찌하여 너희는 정녕 그 감사함을 얼
마나 너희 가슴속에 새기고 사는가?
8 더욱이 나의 뜻에 산다는 지금의 믿음
의 길을 가는 백성, 지도자 그들은 과
연 어떠한 자들인가?
9 나의 아들 예수의 보혈로써 구원을 받
았으며 나의 뜻에 감사하며, 그리하여
하늘에 오르겠다고 사는 백성 너희는
과연 나의 뜻에 역행하고 살아야 하는
가,
10 아니면 나의 뜻에 순종하며, 내가 내
린 그 모든 율법이요, 내가 지키라 명
하는 계명대로 너희가 살아가는 것이
정녕 그와 같이 울부짖는 너희가 나의
백성이 될 수 있겠는가?
11 너희는 여기서 알아야 할 것이니라.
12 모든 종교 지도자요, 지금의 믿음이
요, 구원의 길을 가는 백성 너희가,
13 모두는 나 여호와의 뜻에 산다 그리
말하며 나에게 감사한다고 살며 그리
하여 축복을 받는다 말하는 너희가 정
녕 참진리를 가르치고 바로 갈 수 있
었다면, 오늘같이 험악한 세상은 없었
을 것이니라.
14 너희가 잘못 가르치며 이기주의요, 사
행심을 길러 놓았으며 저만을 아는 그
와 같은 백성으로 지금 나의 만백성을
길러 감이니, 거기에는 사랑이 없으

며, 이 세상에 너희에게 생명을 주었
으며 살아갈 수 있는 모든 은혜를 준
나 여호와에게 진정 감사하는 그 뜻을
모르고 있음이니라.
15 구원을 받는 것이 목적이요, 구원을
받았다 말하는 너희는 지금 그 믿음
을 위해서 가고 있는 것이지,
16 너희가 구원을 받을 수 있는 그 과정
의 소중함은 생각하지 못하는 백성이
니라.
17 구원을 받는다는 목적이요, 목표 하나
는 너희가 세워 놓고 있으나, 구원을
받기 위하여 어찌 가고 어찌 살아야
하며,
18 내가 이 세상의 만백성을 만들어 더불
어 살라 하였음이니, 더불어 사는 살
아가는 그와 같은 모습이 구원을 받
을 수 있는 그 과정의 길이거늘,
19 그를 행하지 아니하고 너희가 말로만
구원을 받았다 지금 부르짖고 있음이
니,
20 내가 내린 나의 계명 하나도 지키고
살 수 없다 그리 거역하고 거부하는
너희가 무슨 구원에 오른다 그리 말하
는가?
21 내가 내린 십계명을 지킬 수 없으며
내가 내린 모든 계명을 그대로 행하지
아니하고 너희 뜻대로 해석하는 자,
너희 임의로 해석하는 자,
22 너희가 재물을 거둬들이기 위해 모든
방법을 다 동원하는 것, 기도하고 설
교하는 것도 그다음에 끝나는 것은 재
물을 많이 바쳐야 하늘에 오르는 축
복을 받는다 그리 말함이니,
23 지금 세상을 거꾸로 보는 자들이 그와
같은 형국으로 만들어 놓았음이니라.
24 너희가 참진리요, 믿음의 길을 가는
것이 아니라 재물을 거둬들이며 그저
구원받는다는 목적 그거 하나만, 구원
받았다는 그 생각에만 젖어 있음이니,
25 너희는 세상을 바로 보는 자가 아니
요, 세상을 거꾸로 보고 있는 자이니
라.
26 세상을 거꾸로 보며 세상에 거꾸로 서
있는 자들이 나의 피조물 만백성을 가
르치는 종교 지도자요, 만백성을 인도
하는 자라 말함이니,
27 나의 백성이 다 거꾸로 서서 지금 그
리 세상을 거꾸로 보니, 진실한 세상
의 아름다운 모습을 보지 못하고 있는
것이 너희임을 알라.

5,521 번째 하나님 말씀

2003년 3월 15일 08시 20분

1 사랑하는 나의 아들아!
2 "네, 아버님! 말씀하옵소서."
3 너희 자신이 마음 하나 다스리기에 달
렸다는 말을 내가 수십 번, 수백 번 너
희에게 강조함이니라.
4 너희 마음으로 남는 것이 정녕 마음에
사탄으로 남아서 또 사탄의 행위를 함
으로 인해서 너희는 사탄이 되는 것이
니라.
5 그러니 사탄의 행위를 한 자, 사탄과
같은 행동을 한 자, 그와 같이 너희가
하는 것은 사탄으로 남으니,
6 너희가 사탄으로 남아서는 아니 된다
는 것을 알아야 할 것이니라.
7 사탄의 행위를 한 자, 사탄으로서 남

아 있는 자는 죽음으로써도 그 죄를
면죄받지 못한다는 것을 알아야 할 것
이니라.
8 너희가 죄를 짓는 그것은 너희가 어떠
한 방법으로써도 절대 면죄 받을 수
없다 내가 말하지 아니하였는가?
9 모르고 짓는 죄는 너희가 열배 백배를
다했을 때 그나마 그것은 정상이요,
축복은 없다 내가 말하였음이니, 그러
니 너희는 사탄으로 남는 행위를 해서
는 아니 되느니라.
10 그리하면 죽음으로써도 너희가 그 죄
의 대가를 면제 받지 못한다는 그 무
서운 사실을 알아야 할 것이니라.
11 마음 하나 다스리는 것이 얼마나 소중
하던가?
12 하나의 사물을 놓고 수십 명이 그를
보고 생각하며 그를 놓고 평가하라 할
때, 그를 보고 그 평가에 대한 글을 쓰
라 할 때,
13 사람의 그릇에 따라서, 보는 사람의
마음의 자세에 따라서 수천수만 가지
로써 그를 보게 되는 것이 너희이니라.
14 그 마음이 얼마나 깨끗하고 깨끗하지
못하느냐에 따라서 그가 보는 그 향기
가 다르며 그가 분석해서 기록하는 내
용이 다 다른 것이니라.
15 그리하니 내가 너희에게 보기를 뭐라
말하였느냐?
16 너희가 모든 것을 보고 평가할 때 가
장 불리한 쪽으로, 듣기 곤란한 쪽으
로, 이해하기 곤란한 쪽으로, 너희에
게 가장 불리한 쪽으로 모두를 해석하
고 생각하여 너희 것으로 만들라 했으
니,
17 너희가 불편함이 있으면 거기에 깨달
음이 있으며, 너희가 변함이 있으며,
얻는 것이 있다 그리 말하였음이니라.
18 그리하여 모두를 너희가 불리한 쪽으
로, 너희가 듣기 곤란한 쪽으로, 너희
가 받아들이기 곤란한 그와 같은 것으
로써 생각하여 그 사물을 판단하고,
19 모든 성서의 내용을 그리 요약하여 이
해하고 너희가 불리한 쪽으로 너희 것
을 만들고 들여다볼 때 너희는 나 여
호와가 원하는 그 뜻을 알 수 있다 내
가 그리 말하지 아니하였는가?
20 너희가 한 사물을 놓고, 말의 한마디
를 놓고, 너희가 임금이라는 인간의
제왕 앞에서 말을 할 때, 그를 분석하
고 따지는 것이 또한 충신과 간신과의
그 차이가 얼마나 큰지 알겠는가?
21 왕이 한 말을 놓고 너희가 말할 때, 충
신은 대를 위해 왕이 듣기 싫은 소리
요, 왕이 들어서 거북한 내용이요, 왕
이 하기 싫은 것을 해야 한다 그리 표
현할 것이니, 그것은 충신이 그리 말
하는 것이요,
22 그러나 아첨배요, 간신은 그 왕이 듣
기 좋은 소리를 할 것이며, 왕의 기분
을 맞춰서 말할 것이니,
23 충신이 말하는 것은 그 나라를 멸문지
화에서 구원하며, 왕이 세상을 다스리
는 임금으로서 손색이 없는 군왕의 자
리를 지킬 수 있도록 하는 것이며,
24 만백성에게 칭송을 받는 왕으로 나라
를 멸문지화에서 구하는 말이 될 것이
며,
25 당장은 임금이 듣기 싫으며 임금이 받
아들이기 어려워도 그는 나라를 지키

며 왕을 성군으로 만드는 그와 같은
충신의 말임을 알아야 할 것이니라.
26 그러나 아첨배가 하는 이야기는 듣기
는 좋으며 그 왕의 기분은 이루 말할
수 없이 좋을지 모르나,
27 나라를 패망의 길로 인도하며, 왕이
스스로 폭군이 되며, 소인배가 되는
그와 같은 말이라는 것을 너희는 알아
야 할 것이니,
28 충신과 간신배가 똑같은 말을 듣고 똑
같은 사물을 보고 왕에게 보고하기에
도 그와 같이 차이가 있어 나라를 성
하게 하고 멸망하게 함이니,
29 너희가 마음을 다스리는 것이 그와 같
이 무서움을 알라.
30 일국의 신하의 말 한마디가 나라를 망
하게 하며 나라를 성하게 할 수 있는
것이며, 저희가 모시는 왕을 성군으로
만들며 패군으로 만드는 그와 같은 것
이라 말하였음이니,
31 너희가 마음 하나 먹고 사물을 보는
마음이 어떠냐에 따라서 너희 자신이
영원히 사는 그 생명을 구하고 구하
지 못하는 그와 같은 그 삶의 진리에
놓여 있음이니,
32 너희가 진리를 볼 수 있는 것은 항상
선과 악을 놓고 생각하며 너희가 평가
하고 있음이니,
33 항상 진리라는 것은 선은 행하기 힘들
고 어려운 것이며, 악은 우선 즐겁고
편안한 길이 악의 유혹의 길이니라.
34 거기에서 너희가 과연 어떠한 길을 선
택할 것인가 그것이 중요함을 알아야
할 것이니라.
35 그러니 너희가 구원을 받고 못 받는
것은 너희 마음을 다스리기에 달렸다
하였음이니라.
36 그릇이 다르니라.
37 그리하여 거기서 선하고 아름다운 마
음을 가지고 평가하는 자, 그 사람의
말과 행동에 너희가 귀를 기울여야 할
것이니라.
38 간사한 자, 아첨하는 자의 말에 귀기
울이는 것은 너희가 바로 죽음의 길을
가는 것이요, 그 사물을 바로 볼 수 없
는 것이니라.
39 그러니 너희의 마음 하나 다스리는 것
이 소중하니,
40 그 마음을 다스려 너희가 선과 악을
구분하는 그와 같은 안목을 가져야 할
것이며,
41 너희가 선행의 길은 힘들고 어렵다는
것을, 그 어렵고 힘든 것을 버렸을 때
너희는 악을 선택하는 것이 됨이니라.
42 그러니 하나의 사물을 보고 여러 가지
수천수만 가지로 다 분석하는 것을,
너희가 남의 것을 듣고 경청하여 옳고
그른 것을 선정할 때, 어렵고 힘이 들
며 너희가 인내하기 어려운 말이요,
받아들이기 곤란한 그와 같은 가르침
을 주는 자, 그리고 그리 조언하는 자,
43 거기에 약과 같은 씀이 있으나, 거기
에 진리요, 아름다움이 있으며, 너희
의 생명을 영원히 구하는 깨달음이 거
기 있다는 것을 알아 너희가 선택하여
바로 서도록 그리하라, 사랑하는 나의
아들딸들아!

5,522 번째 하나님 말씀

2003년 3월 15일 13시 26분

1 사랑하는 나의 아들아!
2 "네, 아버님! 말씀하옵소서."
3 내가 나의 피조물 만백성 너희에게 어
떠한 종파의 어떠한 믿음의 길을 가는
것이 중요한 것이 아니요, 너희가 나
로부터 아들딸로서 세상에 태어난 것
이 가장 위대하고 소중한 것이니, 너
희는 다 같은 한 형제라 그리 말하였
음이니라.
4 다만, 종파가 다른 것은 너희가 잠깐
걸친 옷이 다른 것이요, 너희가 근본
적으로 뿌리가 흔들리는 것은 아니라
내가 그리 말하였음이니,
5 하나의 뿌리의 흐름이 중요한 것이며,
그 옷을 걸친 것은 중요한 것이 아니
라 하였음이니라.
6 이제 모든 종교 집단들이 한계에 도달
했으며, 이제는 저희가 다 한 형제라
는 것, 그리고 저희가 치고받고 싸워
서는 견딜 수 없다는 것을 스스로 깨
달을 것이니라.
7 그리하여 서로의 손을 잡고 서로의 진
리를 연구하며 저희의 그 믿음을 서로
견주어 가며,
8 서로 좋은 점은 배우며 나쁜 점은 버
리는 그와 같은 그들의 변화의 역사가
이루어질 것이니라.
9 그리하여 거기에 바탕이 다져져야 하
는 것이니라.
10 그러하나 그들은 그 인간의 한계를 다
넘을 수가 없으며 인간 생각의 그 한
계를 넘을 수가 없음이니,
11 그와 같이 변화된 자, 저희가 한계를
느낄 때 나의 법전을 접하게 되며,
12 그들이 나의 법전을 읽고 깨달을 때
그들은 받아들일 수가 있음이니라.
13 우선 내가 너희에게 말하듯이 인간이
소중한 것이니,
14 너희의 종파에 속한 것이요, 그 집단
이 소중한 것이 아니요, 너희가 가르
치고 행하는 그 형식이 소중한 것이
아니며, 외형적인 그 행사함이 중요한
것이 아니라는 것을 너희 스스로 깨달
을 것이니,
15 그리하여 인간은 다 한 형제며, 서로
죽음의 동반자요, 길동무로서 서로 시
시비비한다는 것은 말이 안 된다는 것
을, 그리고 그것이 얼마나 어리석은
것인가를 너희는 알 것이며,
16 모든 백성이 그와 같이 차별화로 보지
아니하며 모두를 다 똑같이, 너희가
말하는 소위 콩이나 팥이나 비슷비슷
한 그와 같은 것으로써 나의 피조물
만백성이 너희를 바라보며 평가하기
시작할 것이니,
17 그리하여 1등으로 가지 않는 자를 종
교 집단에 속하지 않는 백성이 보고
평가하는 그 눈총이 따갑기 시작할 것
이며, 너희를 평가하는 그들의 목소리
가 높아질 것이니,
18 그리되면 너희가 견디고 설 자리가 없
음이니라.
19 그리하여 너희는 하나가 되기 위한 그
와 같은 역사가 시작될 것이며,
20 그 하나가 되고자 하는 것은 너희가
서로 마음을 비우며 너희 종파요, 너
희가 가는 것만 위대하다는 그와 같은

어리석은 삶에서 벗어나며 그 믿음에
서 벗어나기 시작하니,
21 이것이 바로 내 법전이 세상에 나가
너희에게 강조하며 가르치는 것이며
너희에게 전하는 것이니,
22 2천 년이라는 세월이 흐른 지금의 너
희는 그 변화를 이루기 시작하나, 단
하나의 종교 집단만이 그를 받아들이
지 못하며 버티며,
23 마지막까지 창칼을 들고 너희에게 들
이대는 그와 같은 종교 집단이 존재할
것이니라.
24 그들 역시 멀리 못 가서 마지못해 또
한 다 스스로 쓰러질 것이며, 저희가
타협하고 하나라는 그 깨달음을 얻지
못하고,
25 참진리는 하나요, 이 세상을 창조한
것은 나 여호와요, 모두는 나 여호와
의 주관하에 이루니 나 여호와가 저희
의 개인 소유가 아니요, 저희 집단의
소유물이 아니라는 것을 깨닫고 만백
성의 어버이라는 것을 알 때, 그들도
돌아설 수 있을 것이며,
26 그를 깨닫지 못하는 자들은 정녕 이
세상에 그 종족의 뿌리마저 찾을 수
없는, 그리고 믿음의 근거지마저 없어
지는 그와 같은 무서운 대환란 속에서
고초를 겪게 된다는 것을 그들에게 전
하고 깨우쳐 줘야 할 것이니 그리 알
라.

5,523 번째 하나님 말씀

2003년 3월 15일 13시 32분

1 사랑하는 나의 아들아!
2 "네, 아버님! 말씀하옵소서."
3 나로부터 선택된 나의 백성이요, 만백
성을 구하는 대명을 받은 너를 따르는
너의 제자들과 나의 법전을 읽고 깨우
친 백성 너희는 알아야 할 것이니라.
4 너희 자신이 내려갈 수 있는 데까지,
너희가 낮아질 수 있는 데까지 낮아져
야만 함을 잊어서는 안 될 것이니라.
5 너희가 낮아지는 것은 깨달음에 도달
하는 것이며,
6 그리고 너희가 정녕 낮아진 자세로 살
아가지 못할 때 너희가 가장 낮은 자
세가 될 때까지 나 여호와가 너희에게
훈련을 거듭할 것이며 훈련을 중단하
지 아니할 것임을 너희는 알라.
7 너희가 낮아지는 그 속도가 독수리라
는 날짐승이 먹이를 구하려고 지상으
로 내려오는 그와 같은 속도보다도 더
무서운 속도로 빨리 변하여지지 아니
한다면 아니 됨이니라.
8 너희에게는 지금 시간이 없음이니라.
9 나의 법전 160권이 세상에 나와 만백
성이 이가 세상에 나온 것을 알 수 있
도록 그 모두를 전달하여 전하는 것은
너희로 하여금 이루어짐이니,
10 너희는 지금 시간이 없다는 것을 알아
야 할 것이니라.
11 낮은 자는 곧 무엇이라 내가 말하였던
가?
12 낮으면 낮을수록 너희가 높이 올라간
다 내가 그리 말하지 아니하였던가?
13 그것이 중요함을 너희는 알아야 할 것
이니라.
14 너희가 낮아지고 더 낮아졌을 때 너희
는 나의 뜻을 알게 되며 만백성을 구

해야 하겠다는 결의의 마음이 너희 가슴에 굳게 자리 잡음이니,
15 오늘의 너희 마음은 너희가 어떠한 희생을 당하더라도 만백성을 구한다는 그와 같은 마음의 결의가 서지 아니하였으며 몰아닥치는 환란에 대항하며 그들과 싸워 이길 수 있는 그와 같은 마음의 준비가 되지 아니하였음이니라.
16 너희가 어떠한 환경에서도 만백성을 구하겠다는 그 결의가 굳건히 설 때, 그때야말로 너희는 너희 목숨보다도 남의 목숨이 더 소중함을 알게 될 것이며,
17 만백성을 구하고자 하는 그 결의에 찼을 때 너희는 인간의 소중함을 알게 됨이니라.
18 그와 같은 훈련이 되지 아니한 상태에서는 너희 자신보다 남을 사랑하는 마음이 너희 마음이요, 가슴속에 자리를 잡을 수 없음이니,
19 그리하여 내가 너희에게 만백성을 구원하는 것이 얼마나 위대하고 소중한 것인가, 너희가 그 결의에 찬 마음이 굳건히 자리를 잡을 때까지 계속 내려가는 그 훈련을 강행할 것이라는 것을 너희는 잊어서는 아니 될 것이니라.
20 너희가 남보다 네 생명이 소중하다는 것을 지워 버리지 아니하는 한 너희는 변화될 수 있는 자가 못 됨이니라.
21 너희 자신의 믿음 속에 실패한다는 그 두려움이 지금도 마음에 있으며, 나의 법전이 세상을 덮으며 너희가 말하는 이 세상의 모든 변화의 역사는 과연 있을 것인가, 이는 실패로써 끝나지 아니할 것인가, 그리고 영영 나 여호와가 말하는 그와 같은 역사는 이루어지지 아니할 것인가 하는 두려운 마음부터 너희가 거두어들일 수 있어야 하느니라.
22 너희는 실패의 법전이요, 역사하지 못할 그 두려운 마음을 갖고 있음이니,
23 너희가 모든 백성을 구하는 데 모두를 다 바치겠다는 결의에 찼을 때, 너희는 두려움이 없을 것이며, 반드시 승자가 될 수 있는 것이며, 승자가 될 수 있는 용기가 너희 자신에서 솟아남을 알아야 할 것이니라.
24 지금의 너희의 나약한 마음을 떨쳐 버릴 수 있는 것은 오로지 너희가 만백성을 구하는 데 모두를 다 바치겠다는, 그리고 두려움이 없으며 자신 있으며 용기를 가진 그와 같은 결의를 다지는 데, 그리고 훈련에 훈련을 거듭하여 너희가 스스로 그와 같은 역사를 이루는 길밖에는 없음을 알아야 할 것이니라.
25 나의 법전을 읽고 얼마나 많은 나의 뜻을 너희는 알고 있는가?
26 그리고 강론을 얼마나 많이 들었는가?
27 이제는 나의 법전에 대한 확신과 만백성을 구해야 한다는 너희가 책임을 진 자라는 확신이 너희 마음속에 설 때가 되지 않았는가?
28 아직도 나의 성령이요, 나의 뜻이라는 것을 받아들이지 못하며 믿지 못하는 너희는 아니던가?
29 그와 같은 마음을 가지는 자는 어려움 속에서 헤매게 되며 그 어려움 속에서 헤어날 수 없음을 너희는 알아야 할

것이니라.
30 이제는 너희가 어떻게 해야 하는가를
너희 스스로 알 것이며, 어떻게 해야
만 너희가 만백성을 구하는 길을 갈
수 있으며 역사할 것인가를 이제 너희
가 스스로 연구하고 깨우쳐 너희 자신
이 결정할 때가 되었음을 알라.
31 나의 법전이요, 나 여호와의 뜻이라
믿는 그것만이 너희가 역사함이니,
32 나의 법전은 나의 뜻이요, 내가 존재
하며 내가 주관한다는 것을 믿는다면
너희는 과연 무엇이 두렵고 무섭다는
말이던가?
33 나는 모든 역사함에 있어서 너희에게
서서히 전함이니라.
34 너희 주변에 수없는 역사가 있으며 내
가 너희를 다스리고 있다는 것을 너희
가 알지 못하며 보지 못하기 때문이
나, 내가 너희와 항상 더불어 같이 있
으며, 너희에게 작고 큰 역사가 소리
없이 이루어짐을 너희는 알아야 할 것
이니라.

5,524 번째 하나님 말씀

2003년 3월 15일 13시 38분

1 사랑하는 나의 아들아!
2 "네, 아버님! 말씀하옵소서."
3 너를 따르는 제자들에게 간곡히 깨우
쳐 줘야 할 것이니라.
4 너희가 나 여호와의 뜻을 알 수 있으
며 만백성을 구하는 전사로서 선택되
어야 하는 그것은 어떠한 것을 의미하
는가?
5 너희 스스로 서기 위한 것도 아니요,
너희 스스로 역사하는 것을 위해서 하
는 게 아니니라.
6 너희가 변하는 그와 같은 길에서 너희
가 나의 뜻을 이룰 수 있으며 만백성
을 구원하는 그와 같은 전사로서 너희
가 변화될 수는 없는 것을 알아야 할
것이니라.
7 너희는 이 세상 살아가며 인간으로서
견디기 어려운 가장 어렵고 힘든 과정
속에서 나를 알게 될 것이며,
8 너희가 도저히 견딜 수 없고 일어설
수 없는 그와 같은 환경이요, 모든 용
기를 다 잃었을 때, 그리고 자신까지
도 다 포기하는 그와 같은 속에서 서
서히 일어나는 그 역사가 이루어지는
것은 나 여호와만이 너희에게 역사할
수 있으며 기적을 이룰 수 있는 것이
니라.
9 너희는 여기서 들어야 할 것이니라.
10 너희가 도저히 불가능할 때, 그리고
도저히 견디지 못하며 일어설 수 없는
그 순간까지 너희가 내려가고 또 내려
가 있을 때,
11 그때 너희는 무릎 꿇고 나를 찾게 되
며, 나의 뜻을 알게 되며, 나에게 원하
고자 하는 것을 너희는 진심으로 그를
바라볼 수 있는 그와 같은 좋은 기회
요,
12 너희에게 그때만이 나에게 오를 수 있
는 그 역사의 빛을 볼 수 있는 때가 되
는 것을 너희는 알아야 할 것이니라.
13 너희가 고통과 시련 속이 아닌 다음
에는 아무것도 이룰 수 없는 것을 알
아야 할 것이니라.
14 나의 아들도 그가 살아온 삶에서 그

기적이 무엇이며 그가 정녕 일어서는
것이 무엇인지, 나 여호와가 저에게
역사한 것을 알지 못하고 이제 깨달았
음이니,
15 너희인들 과연 내가 너희에게 역사하
는 것을 어찌 알겠는가?
16 너희가 도저히 견딜 수 없는 그 환경
에서 내가 너희를 선택하게 되며, 나
의 아들 또한 그와 같이 어렵고 힘든
환경에서 내가 나의 아들이요, 나의
종이라 그리 명하여 그것부터 역사하
기 시작하였음이니, 너희는 그 이야기
를 수없이 들어서 알 것이니라.
17 오고 갈 집이 없으며 갈 곳이 없으며
의지할 곳이 없는, 모두는 다 너희가
말하는 풍비박산이라는,
18 가족은 가족대로 헤어지며 도저히 머
리를 두고 발을 모을 장소가 없는 그
와 같은 형국에까지 나의 아들도 그리
내려갔음이니, 그때 그 심정이 과연
어떠했겠는가?
19 내려가고 더 내려갈 수 없는 그와 같
이 내려간 그 속에서 나의 아들이 육
의 그 고통 속에서 견디지 못할 때, 그
때 그가 인생을 포기했으며,
20 그가 죽음을 달라 나에게 원할 때, 그
리고 그가 죽음의 대비를 할 때, 내가
그를 불러 썼으며 그를 찾았음이니라.
21 그리하여 그때부터 내가 나의 아들을
통하여 이 모두를 역사하기 시작하였
음이니, 너희는 알아야 할 것이니라.
22 오늘의 너희의 고통이요, 너희의 시련
이 그만하겠는가?
23 너희는 정녕 그와 같이 못 할 것이니
라.
24 그보다도 더한 고통이요, 시련 속에서
너희가 효과적인 교육을 나에게 받게
될 것이며, 내가 내리는 교육의 형태
를 너희가 완전히 받아들일 수 있을
것이니,
25 나의 아들은 오고 갈 데가 없으며 가
정이 파탄이요, 발붙일 만한 장소가
없는 그와 같은 상태에서 내가 그에게
기적을 이루며 모든 역사를 이루어 주
었음이니, 그는 지금에 와 그것을 깨
달았음이니라.
26 너희는 과연 그보다 더 어렵고 힘든
오늘의 환경에 처해 있는가?
27 더는 내려갈 수 없을 때까지 너희가
내려갔을 때, 그리고 너희가 정녕 견
디지 못하는 환경이 되었을 때, 너희
가 도저히 일어설 수 없는 그와 같은
환경이 되었을 때,
28 그때야 너희는 나를 보게 될 것이며,
내가 너희에게 명하는 그 모든 가르침
을 받아들이며 그를 소화할 수 있으며
그 뜻을 이해할 수 있을 것이니,
29 너희가 더는 내려갈 수 없을 때까지
내가 훈련의 과정을 늦추지 아니한다
는 것을 잊어서는 아니 될 것이니 그
리 알라.

5,525 번째 하나님 말씀

2003년 3월 15일 13시 44분

1 사랑하는 나의 아들아!
2 "네, 아버님! 말씀하옵소서."
3 밀림의 왕자라는 사자는 제 새끼를 어
찌 기르는가?
4 그는 그 새끼를 벼랑에서 굴려 내려

거기서 생존하는 자식, 살아나는 새끼
만을 거둬들여 그를 기름이니,
5 그리하여 밀림의 왕자의 그 혈통을 그
들이 지키고 살아가지 아니하는가?
6 나는 새들이 과연 그 새끼를 어찌 훈
련시키는가?
7 그 알에서 갓 나온 그 새끼들을 벼랑
에서 멀고도 먼 지상까지 떨어트려 그
가 부닥치고 다치며 내려와서 사는 그
새끼만을 데리고 그가 바닷속으로 들
어감이니,
8 이와 같은 그들의 생존의 훈련 속에서
그 과정을 거쳐 살아남는 새끼들이니,
과연 너희는 어찌하겠는가?
9 날개가 없는 그 어린 새끼가 그 높은
데서 바위에 부닥치며 돌에 부닥치며
그리 굴러떨어져, 또 지상에 와 먹이
를 기다리는 맹수들에게 먹히며,
10 그와 같은 과정에서 살아남은 그 새끼
만을 어미는 데리고 바다로 들어가 그
와 더불어 그를 보호하고 살아가는 그
와 같은 형국을 이룸이니,
11 과연 그들의 훈련이 얼마나 고되며 얼
마나 힘들고 어려운 길이더냐?
12 나의 백성을 지금의 사악한 세상에서
훈련시키니, 과연 그보다 못한 훈련을
내가 시켜서 이 험악한 세상에 너희를
내보낼 수 있단 말이던가?
13 그 날짐승이요, 그들은 보이지 않는
맹수에게 먹히지 아니하며 그들에게
발견되지 않으면 죽지 않는 그와 같은
단순한 그 속에서 생존경쟁에서 살아
가느니라.
14 그러나 나의 피조물 만백성 속에서 살
아가는 너희는 그들이 너희를 시기하
며 질투하며 넘어트리려 하며 호시탐
탐 노리는 그와 같은 세상 속에서,
15 그리고 저희의 집단만이 위대하다고
굳어질 대로 굳어지고 도저히 깨달을
수 없는, 그와 같은 완벽주의에 젖어
있는 그 집단들을 돌이키며 깨우친다
는 것이 얼마나 힘들고 어려운 싸움인
가?
16 그 사악한 세상 속에 너희가 들어가는
데 고도의 훈련이요, 얼마나 고달프고
힘든 훈련을 견디고 이겨야만 너희가
그들과 더불어 싸울 수 있는 것인가를
알아야 할 것이니라.
17 그 고통과 시련에서 견디는 자는 나
여호와의 이름을 너희가 부를 수 있으
며, 그때는 너희가 내가 이루는 그 역
사의 일에 참여할 수 있으며,
18 내가 너희를 전사라 부르는 그 명칭이
과연 무엇이던가?
19 전사라는 그 뜻을 너희가 한번 되새겨
보라.
20 너희는 전사이니라.
21 나 여호와의 이 무서운 교훈을 인내하
고 견디는 자만이 살아남을 수 있으
며, 너희 스스로 살아남아 그 고된 훈
련을 이기고 나온 자만이 만백성 앞에
당당히 서서 그들을 이끌 수 있는 자
격이 있음을 너희는 알아야 할 것이니
라.
22 절망적인 순간에 모든 기적이 이루어
진다는 것, 너희가 사선을 몇 번씩 넘
고 넘었을 때, 그리하면서 나를 향하
는 마음이 변하지 아니하며 나의 뜻에
순종하며 믿고 따르는 그와 같은 백성
너희만이 모두를 다 이룰 수 있음을

알아야 할 것이니라.
23 이제 내가 하늘의 뜻을 너희에게 가르
치며 하늘의 천기를 너희에게 가르침
이니, 나 여호와가 너희를 훈련함은
하늘의 뜻에 의하여 훈련하며 하늘의
훈련을 너희가 받는 것이니, 그 훈련
의 과정이 아무리 어렵고 힘들다 해도
너희는 넘어서 살아남는 자가 되어야
하는 것을 잊지 말라.
24 지상의 인간관계의 싸움이 아니요, 하
늘의 뜻을 전하는 것이며, 도대체 받
아들이지 아니하며 이해하지 않으려
하며 타협하지 않으려는 그들 속에서
너희가 살아남는 것은 나 여호와의 강
한 그 훈련밖에 없음이니, 너희는 이
를 알아야 할 것이니라.
25 그와 같이 어렵고 힘든 훈련을 견디고
이겼을 때 너희가 나의 아들딸로서 설
수 있으며 내 품에 올 수 있다는 것을
너희는 알아야 할 것이니라.
26 모두는 내가 훈련을 시키며 전쟁터에
내보낼 수 있게 그 병사를 훈련시키듯
이,
27 이 세상에 사악한 자들이 들끓는 그곳
에 오로지 너희만을 내가 훈련하며,
하늘에 선택된 너희가 천군이며 나의
첨병이라는 것을 잊지 말라.
28 너희는 첨병이니라.
29 그 첨병이 길을 잘못 인도하면 너희는
적으로부터 몰살당할 것이며,
30 첨병이 앞을 제대로 보며 길을 잘 인
도하면 그 부대의 모든 장병이요, 그
들의 생명을 구할 수 있으며 그들이
임무를 수행할 수 있을 것이니라.
31 앞에 가는 첨병이 잘못하여 앞에 적이
매복한 것을 보지 못하며 적들이 노리
는 상황을 제가 태만하여 보지 못한다
면, 그 모두를 죽음의 사지로 이끌어
가는 것이니,
32 너희는 지금 사악한 나의 피조물 만백
성과 싸워 이길 수 있는, 그 속에 들어
가는 첨병이니,
33 그 첨병인 너희가 어찌 가며 어찌 깨
우쳐 가느냐에 따라서 너희를 따르는
대부대가 바른길을 올 수 있으며 승전
보를 울릴 수 있는 그와 같은 역사가
이루어지는 것이니,
34 바로 오늘의 나로부터 선택된 나의 아
들을 따르는 제자들이요, 나로부터 선
택된 백성이요, 나의 법전을 읽고 깨
우친 너희는 이 세상 모든 백성의 첨
병이라는 것을 잊지 말라.
35 사악한 자들의 무리 속에 전쟁을 하기
위하여, 그들과 싸워 나의 뜻을 이루
기 위하여, 천 년에 걸쳐 역사하고자
하며 새로운 세상을 이루고자 하는 그
뜻을 역사하는, 너희는 첨병이요, 그
리하여 내가 너희를 14만의 전사라
하였음이니, 14만의 전사는 첨병임을
알라.
36 앞에 길을 뚫고 나가는 자요, 앞에 길
을 인도하며 가는 자요, 앞에 경계를
살피며 가는 자요, 앞에 적의 매복을
살피며 가는 자요,
37 적의 공격을 파악하는 것이며, 그에
대한 준비를 하고 미리 적진을 파악하
며 나가는 자이니, 그들이 잘못했을
때 대병은 죽게 되어 있으며, 대병을
가지고도 역사를 이루지 못하는 것이
너희라는 것을 잊어서는 아니 될 것이

니라.

5,526 번째 하나님 말씀

2003년 3월 15일 13시 50분

1 사랑하는 나의 아들아!
2 "네, 아버님! 말씀하옵소서."
3 이제는 너희가 세상에 드러날 그때가
되었음을 알아야 할 것이니라.
4 그러니 너희가 완벽하게 서며 행동을
바르게 하라 함이니라.
5 나의 사랑하는 아들 네가 많은 사람
앞에 그들과 더불어 대화할 때, 네가
말로써 선지자라 하며, 너는 나로부터
말씀을 받은 자며 책을 160권을 기록
한 자라 말할 때,
6 네 행동이 바르지 못하며 네가 선지자
로서 행동을 바로 하지 못하며 천사와
같은 행동을 하지 않으면 모든 백성은
뭐라 말하겠느냐?
7 너를 가리켜 말할 것이니라.
8 '그가 무슨 선지자며, 저 같은 자가 무
슨 선지자며 하나님의 말씀을 들어
160권의 책을 만든 자냐? 웃기지 마
라.' 그들이 그와 같이 너를 공격하는
빌미를 만들어 주며 그들 입에서 그와
같은 말이 나왔을 때,
9 너는 그 실패함에 대한 모든 책임을
져야 할 것이며, 너희 제자들 또한 그
와 같이 살아가야 할 것이니라.
10 '저게 어찌하여 하나님의 말씀이며,
11 네가 정녕 하나님의 말씀을 들은 선지
자요, 하나님으로부터 선택된 선지자
요, 너를 따르는 제자들이 과연 하나
님의 말씀을 듣고 깨우친 자냐?
12 너희가 선지자라 하며 하나님의 말씀
을 깨우친 자라 말한다면, 나는 하나
님과 같은 자일 것이니라.'
13 너희가 그와 같은 말을 상대방에게서
듣는 그 언행을 한다 하면 그 죄가 얼
마나 무섭고 두려운 것인가를 알아야
할 것이니라.
14 너희가 행동을 잘못하여 많은 백성이,
15 '선지자도 아니요, 하나님의 아들도
아니요, 하나님의 말씀도 아니요, 그
하나님의 말씀을 직접 배우고 깨우친
백성도 아니요,
16 너희가 그와 같은 것이 선택된 자라면
나는 하나님이요, 우리 가족은 하늘에
서 내려온 자녀라'
17 그리 말할 수 있는 것은 너희가 행동
을 잘못함이요, 말을 잘못함이요, 처
신을 잘못하기 때문에 그와 같은 말을
듣게 됨이니,
18 그것이 나 여호와를 얼마나 욕되게 하
는 것인가를 너희는 알아야 할 것이니
라.
19 그러니 이제는 살아가는 그 언행에 있
어서 선지자로서 변화되는 모습을 그
대로 가야 할 것이며, 나의 아들로서
한 점의 부끄럼이 없이,
20 두려움이 없으며 자신 있고 당당한 모
습으로 살아야 할 것이며,
21 너희 또한 그와 같은 믿음을 가지고
살아가야 할 것이니라.
22 너희 제자들이 그와 같은 변화요, 그
역사 속에 변하지 아니한다면, 너희는
나를 욕되게 하며, 나의 법전을 태워
버리는 가장 큰 중죄인이라는 것을 알
아야 할 것이니라.

23 지금 너희가 믿음의 길을 잘못 갔으며 모든 종교 집단들이 잘못 가르쳤으며, 나 여호와의 뜻과 관계없다는 것이 무엇인 줄 아는가?

24 나 여호와를 두려워한다 말하며 나를 존경한다 말하며 나의 아들 예수의 피 흘린 것으로써 대속을 받았으며 죄를 용서받았다 그리 말하는 자들,

25 그리고 저희는 선택된 자요, 특별한 백성이라 말함이니라.

26 그러나 바깥에 있는 나의 백성이 지금의 종교 집단이요, 신도라는 자들에게 과연 뭐라 말하는지 아는가?

27 너희는 그와 같은 소리를 수없이 들을 것이며,

28 '저게 무슨 교육이며, 저게 무슨 믿음의 길을 가는 자이며, 저게 무슨 교회를 다니는 자며, 저게 무슨 하나님을 믿는 자이냐?

29 저게 무슨 목회자요, 저게 무슨 종교 지도자며, 저게 무슨 목자며, 스님이며, 저게 무슨 신부냐?'

30 그와 같은 말을 들을 때, 너희는 얼마나 그것이 무서운 죄악인지 알겠는가?

31 그것은 나를 능멸하게 하며 나를 욕되게 하며, 나를 따르고자 하는 백성까지도 나로부터 멀리하며 나로부터 관계를 끊고자 하며 나를 생각하지 못하는 백성으로 몰아붙이는 것이 너희들이니,

32 너희 제자들이요, 너를 따르는 신도들을 지옥으로 이끌어 가면서, 바로 가고자 하는 나의 백성까지도 나를 멀리하며 나에게서 관계를 끊게 하며 나를 생각하지 못하게 하는 그와 같은 것으로 몰아넣는 사악한 자라는 걸 알아야 할 것이니라.

33 이제 너를 따르는 제자, 너희는 들어야 할 것이니라.

34 지금의 믿음의 길을 가는 자들이 많은 백성으로부터 '저게 무슨 교인이며 저게 무슨 종교 지도자냐?' 그와 같은 말을 들었음이니,

35 너희는 그와 같은 말을 들어서는 아니 될 것이니,

36 언행을 확실히 해야 할 것이며, 책임지지 못하는 일을 해서는 아니 될 것이며,

37 너희가 변하는 모습은 말과 행동과 몸으로 실천함이 타의 모범이 되어야 할 것이며, 남들이 감히 생각할 수 없는 것, 남들이 갈 수 없는 그와 같은 희생과 봉사의 삶으로 살아가는 것만이 나 여호와가 존재함을 믿으며 그들을 구원하는 길이며,

38 '웃기지 마라. 네가 하나님의 말씀을 듣는 아들이라면 나는 하나님이라' 그와 같은 감히 너희가 두려운 그 말을, 남으로부터 내가 욕을 먹게, 남들이 그와 같은 죄를 짓게 하는 행동을 해서는 아니 될 것이니, 이를 명심하고 명심해서 행하도록 그리 전하라.

39 이제는 너희가 세상에 나갈 때가 되었으며, 만백성에게 너희의 모습을 드러낼 때가 되었음이니,

40 과연 너희가 그들에게 보일 수 있게 얼마만큼 변했는가?

41 너희가 변한 모습을, 그리고 너희가 지금까지 깨달은 것을 하나하나 기록하여, 그를 읽고 또 읽어 너희가 바로

서는 그와 같은 변하는 역사를 이루기
시작해야 할 때가 지금임을 알라.

5,527 번째 하나님 말씀

2003년 3월 15일 13시 55분

1 사랑하는 나의 아들아!
2 "네, 아버님! 말씀하옵소서."
3 창조주 나 여호와가 존재함을 요란하
게 너희에게 알리고자 하는 것이 아니
요, 내가 존재함을 깨우치려는 것이
아니니라.
4 너희가 말하기를, 나의 아들 예수가
재림하기를 천군을 데리고 천국의 음
악이 들리면서 요란스럽게 와, 만백성
이 들여다볼 수 있으며 한 번에 볼 수
있는 그와 같은 변화의 역사를 이룬다
하나,
5 그와 같은 역사는 절대 있지 아니함을
너희는 알아야 할 것이니라.
6 내가 너희와 같이하는 그것을 너희에
게 전함이니 잘 들어 깨우치도록 그리
하라.
7 너희가 나의 법전을 읽고 깨우치고 느
낄 때,
8 너희가 아무것도 기억하지 못하며 나
를 느끼지 못하고 그 내용을 알지 못
한다면 너희의 마음이 비워져 있지 아
니하기 때문임을 너희는 이제 알아야
할 것이니라.
9 너희의 마음이 비워져 있는 자요, 나
여호와를 믿으며 깨달음의 마음이 깨
끗하게 된 자는 그 법전을 읽을 때 지
워짐이 없음을 알아야 할 것이니라.
10 너희가 말하기를, 법전을 읽을 때 기
억이 나지 않으며 지워지며 잊힌다는
것은, 너희의 마음이 그와 같이 검음
이 있으며 욕심이 있으며, 내가 너희
에게 임하지 못하게 하였기 때문에 그
러하느니라.
11 그리하여 내가 너희에게 법전을 읽고
또 읽으며 정독하라 함은 너희의 검은
마음이요, 너희의 욕심을 씻어 내려는
것임을 알아야 할 것이니라.
12 너희가 법전을 읽고 깨우치는 그 순간
에 나 여호와가 너희와 같이함을 알아
야 할 것이니라.
13 너희의 마음이 비었을 때 나 여호와가
너희와 같이함이니,
14 너희가 법전을 읽고 그 내용을 알며
그 뜻을 깨달을 때는 너희가 그만큼
아름답게 되어 있기에 내가 너희에게
가르치며 직접 깨달음을 주는 것이니,
15 그게 바로 내가 역사하며 너희와 같이
있다는 것을 너희는 알아야 할 것이니
라.
16 나의 법전을 읽고 읽으면서 너희가 그
내용을 모르며 그 뜻을 모르는 것은
너희가 마음을 비우지 아니하였으며,
나 여호와가 너희와 같이하지 아니하
기 때문임을 알라.
17 나 여호와가 너희와 같이한다면 너희
가 나의 법전을 읽는 순간에 그 뜻을
모를 리가 없으며,
18 그 뜻에 내포하는 과거·현재·미래의
그 모든 뜻을 다 너희가 알게 될 것이
니라.
19 '아! 법전에 이러한 내용은 이 뜻이었
구나!' 너희가 그것을 느낄 때, 나 여
호와가 너희와 같이하고 있으며 내가

너희에게 기적의 역사를 이룬다는 것을 알아야 할 것이니라.
20 그 순간만큼은 너희의 마음이 아름다움을 너희는 알아야 할 것이니라.
21 나 여호와가 너희와 같이하고 있다는 것을 너희는 모름이니, 그것으로써 나 여호와가 너희와 같이하고 같이하지 아니하는 그 역사함을 너희가 알도록 하라.
22 나의 법전을 읽고 너희가 한 구절을 읽고 깨우칠 때, '아! 이것이 하나님의 뜻이구나.' 하며
23 너희가 번개가 지나가듯이 무엇인가를 깨닫는 그 순간에, 내가 너희에게 지혜를 주고 깨달음을 주었음이며,
24 너희 마음이 그리 깨끗함을 너희는 알아야 할 것이니라.
25 깨끗지 못한 자는 나의 법전을 아무리 읽고 깨우쳐도 그 속의 뜻을 알지 못하며,
26 내가 그를 기억하게 하지 아니함이니,
27 너희는 이를 알고 정독하는 데 최선을 다해야 될 것이니라.
28 아름다운 마음을 가지고 읽을 때 법전의 그 내용을 알 수 있음이니,
29 아름다운 마음으로 너희가 믿음이 진실이며 참진리요, 나 여호와의 뜻이요, 나의 법전이 너희의 구원의 생명이라는 것을 굳게 믿고 읽을 때,
30 그 순간에 내가 너희에게 임함이니, 너희가 법전에 있는 내용을 알게 됨이니라.
31 오늘의 몰랐던 내용을 너희가 내일에 아는 것은,
32 오늘보다 내일에 너희가 변화되었으며, 아름답게 마음이 비워져 있으며 너희가 욕심의 끈을 버렸다는 증거임을 알아야 할 것이니라.
33 열 번, 백 번, 천 번을 읽어도 그 뜻을 알 수 없음이니라.
34 성경이요, 성서를 수십 번씩 읽었다 하여도, 지금 나의 아들이 그 잘못되고 잘됨을 찾아내는 그 내용을 그들이 어찌 몰랐겠는가?
35 그는 나 여호와가 문을 열어 주지 아니하였으며, 그들의 마음이 사악하기 때문이니라.
36 구원을 받겠다는 욕심에서 법전을 읽으며, 성경을 읽으며, 자기가 하늘에 오르겠다는 생각에서 그리 행한다면 정녕 너희는 뜻을 알 수 없음이니라.
37 모두를 비우고 마음을 비우고 너희가 천사와 같은 마음으로 나의 법전을 읽을 때, 그 내용을 내가 너희에게 심어 줌이니,
38 잊어버릴 리가 없으며 지워질 리가 없으며 그 뜻을 모를 리가 없는 것을 알라.
39 너희는 법전을 읽고 '아! 이것이 하나님이 원하는 뜻이구나.' 하는 것을 느꼈을 때, 보이지 않지만 내가 너희와 같이 있다는 것을 그리 알라.
40 그때의 영광이요, 축복은 더할 나위 없는 것이요, 그보다 더 너희에게 기쁨이 없다는 것을 알라.

5,528 번째 하나님 말씀

2003년 3월.15일 14시 04분

1 사랑하는 나의 아들아!

2 "네, 아버님! 말씀하옵소서."
3 너희는 나 여호와가 너희에게 항상 기
적을 역사함을 모르고 있느니라.
4 너희가 그를 생각하지 아니하며 그를
볼 수 없기 때문에 너희는 그 기회를
볼 수 없으며 또한 기회를 놓치고 사
는 것이니라.
5 너희가 마음의 문을 열고 세상을 바라
보며 천사와 같은 마음으로 산다면 내
가 너희에게 항상 기적으로써 역사하
며 너희를 보호하고 있는 것을 볼 수
있으며, 내가 너희를 터치할 때마다
너희는 그를 느끼고 알 수 있을 것이
니라.
6 그러나 너희 마음의 욕심이요, 너희가
그와 같이 변화되는 마음으로 살지 못
하기 때문에 모름이니라.
7 너희는 살아가는 그 모든 것을 육신으
로써 먼저 생각하고, 육에 대한 이해
관계요, 손익계산을 하고 살아가는 것
이며,
8 육신의 행복을 위하여 수단과 방법을
가리지 않는 것이 너희가 지금 살아가
는 형태가 아니더냐?
9 그러한 형태 속에서는 너희가 나를 볼
수 없음이니라.
10 육의 세상의 그 삶을 한 계단 올라섰
을 때, 너희는 내가 너희에게 내리는
기적을 볼 수 있으며 내가 너희에게
역사하고 있는 것을 볼 수 있는 것이
니라.
11 너희가 고통스러울 때, 너희에게 나의
교육을 주입시키는 가장 좋은 기회라
내가 말하지 아니하였던가?
12 고통과 시련 속에서, 너희의 깨달음이
높고 깨달음이 아름다울 때, 너희는
거기서 알게 될 것이니라.
13 그 고통과 시련을 겪을 때 너희는 가
장 낮은 자세가 되며 겸손한 자가 되
며,
14 너희가 어떠한 잘못이요, 어떠한 죄로
인하여 오늘의 그 역사를 받는가를 돌
아다볼 수 있는 그와 같은 시간을 가
지며 생각할 수 있는 그 시간 속에서
너희가 스쳐 가는 깨달음을 얻게 됨이
니 그리 알아야 할 것이니라.
15 너희가 가장 고통스러울 때, 또한 너
희가 어렵고 힘들 때, 그 속에서 너희
는 나를 알며 나의 진리를 깨달으며
얻는다 내가 그리 말하였으나,
16 너희는 또한 여기서 하나 깨닫고 가야
할 것이 있느니라.
17 너희가 어렵고 힘들며 견디기 어려운
삶을 살 때, 사탄들은 너희를 가차없
이 유혹하며,
18 너희가 감당키 어려운 조건으로써 너
희를 이끌어 가는 것임을 알아야 할
것이니라.
19 너희 중에 지금 이와 같은 생각을 하
는 자들이 있을 것이니라.
20 '내가 교회에 다닐 때는 이러지는 않
았는데, 그리고 내가 이와 같이 힘들
지는 않았으며, 이와 같이 어려운 것
을 지키라 그리하지는 아니하였었는
데,
21 내가 다니던 종파에 속했을 때는 이러
하지 아니하였으며, 많은 친구와 더불
어 즐거운 삶을 살면서도 지은 죄를
간단히 기도하고 눈물로써 회개하면
구원을 받았으나, 여기에서는 어떠한

방법으로도 용서를 받지 못한다 하니,
이와 같은 곳에 내가 과연 와서 있어
야 할 것인가?
22 여기에는 과연 구원을 받을 것이며,
하늘에 오르는 길이 여기에 있는 것인
가?' 하며 정녕 너희는 불확실한 마음
을 또한 버리지 못하는 것이 아니던가?
23 그리하여 너희는 더 생각하는 것이니
라.
24 그전에 너희가 몸담았던 종파의 그 교
회라는 곳에 돌아갈까 하는 그와 같은
생각도 너희는 많이 하느니라.
25 '그러면 거기엔 친구도 많고 축복도
많이 받아왔으며 즐거운 일도 참 많았
을 텐데, 내가 어찌하여 이곳에 와서
이 고생을 하는가?' 하고 후회하고 또
반성하는 그와 같은 나의 백성도 있으
며,
26 너를 따르는 제자 중에 또한 그와 같
은 자들이 있을 것이니라.
27 너희가 먼저 믿은 그 종교 집단이야말
로 편안한 것으로써 말로써 기도하고
눈물로써 경배하며 찬송을 힘차게 부
르면 하늘로부터 너희가 모든 기회를
얻으며,
28 권세의 기능과 하늘에 오르는 그 지름
길이 바로 너희가 다니던 그 교회요,
성당이라 그리 말하며 그리 생각하는
자들은 과연 없는가?
29 '모든 것을 다 얻을 수 있는 곳이 먼저
다니던 그곳이었으며, 그곳에서 모든
역사가 이루어졌으니 그보다 더 좋은
것이 없거늘,
30 내가 이 어려운 길이요, 남들이 감히
갈 수 없는 이 힘들고 어려운 길을 여
기에서 가야 할 것인가?' 너희가 그와
같은 의혹을 품게 되며, 그 불안한 마
음을 갖게 되는 그와 같은 오늘의 마
음 자세를 가진 것이 너희의 마음임을
알아야 할 것이니라.
31 그리고 너희는 이곳에서 도망치고 싶
은 마음이 있을 것이니라.
32 그리고 떠나고 싶은 마음이 또한 있을
것이니라.
33 그러나 너희는 알라.
34 그때부터 너희는 어느 곳으로 곤두박
질을 치게 되는지, 너희가 어디로 떨
어져 가는지,
35 너희의 인생이 어느 곳으로 곤두박질
하여 너희가 돌이킬 수 없는 그 길을
가게 되는 것인지 그것을 너희는 알아
야 할 것이니라.
36 어느 집단이요, 이 어려운 길을 선택
하여 가도록 하는 목자요, 종교 지도
자가 과연 어디에 있겠는가?
37 너희에게 어려운 길이요, 고통스러운
길이요, 참진리요, 믿음의 길이요, 견
디기 어려운 길이요,
38 모두를 다 버려야 하며 모두를 놓고
가야 하는, 그리고 남의 자식을 네 자
식보다도 더 사랑하는 마음, 네 몸보
다 남을 더 사랑하는 마음, 이웃을 더
사랑하는 마음,
39 그와 같은 마음으로 너 자신을 버리고
살아가는 그 고통의 길을 가는 것이
정녕 하늘에 오르는 길이라는 것을 잊
어서는 아니 될 것이니라.
40 바로 너희가 왔던 곳으로 돌아가고 싶
은 마음, 왔던 곳으로 가고자 하는 그
욕심 속에 너희의 지난날의 그 생활이

아름답다 생각하는 그 자체가,
41 너희가 가장 강하고 힘들고 어려운 그
고비의 훈련을 넘는 그 순간에 사탄의
유혹이요, 사탄이 너희에게 손짓하며
사탄이 너희를 이끌어 가고자 하는 것
이니,
42 그 유혹에 넘어가는 그와 같은 너희의
삶이 되어서는 아니 될 것이니,
43 스스로 그 모두는 너희가 평가하여 너
희 스스로 일어서도록 그리하라, 사랑
하는 나의 아들딸들아!

5,529 번째 하나님 말씀

2003년 3월 15일 14시 15분

1 사랑하는 나의 아들아!
2 "네, 아버님! 말씀하옵소서."
3 욥은 그 자신이 어떠한 형국을 이루었
던가?
4 그는 모두를 다 시험에 의하여 저버리
면서, 단 한 벌의 걸친 옷만이 그의 재
산의 전부였으며,
5 죽음으로 땅속에 들어가지 않는 한 그
보다 더 낮은 자세가 될 수 없을 때까
지 나 여호와로부터 그는 내려가고 또
낮아졌느니라.
6 그는 왜 그러한 시련을 받았는가?
7 그는 다만 제가 땅을 파고 들어가지
아니하였을 뿐이지, 땅을 파고 제 얼
굴을 묻는 것만큼 그 밑으로 내려가고
또 내려갔음이니라.
8 그러나 그는 그와 같은 시련을 겪는
것을 그때 알지 못하였음이라.
9 그러나 그는 그 시련 속에서도 자신은
죄가 없이 살아왔으며, 나 여호와를
믿으며 아름답게 살아왔다는 자기 자
신에 대한 믿음을 갖고 있었음이니라.
10 그리하여 고통과 시련이 더 이상 처참
할 수 없고, 내려갈 수 없는 곳까지 내
려갔어도, 그는 원망하지 아니하였음
이니라.
11 그리하여 그가 더 내려갈 수 없을 때,
그는 거기에서 하나의 깨달음을 얻었
음이니 그리 알라.
12 그는 나 여호와로부터 만백성의 후손
들에게 보여 주는 삶을 살아야 하기
때문이며,
13 그 누군가는 그와 같은 모범으로써 표
적이 되어야 하며 누군가는 그 삶을
보여 줘야 하기 때문에,
14 그는 그리 가는 것에 자기가 선택되었
으며, 자기가 가는 것이 당연한 길이
라 생각하며, 그때서야 그는 깨우쳤
음이니라.
15 그리하여 표적이 되어 만백성을 구하
는 길이요, 후손에게 빛이 될 수 있으
며,
16 나 여호와가 만백성을 가르치는 데 제
가 제물로써, 도구로써 쓰이는 것을
늦게서야 깨달았음이니,
17 그리하여 그는 그 고통을 축복이요,
영광이라 그리 생각하고 살았음이니
라.
18 지금 너를 따르는 제자들이요, 나의
법전을 읽고 깨우친 모든 백성 중에
욥이 생각하는 그와 같은 마음을 가지
고 살아가는 자가 과연 누가 있는가?
19 나 여호와가 만백성을 깨우치는 본보
기로 표적이 필요하였음이니, 욥이 스
스로 선택되었다는 것을 깨닫고 즐거

운 마음으로 그 모두를 이기고 견디어
나갔음이니, 지금의 너희의 고통은 만
백성을 깨우치고 가르치기 위한 표적
의 한 시대요, 한 사물이요, 한 기계로
서 너희가 존재하며, 부속으로서 존재
한다는 그와 같은 마음을 너희가 가지
며 깨달아야 할 것이니라.
20 대역사를 이루는 것이요, 만백성을 구
하는 하나의 획을 긋는 그 속에 너희
가 표적의 인물로서 지금 등장하고 있
으며,
21 그리하여 훈련과 고통 속에서 너희를
바로 다스리고자 하며, 너희가 나의
뜻을 아는 날이 있을 것이라는 걸 나
여호와는 알고 있음이니라.
22 오늘의 너희의 표적은 나 여호와가 아
니니, 너희가 스스로 욥과 같은 그와
같은 깨달음을 얻어야 할 것이니라.
23 너희가 오늘의 그 표적의 어려움의 삶
을 사는 것은 나 여호와의 뜻이요, 내
가 이루는 것이라 생각하기 전에,
24 너희 스스로 그와 같은 길을 감을 즐
겁게 생각하며 영광이라 생각하며, 그
곳에서 견디고 이기는 그와 같은 깨우
침을 너희가 스스로 얻도록 그리하라.
25 그리하여 만백성이요, 너희의 대대손
손이 너희가 오늘에 존재했으며, 너희
가 어렵고 힘든 그 역사를 이기고 살
아간 그 모습을 보고 그들이 악에서
구원을 받을 것이며,
26 어떠한 역경에서도 선함을 행하며, 나
를 의지하며, 나를 믿으며, 나로부터
등 돌리지 아니하며, 나로부터 떠나가
지 아니한 자가 곧 승자가 된다는 것
을 너희가 보여 줘야 할 것이니,
27 오늘에 후손의 표적으로서 너희가 오
늘의 고통과 시련을 겪고 감이니,
28 너희는 완벽히 너희 개인의 복음서를
써서 나의 아들에게 전할 것이며,
29 나의 아들은 그를 법전에 기록하여 대
대손손 너희의 오늘의 역사를 남길 것
이니,
30 욥의 역사보다도 더 아름다운, 그리고
더 위대한 역사의 복음서를 전할 수
있도록,
31 너희가 더 위대한 고통과 시련을, 더
무서운 나의 훈련에서 이기고 승자가
되는 그와 같은 표적의 삶의 복음서를
기록하도록 그리하라.
32 그것이 영원히 기록되며 남는 영광의
축복이라는 걸 잊어서는 아니 될 것이
니라.

5,530 번째 하나님 말씀

2003년 3월 15일 14시 21분

1 사랑하는 나의 아들아!
2 "네, 아버님! 말씀하옵소서."
3 네가 오늘의 이 어렵고 힘든 길을 가
는 그 역사가 어찌하여 시작하였는지
나는 알고 있으며 너 또한 알지 않는
가?
4 '나는 여호와이니라.
5 너는 나의 뜻을 받아 기록하여 만백성
을 구하는 책으로 만들어 전하라.' 그
말 한마디에 네가 무릎 꿇고 기도하였
으며, 오늘의 이 길을 가고 있는 것이
나의 아들 너이니라.
6 한 시대의 이 길을 가고 있으며, 만백
성을 구원하고자 역사하고 있는 너의

이 길은,
7 '나는 여호와니라.
8 나의 뜻을 책으로 만들어 만백성에게
전하라.' 하는 그 말 한마디로써 네가
오늘의 이 역사를 이루어 가고 있지
아니하던가?
9 모세는 또한 과연 어떠했느냐?
10 그도 마찬가지였느니라.
11 '나는 여호와이니라.' 그 한 마디에 모
세는 모두를 다 걸고 강대국의 왕들과
싸워 그 백성을 구출하는 데 성공하지
아니하였던가?
12 이제 너희는, '나는 여호와이니라. 나
의 성령을 받아 책으로 만들어 만백성
을 구하라.' 하는 것은 나의 아들에게
만 명함이 아니요,
13 나의 법전을 읽는 백성이요, 나의 아
들을 따르는 제자 너희들에게 내가 직
접 명함임을 그리 알아야 할 것이니
라.
14 내가 일찍이 너희에게 뭐라 말하였느
냐?
15 이 세상에 하늘의 뜻이 지상에 내려오
는 것은 나의 아들을 통하여 빛이 꺾
여 너희에게 가듯이, 바로 너희에게
내려감이니,
16 바로 너희가 나의 아들을 대신하여 역
사하는 그와 같은 임무를 맡은 자라는
걸 잊어서는 아니 될 것이니라.
17 나의 아들로부터 빛이 꺾여 내려간 너
희 또한 나의 아들딸이니,
18 너희들의 그 책무요, 임무가 다 똑같
음을 알아야 할 것이니라. 나의 아들
은 '나는 여호와이니, 나의 뜻을 기록
하여 만백성에게 전하라.'는 그 말 한
마디에 모두를 다 버리고 오늘의 기도
요, 경배의 이 어렵고 힘든 길을 가고
있으며,
19 모세 또한 그 말 한마디에 제국의 왕
과 80이라는 고령에 싸워 이겨 그 백
성을 구하는 역사를 이루었거늘,
20 내가 젊은 너희들에게 '나는 여호와이
니 만백성을 구원하는 책을 만들어 세
상에 전하라'는 그 명령을 내리고 수
없이 내렸건만,
21 너희는 오늘의 역사함이 어디에 있으
며, 너희가 이루는 것이 어디에 있으
며, 너희의 가는 길이 어디에 있단 말
이던가?
22 너희가 얼마나 중요한가를 알아야 할
것이며, 너희가 나의 명령을 어찌 받
아들여야 할 것인가를 다시 한 번 깨
우치는 시간을 가져야 할 것이니라.
23 하늘의 명령이며 나 여호와의 뜻이며
내가 직접 너에게 내린 명령은 반드시
이루어지며 역사함을 내가 너희에게
알라 하였음이니,
24 이를 받은 너희 또한 반드시 그를 시
행하고 지켜야 한다는 것을 잊어서는
아니 될 것이니라.
25 이제는 너희가 일어설 때가 되었음을
알라.
26 나 여호와가 너희에게 직접 명함이니
라.
27 너희는 나 여호와의 명을 따라 책을
만들어 만백성에게 전하며, 나의 법전
이 세상을 덮어 하얀 눈처럼 그 누구
도 이 눈 속에서 헤어나지 못하도록
그 역사를 이루는 것이 너희의 대명임
을 잊지 말라.

28 모두를 다 던져 그 역사를 이루라, 사랑하는 나의 아들딸들아!

29 오로지 너희만이 할 수 있는 자들이니라.

5,531 번째 하나님 말씀

2003년 3월 15일 14시 28분

1 사랑하는 나의 아들아!

2 "네, 아버님! 말씀하옵소서."

3 2천 년 전에 나의 아들 예수와 더불어 생사고락을 같이하며, 죽기를 같이하며, 더불어 예수를 따라 하늘에 오르겠다 말하던 그 백성과, 그리고 그로부터 많은 역사와 기적을 봤으며 은혜를 받은 그 제자들이 과연 어찌하였는가?

4 그 제자 중에 유다라는 자는 금화 몇 닢에 나의 아들을 팔아넘겼으며,

5 생사를 같이하고자 했던 그 제자들은 수없이 배신하고 등을 돌리는 그와 같은 형국이 이루어졌음이니,

6 지금 나의 법전을 읽고 깨우치는 백성이요, 나의 아들의 제자요, 나로부터 선택된 너희는 금전에 얽매여 사는 삶을 살아서는 아니 되며 몇 푼의 금전에 그를 팔고 사는 금화의 노예가 되면 아니 된다는 것을 알아야 할 것이니라.

7 그렇다면 유다와 너희가 무엇이 다르겠는가?

8 너희가 재물을 먼저 생각하며 금전을 앞에 두고 생각하는 그와 같은 생각을 하며, 몇 푼의 금화에 너희의 마음이 흔들리는 그와 같은 나로부터 선택된 백성이라면,

9 2천 년 전에 나의 아들을 그리도 팔아넘긴 매정한 유다와 너희가 무엇이 다르다 말할 수 있는가?

10 너희는 그리 가서는 아니 됨을 잊어서는 아니 될 것이니라.

11 지금의 모든 종파는 각종 헌금을 받아서는 아니 된다는 것을 내가 너희에게 수없이 전했으니,

12 그 뜻을 너희는 만백성에게 깨우쳐 그들을 바로 세우는 데 최선을 다해야 될 것이니라.

13 금전을 위한 믿음을 가고 있는 것은, 금전 몇 닢에 나의 아들 예수를 판 유다와 지금의 종교 집단들이 하고 있는 행위가 무엇이 다르단 말이던가?

14 그들은 더하느니라.

15 유다는 단 한 번의 금전을 받고 나의 아들을 팔았으나, 너희는 수천수만 가지 방법으로써 그를 거둬들이고 있음이니,

16 너희가 백성으로부터 금전을 받을 때마다 나의 아들을 한 번씩 팔아넘기는 사악한 자라는 걸 너희는 잊어서는 아니 될 것이니,

17 유다는 한 번을 팔았으나 너희는 수천수만 번 그 수를 헤아릴 수 없도록, 너희가 죽어 갈 때까지, 종교 지도자가 단상에 서서 수많은 나의 피조물 만백성에게 나의 아들을 파는 그 사악한 행위를 하고 있음이니,

18 그들의 믿음에서 너희가 구원의 길이라는 것은 생각지도 말라 그리 내가 전하노라.

19 종교 지도자가 금화에 대한 사악한 집

념으로 불법적인 행위를 하고 있으면
서도 죄인 줄 모르며, 또한 그곳에 맹
목적으로 금화와 은화를 갖다 바치며
구원을 받겠다며 구원을 추구하는 신
도들, 그들 스스로 다 무엇이던가?
20 종교 지도자는 나의 사랑하는 백성을
파멸로 이끌며 지옥으로 이끌어 가고
있는가 하면,
21 신도라는 백성은 스스로 재물과 금화
를 바치면서 저희를 지옥으로 데려가
달라 애걸복걸하며 애원하며 구하며,
22 지옥으로 가는 길이 천국이라 하여 서
로 그 열차 타기를 몸부림치며 아우성
을 쳐 지옥으로 달려가는 것이 너희가
역사하는 지금의 믿음의 과정이며 너
희가 행하고 있는 것이라는 것을 잊지
말라.
23 이 무서운 것을 내 법전에 기록하여
전하는 것은, 나 여호와 외에는 누구
도 말할 수 없으며 심판의 나의 뜻을
전할 수 없음이니,
24 오로지 나의 법전이요, 새로운 성경의
역사를 이루는 제3의 시대는 심판의
시대이기 때문에,
25 내가 나의 아들을 통하여 심판의 그
판결을 나의 아들의 입을 통하여 너희
에게 책으로 만들어 전한다는 것을 너
희는 알아야 할 것이니라.
26 지금 나의 가슴을 태워 나의 아들의
입을 통하여 책으로 만드는 이 모두는
내가 너희의 그 죄에 해당하는 자를
심판하는 판결문을 미리 내려보내는
것이니,
27 이를 보고 거기에 해당하지 않는 백성
으로 살아가도록 그리해야 할 것이니,
28 이를 잊어버리는 자, 이를 행하지 않
는 자는 어떠한 죄요, 어떠한 대가를
치르는 것인가를 알게 될 것이며,
29 나에게 와 너희는 변명 한마디 할 수
없다는 것을 알아야 할 것이니라.
30 지금 자신도 모르게 사악한 지도자에
게 휘말려 끌려가는 백성,
31 그리고 단상에 서서 강론하며 천사
같은 행위를 하는 그들이 그 일을 마
치고 사는 일주일의 삶은 어떠한지
아는가?
32 음흉한 괴물이 살아가는 그와 같은 삶
보다도 더 사악한 것으로 살아가는 것
이 그들이니라.
33 너희는 그 음흉스런 괴물과 같은 지도
자들에게 재물을 바치지 말라.
34 내가 이리도 너희에게 그 끝을 깨우치
며 너희가 그리 행해서는 안 된다는
것을 그리 전함이니, 너희는 이를 알
아야 할 것이니라.
35 나의 아들 예수가 죽어 가면서 너희에
게 뭐라 전하였는가?
36 교회라는 것을, 성전이라는 것을 지으
라 너희에게 나의 아들이 유언을 남겼
으며, 위임장을 써서 너희에게 전한
것이 있는가?
37 안식일에 일하지 말며, 안식일에 금화
와 은화를 바치는 것이라 그리 나의
아들이 위임장을 써서 너희에게 유언
하며 남긴 것이 있는가?
38 나의 아들은 안식일에도 일하였으며
안식일에도 움직였다는 그 사실을 알
라.
39 나의 아들이 너희에게 위임장을 써 주
지 않은 것을, 위임장을 받은 것처럼

지금 사악한 짓을 하고 있는 너희가
얼마나 흉물스런 괴물의 모습인지 알
겠는가?
40 사탄이요, 사악한 뿔이 일곱 개 달린
용만을 너희는 괴물이요, 사탄이라 말
하지 말라.
41 지금 잘못 가고 있는 종교 지도자의
그 형태가 그러함을 너희는 알라.
42 입은 뱀의 혀처럼 둘이요, 용의 일곱
개의 뿔을 가진 그와 같은 흉물스런
자의 모습이니,
43 그곳에서 너희가 그 사악한 자에게 스
스로 힘을 실어 주며 용기를 심어 주
는 그와 같은 죄를 짓는 것을 너희는
나 여호와에게 와 벌을 받을 것이니,
44 그 죄를 면하고자 한다면 너희는 나의
법전의 뚜껑을 열어 내가 원하는 것이
무엇이며 내가 역사하고자 하는 것이
무엇인가 그 뜻을 들여다보라.

5,532 번째 하나님 말씀

2003년 3월 16일 0시 23분

1 사랑하는 나의 아들아!
2 "네, 아버님! 말씀하옵소서."
3 지금의 종교 집단에서 믿음의 길을 가
는 백성, 그리고 구원을 받은 백성이
요, 구원을 받았다 그리 말하는 그들
은 나로부터 영광의 은혜를 받았다 말
함이니,
4 너희가 죽음의 그 순간에 지옥이요,
고통이요, 너희가 지은 죄의 대가를
치르지 아니하며,
5 천국인 나의 나라에 올 수 있는 그 모
든 여건이 갖춰졌으며 그리 명을 받았
다면,
6 너희는 인간 세상의 보통 사람들과 살
아가는 그 모습과 같아서는 아니 된다
내가 말하지 아니하였던가?
7 너희가 정녕 구원을 받은 자며 나에게
오르는 자라면, 세상의 모든 것에 소
중한 것이 없으며 더 이루고자 하는
것이 없으며 더 갖고자 하는 것이 없
어야 할 것이니라.
8 나를 찾지 못하며, 나에게 구원을 받
았다는 말이 없는 그 백성보다,
9 너희는 구원을 받았다 말함이니, 너희
는 특수한 인간이며 계층이 높으며 경
지가 높이 와 있는 백성이 아닌가?
10 보통 나의 피조물 만백성과 하늘과 땅
의 차별화된 삶을 살아야 하는 것이
너희가 아니던가?
11 그러나 내가 너희의 살아가는 모습이
어떻다 하였던가?
12 나의 피조물 만백성 그들은 살아가면
서 서로 금화와 은화를 빌려주며 또
빌려다 쓰고 할 때, 저희는 서로 그 대
가를 치른다 하였음이니라.
13 그러나 진정한 믿음의 길을 가는 너희
가 정녕 구원을 받았다 하면,
14 너희는 그와 같은 재물을 빌려 주면서
그 대가요, 이자라 하여 그를 더 거둬
들이는 것이 아니라,
15 나 여호와가 있음을 믿으며 창조주가
존재함을 믿으며,
16 그리하여 그를 믿음으로 인하여 네가
그를 도와주겠다는 그와 같은 마음으
로써 재물을 나눠 주며 빌려 주며,
17 그리 돕고 살아가야 하는 것이 특별한
너희가 해야 하는 것이라고 하였음이

니라.
18 그것이 또한 특별히 나로부터 선택된 백성이 살아가는 도리요, 길이라 하였음이니라.
19 너희는 나로부터 선택된 특별한 인간이며, 너희는 하늘나라에 올 수 있는 그 모든 은혜를 받아 놓았음이니,
20 인간 세상과 하늘의 그 중간보다도 더 높이 와 있는 특별한 인간이라 말하지 않는가?
21 그러한 너희가 어찌하여 행하는 것은 그리 행하지 아니하고 사는가?
22 나의 피조물 만백성, 하늘에 오르는 길이요, 참진리라 하여 너희같이 종교 집단에 가서 재물을 바치며 구원을 받겠다 말하지 않는 백성은,
23 정녕 살아가면서 어려운 사람을 더 생각하며, 힘없는 자를 더 생각하며,
24 그리고 동료끼리 서로 의지하며 서로 나누며 살아가는 것이니라.
25 그들에게는 단순하니라.
26 그들은 권력을 가진 자가 필요 없으며 재물을 가진 자가 필요 없음이니라.
27 그저 서로 어렵고 힘이 들면 도와줄 수 있는 그 사람을 더 소중히 생각하는 것이 그들이니라.
28 평범한 나의 백성은 그저 자주 만나는 사람, 그리고 서로 만나는 사람을 배신하지 아니하며 그들을 더 아끼고 살아감이니라.
29 아무리 권력 있는 자가 와서 뭐라 한다 해도, 재물을 가진 자들이 와서 뭐라고 한다 해도,
30 그들은 매일 만나는 어려운 동료요, 친구를 배신하지 아니함이니라.
31 그들은 크나큰 재물과 권력을 갖다 휘두르는 자보다도, 서로 슬픔을 같이 나눌 때 대가 없이 서로 갚아 주며 의지하고 살아가니, 그들의 마음이 그러하니라.
32 그러나 지금 너희 종교 집단이요, 지도자들은 과연 어떠한가?
33 없는 자를 더 사랑하며 그들을 도와야 하며, 그들이 말하는 진실한 말이요, 옳은 말에 너희가 귀를 기울이고 살아가야 하거늘,
34 너희는 권력이 있는 자, 가진 자 앞에 아부하기에 정신이 없으며,
35 어렵고 힘든 자는 그저 짓밟아 뭉개며, 그리고 능력 있는 자의 말에만 귀를 기울이며, 그들이 하는 소리에만 귀를 기울이고 살아가는 것이 지금 종교 지도자 너희가 아니던가?
36 종교 지도자라는 너희는 말하느니라.
37 나로부터 선택된 자요, 나로부터 명을 받은 자라 너희가 그리 말하니,
38 또한 너희가 살아가는 것도 구원받았다는 신도들보다 더 높은 자요, 특별한 위치에 있다는 사람이 아닌가?
39 나의 피조물 만백성도 가진 자, 권력 있는 자 앞에 추하고 더럽게 아부하지 아니하며 그를 몰라라 하며 살아가거늘,
40 특별히 대우받는 특별한 세상에서 살아간다는 너희는 그 마음만큼도 못하게 그들에게 가서 비위를 맞추며 아양을 떨며 그들의 말에만 귀를 기울이며,
41 가난하고 불쌍한 자가 아무리 옳은 소리를 해도 들어주지 아니하며 귀를 기울이지 않고 그와 같이 살아가는 형국

이니,
42 과연 이것이 나로부터 선택받은 지도
자가 가는 길이라 말할 수 있는가?
43 너희가 지은 교회요, 너희의 성전에
나오는 자, 그리고 너희의 명에 따라
재물을 바치며 구원을 받겠다 하여 너
희에게 맹종하는 그들보다도,
44 능력 있는 자, 권력 있는 자가 왔을 때
그 앞에 아부하며 아양을 떠는 것은,
45 너희가 신도의 체면이나 신도와의 인
간관계의 그와 같은 것은 관계도 없이,
46 그저 이해관계만을 따져서 마음이 변
하는 것이 지금의 종교 집단이요, 지
도자들이 가고 있는 형국이라는 것을
너희는 알아야 할 것이니라.
47 어렵게 살아가는 그들은 저희가 어려
울 때 서로 돕고 의지하는 그 마음의
뿌리가 깊으며,
48 누가 무어라 하여도 그들은 제가 가진
것, 제 입장을 알며, 제가 어렵고 힘든
무거운 것을 같이 들어 줄 수 있는 그
사람을 소중히 생각하며, 그들을 배신
하지 아니하며, 그들과의 고리를 끊지
않는 것이니라.
49 이와 같은 백성만도 못한 것이 하늘에
오르는 나의 피조물 만백성의 길을 안
내하며 그를 이끌어 간다는 지도자 너
희들이니,
50 너희가 지금 하고 있는 행위와는 정녕
거꾸로 되어야 할 것이거늘, 주객이
전도된 그와 같은 상황이 지금 세상에
이루어졌음이니라.
51 그리하여 너희 같은 자가 존재하기에
이 세상은 거꾸로 되어 있으며, 너희
가 거꾸로 보고 살아가는 자라 했음이
니,
52 세상을 거꾸로 보는 지도자가 무엇을
가르치며 무엇을 이루겠는가?
53 너희는 이와 같은 뜻을 깊이 깨우쳐야
할 것이니라.
54 이는 내가 나의 아들을 따르는 제자들
이요, 나의 법전을 읽고 깨우친 백성
너희는 그와 같은 삶을 살지 말라 함
이니라.
55 권력이요, 재물 앞에 항상 같이 만나
는 형제들의 등을 밀며, 그리고 그들
보다도 더 형제들을 가까이하지 아니
하며 소중히 생각하지 못하는 그와 같
은 마음을 가져서는 아니 된다는 것을
내가 너희에게 가르침이니 그리 알라.

5,533 번째 하나님 말씀

2003년 3월 16일 0시 28분

1 사랑하는 나의 아들아!
2 "네, 아버님! 말씀하옵소서."
3 수천 년 동안 흘러오면서 구원을 받겠
다 발버둥치는 백성, 그리고 구원을
받았다 하며 믿음의 길을 가는 백성,
4 그들은 회당이요, 교회에서 모여 앉아
기도하고 광란의 찬송을 부르며 그리
하나,
5 내가 보는 그 교회요, 성당이라는 곳
에는 하나도 사람이 없음을 알라, 사
랑하는 나의 아들아!
6 수백수천 명이 모여서 나를 찾으며 나
의 아들 예수의 이름을 부르며 구원받
았다 그리 찬송하고 기도하고 설교를
듣는 자, 그리고 무엇을 이루고자 기
도하고 또 경배하는 그와 같이 모인

백성,
7 너희가 볼 때는 그들이 수백수천 명이
라 생각하나, 나 여호와가 보기에 그
성전이라는 곳에는 한 명도 사람이 없
으며 나로부터 구원받을 자가 없음이
니,
8 한 사람도 보이지 아니함을 너희는 알
아야 할 것이니라.
9 이제 나의 법전을 읽고 깨우친 백성이
요, 나의 아들을 따르는 너희는 정녕
사람을 구원해야 할 것이며, 사람다운
사람을 구원하는 데 너희가 최선을 다
해야 할 것이니라.
10 이제는 그와 같은 모든 교회가 텅 비
어 있다는 것을, 나는 그리 보며, 그리
비어 있음을 알라.
11 너희가 우글거리며 거기서 많은 사람
이 소리 지르고 찬송 부르며 광란의
짓을 하며 눈물의 기도를 드리나, 거
기에 구원받을 자, 내가 선택한 백성
이 하나도 없음이니,
12 그 교회라는 곳, 성전이라는 곳, 회당
이라는 곳이 텅 비어 있는 그와 같은
형국이니라.
13 이제 너희는 나의 성전에 나의 아들딸
이요, 선택된 자들을 그득히 채워 놓
으며 나의 백성을 그득히 채우는 그와
같은 역사를 이루는 데 게을리해서는
아니 됨을 알아야 할 것이니라.
14 내가 너희에게 기도하고 경배하는 것
이 나에게는 들리지 아니하며, 파도
치는 파도 소리만큼도 너희가 울고불
고하는 것이 나에게 들리지 아니한다
하였음이니라.
15 그리고 너희가 지상을 오염시킬 대로
오염시켰으며, 하늘까지 오염시키지
말라는 그와 같은 뜻을 내가 너희에
게 그리 전하라 하였음이니,
16 너희가 아무리 많은 백성이라 하여도
내가 보는 그 회당이요, 교회요, 너희
가 말하는 성전에는 사람이 하나도 없
음이니라.
17 다 비어 있기에, 그들이 나로부터 구
원을 받을 수 없으며,
18 하늘에 오르는 길이 아니요, 참진리를
공부하는 자들이 아니라는 말을 너희
는 알아야 할 것이니라.
19 내가 그들은 구원받을 수 없으며, 나
의 법전을 접하여 그곳에서 뛰쳐나오
지 아니하는 자는 구원을 받을 수 없
으며, 나의 백성이 아니라 하였음이니
라.
20 그러니 바로 무엇인 줄 알겠는가?
21 텅 비어 있음이니라.
22 그리하여 나올 자도 없고, 뛰쳐나올
자도 없는 그와 같이 텅 빈 교회라는
그곳에서 저희가 울고불고 찬송하며
기도하고 하늘에 오르는 길이라 가르
치는 그 설교를 듣고 앉아 있는 그 백
성이 내 눈에는 하나도 보이지 아니하
며, 빈 의자만이 보임을 알아야 할 것
이니라.
23 이제 너희는 사람을 구하도록 하라.
24 많은 나의 피조물 만백성을 구해야 할
것이며, 나의 성전에 사람이 모이도록
하라.
25 그리하여 나 여호와가 사람다운 사람
을 볼 수 있으며 비어 있지 않은 성전
을 볼 수 있도록 그와 같이 너희가 역
사하라.

26 지금의 모든 회당이요, 교회라는 그곳
에 모이는 자들은 한 사람도 구원받을
자가 없으며 구원의 참진리를 모르고
옴이니,
27 그들이 아무리 많은 숫자가 모여서 울
고불고 광란의 소리를 지르며 찬송을
부른다 하여도, 거기는 텅 비어 있으
며 한 사람도 없는 그와 같은 썰렁한
교회며 찬바람이 불고 있는 교회라는
것을 알라.
28 내가 하늘에서 내려다보는 모든 교회
요, 성전이요, 모든 종교 집단들이 이
끌어 가는 회당은 다 비어 있음을 너
희는 알아야 할 것이니라.

5,534 번째 하나님 말씀

2003년 3월 16일 0시 34분

1 사랑하는 나의 아들아!
2 "네, 아버님! 말씀하옵소서."
3 지금의 수천 년 동안 흘러가 있는 그
종파들이 잘못되었다 내가 그리 말하
였음이니라.
4 그리고 그들로서는 구원을 받을 수 없
으며, 그들의 교회요, 성당이요, 회당
이 다 비어 있다 내가 그리 말하였음
이니,
5 그들이 어찌 가고 있는지 너희는 알고
있는가?
6 그들은 사탄과 악마로 변해 있음이니
라.
7 그리하여 그들이 나의 피조물 만백성
을 파멸시키며 지금 지옥으로 이끌어
가는 것이니라.
8 그러니 너희는 너희의 형제요, 사람을
구하는 데 최선을 다하라.
9 나 여호와가 너희에게 명하노니, 너희
는 사람을 구하는 데 주저하지 말며
최선을 다하도록 그리하라.
10 나의 법전이 세상에 전하여지며 만백
성이 나의 법전을 접하기 시작할 때,
나 여호와가 선별할 자를 선별하기 시
작함을 알라 하라.
11 너희는 버릴 자와 구원할 자의 그 심
판을 시작한다는 것을 나의 피조물 만
백성에게 전하여, 사람을 구원하라.
12 사람을 너희가 구원하여야 하지 않는
가?
13 사람의 생명이 얼마나 중요하고 소중
하던가?
14 너희 육의 삶에서 한 사람의 생명을
저버릴 때, 그 생명이 그리 소중하고
소중한 것을 너희가 안다면, 영원히
죽어 가는 사람을 구원하라.
15 그 사람들을 보고도 구원하지 않는 너
희 또한 그 죄를 너희 스스로 뉘우치
며, 고통스러우며 그 마음을 다스리기
가 얼마나 힘들고 어려운 것인가를
알아야 할 것이니라.
16 너희가 나에게 와 심판을 받으며 지옥
불로 가는 그들을 볼 때,
17 너희의 형제요, 너희의 부모가 그리
가며, 너희와 가장 가까웠던 사랑하는
사람들이 그와 같이 감이니, 그 사람
들을 구원하도록 하라.
18 그 사람들을 너희가 구원하지 아니하
면 후회와 그 고통스러움을 인간의 마
음을 가진 너희가 스스로 다스리고 인
내하기 쉽지 아니할 것이니라.
19 그러니 너희와 가까운 사람부터 구원

하라.
20 너희가 구원하는 그 순간에 그들은 사
람이 됨을 알라.
21 너희는 지금 사람이라 말할 수 있는가?
22 죄를 짓고 사는 자, 나의 뜻을 거역하
는 자, 나의 뜻에 순종하지 아니하고
사는 너희가 과연 어떠하던가?
23 내가 내려다보는 나 여호와의 눈에 비
치는 너희는 그저 내려 준 대로 감사
하며 사는 동물만도 못한 그와 같은
사악한 짓을 하며 살아가는 자들이니,
그를 보는 나 여호와의 마음이 어떠하
겠는가?
24 가장 아름다운 모습으로써 가장 살아
가기 편하며 높은 지혜와 생각을 할
수 있는 판단력을 내가 내려 준 백성
이 그 우매한 짐승만도 못한 그와 같
은 삶을 산다 하면, 나 여호와가 너희
를 보는 그 마음이 얼마나 아프겠는가?
25 그러나 그 모두를 구원하는 것은 나의
법전을 읽고 깨우친 나의 아들을 따르
는 제자요, 나의 법전을 읽고 이것이
하늘에 오르는 길이라 깨닫는 백성 너
희만이 그들을 구원할 수 있음이니,
26 나 여호와가 지금 사람을 구하라는 그
말이 얼마나 애절한 마음이며, 내가
어떠한 의미에서 그와 같은 말을 하는
지 너희는 알아야 할 것이니라.
27 사람을 구원하라.
28 너희가 사람을 구원해야만 될 것이니
그를 잊지 말라.
29 나의 법전이 세상에 전해지고 있으며,
지금 심판의 기준인 나의 새로운 성령
이 세상에 전해지고 있음이니,
30 그를 보지 않는 자, 심판을 받지 못한
다 그리 전하라.
31 그리고 심판의 결과가 지금부터 시작
하게 됨이니,
32 그 소용돌이에서 너희가 사탄으로서
버림을 받는 사람이 되어서는 절대로
안 된다는 것을 나의 피조물 만백성에
게 전해 주고 심어 주는 역사를 이루
는 길밖에 없음이니,
33 이를 주저하지 말며, 너희가 여기에
대한 최선을 다하여, 모두를 다 던져
사람을 구원하라.
34 사람을 구원해야만 함을 너희는 알아
야 할 것이니라.

5,535 번째 하나님 말씀

2003년 3월 16일 0시 45분

1 사랑하는 나의 아들아!
2 "네, 아버님! 말씀하옵소서."
3 내가 너에게 일깨워 전하지 아니하였
던가?
4 너희는 도둑과 같이 내가 임하며, 모
든 성령이 그리 와 구원할 자와 버릴
자를 구분한다 하였음이니라.
5 그러나 너희는 그리 말하면서도 또한
천군의 천병들이 노래 부르며 나팔 불
며 요란하게 세상에 와 구원하며 죽을
자와 살 자를 구분한다 그리 말하니,
6 한 입으로 너희가 두말하며 두 가지를
다 손에 쥐고 있음이니, 양손에 너희
가 무엇을 다 얻고자 함이니,
7 이리 갖다 붙여도 답이요, 저리 갖다
붙여도 답이니 그리하여 나의 성서가
잘못되었으며, 너희가 인간의 간교한
머리로써 뜯어고치고 또 너희 생각을

집어넣었다 하였음이니라.
8 그리하여 오늘과 같이 그 모두가 너희
가 천사와 같은 백성이 아니요, 지금
의 사악한 이와 같은 형국이 되었다
내가 그리함이니라.
9 내가 너희에게 다시 한 번 깨우쳐 줌
이니, 모든 종교 집단들이 과연 어찌
가는가?
10 너희가 구약의 시대는 문을 닫았으며
신약의 시대에 역사한다 그리하였음
이니라.
11 그리하는 너희는 구약의 중요한 것은
깨우쳐 전하려 하지 아니하며,
12 신약의 필요한 것만을, 너희가 지금에
끌고 가며 나의 피조물 만백성을 다스
리기에 필요한 것들만 구약의 것을 갖
다 응용하고 사는 것이 아니던가?
13 구약의 역사는 흘러간 것이라 하면서,
14 모세에 대한 역사를 가지고 너희 종교
지도자들이 많은 나의 피조물 만백성
앞에서 얼마나 장황히 설명하며 그 요
란을 떨고 있는가?
15 시내산의 그 가시덤불 안에서 들린 음
성이라 하며, 그 불빛을 나 여호와가
모세에게 내렸으며,
16 모세는 그 나이에 용감하게 바로 왕
앞에 가 백성을 내 달라 그리 말하는
그 용기를 가졌으니, 종교 지도자는
그리 말할 것이니라.
17 지금의 믿음의 길을 가고 있는 신도
너희가 과연 모세와 같이 그 왕 앞에
백성을 구할 수 있는 용기 있다 하여
그와 같이 따질 수 있는 자가 있는가?
18 그리하면서 모세가 이루었던 그 모든
역사의 기적을 가지고 너희 백성에게
깨우치며 가르치고자 그리하느니라.
19 그러면서 너희는 구약은 지나간 것이
요, 구약은 역사하는 것이 아니라 그
리 말하면서,
20 신약의 시대에다 구약의 모세가 이루
었던 그 역사의 모두를 갖다 붙이며,
21 거기에 너희가 십일조요, 또는 그 헌
금을 바치는 그와 같은 모든 것은 다
구약에 역사한 것을 너희가 거둬들이
려 그리했으며,
22 신약에서는 너희가 그를 쓰지 아니하
며 너희가 연구하고 생각한 것을 두드
려 맞춰 그리 감이니, 너희가 얼마나
모순투성이인 그와 같은 짓을 하고
있는가?
23 지금 종교 지도자가 행하는 것이 모순
투성이인 것과 마찬가지로, 성서 또한
구절구절 너희가 필요한 대로 고쳐 다
스렸음을 알아야 할 것이니라.
24 그리하여 행함이 거기에 기록되어 있
지 아니하며, 너희가 어찌해야 할 그
답이 없음이니,
25 그리하여 제3의 시대를 열어 너희가
행해야 하는 것을 내가 직접 내림이니
라.
26 내가 나의 아들 예수에게 직접 내린
그 행함이, 바로 이 법전의 내용의 뼈
대가 나와 예수와 둘이 대화한 그 내
용이며, 그가 역사하고자 한 것이 거
기에 다 있으나,
27 너희는 그를 지킬 수 없으며, 그를 보
고 지킨다는 것은 너희가 존재할 수
없기에, 두렵고 무서워 그것은 너희가
내놓지 아니하며, 그것을 세상에 보이
지 아니한다 내가 그리 말하였음이니,

28 너희가 얼마나 사악하고 무서운 인간
들이던가?
29 나와 나의 아들 둘이 대화한 것이며,
내가 그에게 직접 내린 그 원본을, 너
희가 아무리 힘들고 어렵다 하여도 그
를 가지고 공부하며 그를 보고 지키려
하는 것이 나의 뜻을 따르는 것이요,
나에게 순종하는 백성이 아니던가?
30 너희는 나를 부르짖으며 나의 은혜로
구원을 받는다 그리하면서,
31 나 여호와와 예수가 이루었던, 너희에
게 지키도록 세세히 내가 내렸던 그
원본의 내용은 하나도 너희가 사용하
지 아니하며 덮어 버리며, 세상에 빛
을 보지 못하게 하고 있음이니라.
32 그러니 너희가 얼마나 사악한 자며 잘
못된 자던가?
33 그러면서 너희는 나의 아들 예수로써
모두를 다 얻었으며, 모두를 샀으며,
그리고 나를 부름으로 구원받으며, 사
랑의 아버지요, 구원의 아버지요, 영
광의 아버지라 그리 부르짖고 있음이
니라.
34 너희는 여기서 지금 내가 나의 아들을
통하여 내리는 이 법전이 나의 아들
예수와 내가 대화한 내용의 그 뼈대의
줄거리에서 모두가 다 역사하며,
35 지금 2천 년 만에 빛을 본다는 것을
너희는 알아야 할 것이니라.
36 지금 나의 아들을 통하여 내려보낸
나의 법전을 너희가 갖다 찢어 버리며
없애 버리고 너희가 복음서를 만들어
전한다면,
37 거기에는 진정 내가 이루고자 하는 역
사의 뜻이 없으며, 내가 이루고자 하
는 기틀의 근본의 그 뜻이 거기에 없
음이니,
38 이는 잘못되었음을 너희는 알아야 할
것이니라.
39 너희가 건축이라는 것을 할 때, 바른
설계요, 바른 계획하에 바른 감독관이
있을 때 그 모두가 역사할 수 있음이
니라.
40 그러나 바른 설계대로 바로 지도할
수 있는 자를 너희가 다 밀어붙여 감
금시켜 놓고,
41 공사를 하는 것도 또한 건축의 기술도
없으며 경험도 없는 자에게 그를 맞춰
놓으며,
42 그리고 너희가 나의 원본의 그 설계도
를 내놓지 아니하고, 너희가 그린 설
계도로 하다 보니,
43 이것이 아래위가 맞지 않으며 좌우가
맞지 않으니, 그 건물이 바로 설 수 있
겠는가?
44 전문가요, 기술 있는 자가 벽돌 한 장,
한 장 쌓을 때, 바르고 곱게 쌓아 올릴
수 있거늘,
45 기술자가 아니요, 전문가가 아닌 그들
이 그를 쌓으니, 그게 45도요, 그저
65도 기울어지는 그와 같은 형국의
건물이 되어 있고, 지금의 흉한 꼴로
되어 있는 것이 너희가 하늘에 오르는
나의 피조물 만백성을 구원한다고 만
든 교회요, 회당이요, 성전이니,
46 그곳이 그와 같이 다 기울어져 있으며
곧 넘어지는 그와 같은 형국이니라.
47 너희가 아름답게 지은 그 성전이, 궁
궐보다도 아름답게 짓고 너희가 호의
호식하며 나의 피조물 만백성의 피를

빨아들이는 그와 같은 성전이,
48 비바람이 새며 다 쓰러져 가며 기울어
져 가는 걸 너희가 손으로 받치고 악
을 쓰는 그와 같은 형국이니,
49 결국에 너희는 쓰러지며, 너희가 눌려
다 죽게 될 것이니,
50 너희가 오늘에 만든 그 성전의 대가에
대한 것을 너희는 반드시 피로써 보상
하게 될 것이니 그리 알라.

5,536 번째 하나님 말씀

2003년 3월 16일 07시 46분

1 사랑하는 나의 아들아!
2 "네, 아버님! 말씀하옵소서."
3 모든 세상사에 너희가 살아가며 역사
함에 그 형편과 그 상황에 따라서 움
직이는 것이, 판단할 줄 아는 지혜를
갖고 움직임을 중시하여야 할 것이니
라.
4 너희에게 똑같은 임무를 부여하고 역
사하더라도 몸이 불편한 사람과 성한
사람, 그 사람들에 따라서 임무가 다
르며 생각하는 것이 다르며,
5 그들이 소화시킬 수 있는 것과 소화
시키지 못하는 것이 있음이니,
6 인간 세상에 살아가면서 완급을 조절
할 줄 아는 그와 같은 지혜를 가져야
함을 잊어서는 아니 될 것이니라.
7 사람에게 부여할 수 있는 임무가 있으
며, 그가 감당할 수 있는 것과 감당하
지 못하는 것이 있으니,
8 그를 구분할 줄 아는 지혜를 갖고 모
두를 이루어야 성공할 수 있으며 뜻을
이룰 수 있다는 것을 잊지 말라.
9 간단한 것 같으나, 능력이 없는 자에
게 그 한계를 벗어나는 것이나 그 한
계를 넘어 무엇을 이야기하고 요구한
다면 그는 좌절하며,
10 그리하여 힘들어 그를 따라가지 못하
며 역사하지 못함이니라.
11 그러니 그 사람의 능력과 한계에 맞도
록 임무를 주며 모두를 행할 수 있도
록 조절할 줄 아는 그와 같은 지도자
가 되어야 하는 것을 잊어서는 아니
됨이니라.
12 모든 것은 그 사람이 행할 수 있는 그
한계를 알 수 있는 능력이요, 그리고
그 사람이 소화시킬 수 있는지 그것을
알아야 할 것이니라.
13 달리기 불편한 사람과 달리기를 좋아
하는 사람을 같이 놓고 똑같이 달리기
경주를 시킨다는 것은 말이 아니 되지
않던가?
14 그러니 그를 조정할 수 있는 현명함을
갖고 너희가 역사해야 함을 잊어서는
아니 되느니라.
15 다리가 불편한 사람과 불편하지 않은
사람에게 똑같이 임무를 주어서는 아
니 되는 것이니,
16 그리 똑같이 요구해서는 아니 되는 것
이며 똑같은 역사를 이루기를 바라는
그와 같은 어리석음을 가져서는 아니
되니,
17 늦추거나 서두르는 그 기회를 잘 구분
할 줄 아는 그와 같은 자들이 지도자
로서 성장할 수 있으며,
18 지도자는 그를 구분할 줄 알아야 하는
것을 잊지 말도록 그리하라.

5,537 번째 하나님 말씀

2003년 3월 16일 12시 05분

(강론을 마치며)

1 사랑하는 나의 아들아!
2 "네, 아버님! 말씀하옵소서."
3 이 세상 모든 백성이요, 이 지상에 존
재하는 것은 누가 다 창조하였는가?
4 너희는 나 여호와가 창조한 것을 알
것이니라.
5 오늘의 나의 아들을 따르는 제자요,
나의 법전을 읽고 깨우친 백성 너희는
두려워하지 말며 주저하지 말라.
6 너희는 가진 것이 없으며 남에게 내놓
을 것이 없다 하여, 너희가 오늘의 그
초라한 모습이라 하여 너희를 그리 비
쳐 보지 말라.
7 창조주 나 여호와가 역사하며 내가 너
희와 더불어 같이하고 있음이니,
8 너희는 무엇이 두려우며 무엇이 부족
하단 말이던가?
9 내가 쓰고자 하면 너희를 다 쓸 수 있
으며, 내가 역사하고자 하면 너희에게
내가 능력을 내려 줄 것이니, 너희는
두려워하지 말라.
10 다만, 너희가 오늘의 너 자신의 마음
을 다스리며 마음 하나를 바로잡는 그
훈련을 함으로 모든 것이 다 이루어지
며, 내가 너희에게 역사한다는 것을
잊지 말라.
11 내가 나의 아들을 통하여 너희에게 말
하였음이니, 세상 것을 너희가 아무것
도 잃을 것도 없으며 소유할 것도 없
으며, 너희가 관장할 것도 없다 그리
말하였음이니라.
12 그리하여 죽음이라는 그 앞에서 너희
가 네 생명을 가지고, 네 육의 죽음을
가지고 네 뜻대로 할 수 없는 것이 너
희라 하였음이니,
13 그리 너희 자신이 나약한 자라 말하지
아니하였더냐?
14 그와 같은 나약한 자가 재물을 좀 가
졌다 하여, 권력이 있다 하여, 능력 있
다 하여 그것을 너희와 차별화하며,
위대한 것이며 모든 것을 할 수 있는
그와 같은 자라 생각하지 말라.
15 그게 다 아무것도 아니니라.
16 떨어지는 꽃잎 하나만큼도 힘이 없으
며 능력이 없는 것이 인간 세상의 너
희가 살아가는 그 속이니라.
17 그 속에서 너희가 나의 선택된 백성으
로서 너희의 모든 기적의 역사를 이루
기 위하여 너희에게 내가 명함이니,
18 너희의 마음 하나 다스리는 그 훈련을
이제는 해야 할 것이니라.
19 내가 최초부터 너희에게 마음을 다스
리는 훈련을 하라 그리하였으나 너희
는 그 뜻을 몰랐으며,
20 마음 하나 다스리는 것이 이 세상에
다 이루고 얻고 너희가 구원을 받고
못 받고 하는 그 길이 거기에 있다는
그 깨달음을 너희는 갖지 못하였으나,
이제는 너희가 그 의미를 다 알 것이
니라.
21 마음 하나 다스리기에 달렸느니라.
22 세상사 한 가지를 놓고 너희가 어찌
생각하느냐에 달렸듯이,
23 너희가 하나의 사물을 놓고 판단하고
생각하는 것이 너희 마음의 자리이니
라.

24 나는 너희에게 이와 같은 아픈 마음을
갖고 있음이니라.
25 너희가 살아가면서 이 세상에 존재하
며 모두의 역사함은 나 여호와의 주관
하에 나의 뜻에 이루어지며, 나의 은
혜로써 이루어진다 너희는 그리 생각
하고 사느니라.
26 그리 사는 너희는 나에게 부끄러운
짓을 하며, 남들에게 해서는 안 되는
그와 같은 행위를 할 때, 너희 자신들
이 얼마나 초라하며 부끄러운 것인가
를 모르고 있음이니라.
27 남을 속이고 남에게 거짓 하여 무엇을
취했을 때, 그것이 얼마나 추한 행동
이며, 너 자신이 얼마나 부끄러운 행
동이며, 하늘에 있는 천사들이 비웃고
있으며 사탄들이 그를 보고 너희를 경
멸하는 것을, 어찌하여 너희는 그를
모르는가?
28 그와 같은 것을 너희는 깨달아야 할
것이니라.
29 너희가 모르고 하는 행동이라 하나,
그를 다 보는 천사들이 있고 사탄이
있으며 나 여호와가 있음이니, 너희가
거짓 하여 남을 속이고 얻은 것이 똑
똑하고 행복하며 축복이라 생각하나,
30 그 모습은 벌레만도 못한 너희의 행동
이라는 것을 하늘에서는 알고 있음이
니,
31 그리하여 내가 그와 같이 바르게 살라
하는 것을 너희는 알아야 할 것이니라.
32 또한, 내가 너희에게 오늘 전함이니,
내가 성서에 일찍이 기록하여 너희에
게 전하였느니라.
33 너희가 지은 죄는 절대로 용서를 받지
못하며 그를 지울 수 없다 내가 성서
에 기록하였으니,
34 그 대목을 너희가 한번 찾아보도록 그
리하라.
35 내가 너희에게 일찍이 지은 죄는 지울
수 없다 성경에 기록하여 놓았거늘,
36 너희는 말로 구원받으며 말로 경배하
며 구원을 받았다 그리 말함이니,
37 그게 너희가 얼마나 나와는 거리가 멀
며, 나와는 관계없는 그 길을 가고 있
는가?
38 사랑하는 나의 아들을 따르는 제자,
너희는 들어야 할 것이니라.
39 나 여호와가 너희에게 강조하고 또 반
복하고 또 내가 너희에게 가르치는 나
여호와의 이 아픈 마음을,
40 너희는 너희를 구원하는 자가 하늘에
서 도둑과 같이 아무도 모르게 조용히
온다 말하며 그리 믿으면서, 또한 종
교 지도자가 뭐라 가르치느냐?
41 하늘에서 나팔 불며 천군을 데리고 군
병같이 내려와 세상을 울리며 세상이
다 알도록 하며, 세상에 그 소리를 듣
지 않는 자가 없는 그와 같은 형국으
로 와 죽은 자를 구원하며 살리며, 또
산 자를 다스리며, 산 자를 심판하고
구원할 자 구원한다 그리 말함이니,
42 이러고도 너희가 '옳소! 맞습니다.' 그
리 소리 지르고 가고 있음이니, 과연
그것이 맞고 그것이 바른 가르침이요,
바른 깨달음인가?
43 이것이 바로 지금 가고 있는 종교 지
도자들이니,
44 너희가 진리는 변하지 아니하며 진리
는 한 길이라 말하였음이니라.

45 내가 아담과 이브에게 따먹지 말라 명
한 것에, 그 진리의 모두가 그 한마디
속에 들어 있다 하였음이니,
46 바로 진리는 변하지 아니하는 걸 너희
가 만백성을 가르치는데, 한 입 가지
고 두말을 하며 너희가 그와 같은 행
위를 하니,
47 종교 지도자라는 자들이 혀가 두 개인
짐승이 되어 그리 가르치며, 뿔이 몇
개씩 나 있는 자들의 그 험악한 형상
이며, 볼 수 없는 사악한 형태라는 것
을 너희는 알라.
48 악에 받친 용이 뿔을 몇 개씩 달고 나
와 용쓰는 그와 같은 형국이요, 혀를
두 개 가진 미물과 같은 형국이라는
것을,
49 내가 보는 모든 잘못된 종교 집단이
요, 지도자들이 하는 형상이요, 서 있
는 모습이 그러하니라.
50 그 속에서 내가 인간을 찾고자 하며
인간을 구하고자 함이니, 그들이 너희
앞에 와서 수그릴 것이며, 너희 앞에
서 그 용기를 잃을 것이며,
51 그들이 악을 쓰지 못하는 건 오로지
너희가 천사와 같이 변한 마음이니라.
52 감히 천사와 대적할 수 없는 것이 사
탄이니,
53 너희가 바로 천사와 같은 마음으로 설
때 그들을 다스릴 수 있을 것이며 그
들을 다 제거할 수 있으며,
54 내가 그들의 뿌리를 뽑을 때 너희가
나를 도와 역사할 수 있는 선택된 백
성이라는 것을 잠시도 잊어서는 아니
될 것이니라.

5,538 번째 하나님 말씀

2003년 3월 16일 18시 27분

1 사랑하는 나의 아들아!
2 "네, 아버님! 말씀하옵소서."
3 인간 세속에 살아가면서 나로부터 선
택된 백성이요, 내 사랑하는 나의 아
들을 따르는 제자 너희에게 내가 왜
고통과 시련의 그 역사를 하도록 그리
하겠는가?
4 다른 백성보다 내가 너희를 더 생각할
수 있으며 너희를 가슴에 더 깊이 생
각할 수도 있음이니라.
5 그러나 나 여호와가 그리하지 아니하
고 너희에게 시련과 고통의 훈련을 내
리는 것은,
6 너희가 어렵고 힘든 생활 속에서 지혜
로워지는 그와 같은 너희의 변화의 역
사가 동반하기 때문이니라.
7 너희가 지혜롭지 못하다면 이 세상의
수천수만 가지의 백성과 살아가면서
너희가 그들과 대화하여 싸워 이길 수
가 없음이니라.
8 너희가 나의 법전 160권을 다 암기하
여 암송할 수도 없는 것이며, 나의 법
전 열여섯 권 또한 그를 암송하지 못
함이니,
9 너희가 그를 가지고 남에게 대적할 수
없음이니라.
10 너희보다 머리 좋은 자, 머리가 뛰어
난 자, 그리고 권력 있는 자, 재물 있
는 자, 남들로부터 칭송받는 자, 그리
고 수천수만 가지의 사악한 자들이 너
희의 문을 닫게 하고자 하며, 이 문 앞
에 오는 자를 막고자 하는 사악한 자

들이 있지 않던가?
11 그와 같은 속에서 너희가 견디고 이길 수 있는 것은 무엇인 줄 알겠는가?
12 시련과 고통을 겪는 그 속에서 너희가 훈련하는 것도 중요하지만,
13 그 훈련을 시키는 이유는 너희가 지혜로워져야 하기 때문임을 알아야 할 것이니라.
14 너희가 지혜롭지 못하면 이길 수 없음이니라.
15 아무리 힘이 항우장사라 하여도 그 지혜 앞에는 당할 수 없음이니,
16 너희에게 지혜로움을 깨닫게 해 주며 지혜로 역사함을 얻어 주고자, 그리고 너희가 스스로 개발하여 지혜로운 나의 백성으로 다시 태어나는 것을 보기 위하여 내가 너희에게 오늘의 이 훈련을 시킴이니, 이제 머지않았음을 알아야 할 것이니라.
17 그 머지않은 훈련의 기간을 잘 인내하고 참고 견디는 자는 지혜로운 자가 될 것이며,
18 지혜로운 자가 만백성의 지도자가 될 것이며,
19 나의 뜻이요, 내가 이루는 그 역사를 타파할 수 있음을 너희는 알아야 할 것이니라.
20 너희를 윽박지르며 협박하며 공갈하며 너희에게 삿대질하며 소리 지르는 그와 같은 자들 앞에, 너희보다 힘이 센 자가 수없이 있으며, 세 명, 네 명이 덮쳐 올 때,
21 너희가 아무리 항우장사라도 그를 이길 수 없음이니,
22 다만 보이지 않는 그 지혜만이 모두를 해결할 수 있으며 그들을 이길 수 있으며 그들을 제압할 수 있으며,
23 그들을 다스려 깨우쳐 하늘에 오르는 길로 인도할 수 있는 것이니,
24 너희의 지혜뿐이니라.
25 그리하여 내가 너희에게 특출한 그 지혜요, 너희가 나로부터 뜻을 받아 만백성에게 지지 아니하며 그들을 다스릴 수 있는 그 지혜를 깨닫고 너희 것으로 만드는 그 훈련을 시킴이니 그리 알라.
26 머지않았음을 이제 알라.
27 많은 시간을 너희가 기다리고 왔음이니라.
28 이것이 내가 너희에게 마지막 전하는 부탁이며, 마지막 너희에게 명하는 것이니라.
29 지혜로운 나의 백성을 만들기 위함이니,
30 오늘의 고통과 시련이 없이는 너희가 지혜로운 백성으로 태어나지 못하기 때문이니 그리 알라.

5,539 번째 하나님 말씀

2003년 3월 16일 18시 34분

1 사랑하는 나의 아들아!
2 "네, 아버님! 말씀하옵소서."
3 너희는 여기서 하나하나 기록해 봐야 할 것이니라.
4 너희에게 가장 소중하고 위대한 것은 무엇이던가?
5 내가 너희에게 성령을 내려 심어 줌이니, 그 성령이니라.
6 이는 보이지 아니하나 내 뜻에 의하여

내가 너희에게 내려보내는 성령이니
라.
7 그리고 그다음에 너희에게 가장 중요
한 것이 무엇이던가?
8 너희의 육체이니라.
9 육의 삶에 그것이 너희에게 소중한 것
이니라.
10 그리고 그다음에 너희에게 내려 준 것
이 무엇인 줄 알겠는가?
11 재물이요, 물질이라는 것은 내가 덤으
로 너희에게 얹어 준 것이라는 것을
알아야 할 것이니라.
12 너희 제자들이 이와 같은 뜻을 안다면
너희의 깨달음이 있을 것이니, 이제
너희는 지혜로운 백성이니 그 뜻을 알
것이니라.
13 내가 너희에게 가장 소중히 여기며 소
중히 내려 준 것이며 나에게 와 심판
을 받는 가장 중요하며 불가사의한
것이 무엇인 줄 아는가?
14 내가 너희 한 사람, 한 사람에게 내려
준 그 성령이니라.
15 그 성령이 제일 중요하며 영원히 사는
세상에 와 너희가 살기 때문이니,
16 첫째도 성령이요, 둘째도 성령이니라.
17 그리고 너희 육의 세상에 사는 그 육
체요, 몸통이 가장 중요한 것이니라.
18 그다음에 재물이 중요하지 않은가?
19 그리하여 그 재물은 내가 너희에게 덤
으로 내려 준 것이니라.
20 내가 너희에게 인간의 육체가 생각할
수 있는 그 한계와 그리고 육을 내려
주며, 그다음에 재물은 너희가 그를
취하여 살도록 하기 위하여 내가 너희
에게 덤으로 내려 준 것이니,
21 나에게 귀한 것이 아니며 그리 소중한
것이 아니라는 것을 너희는 이제 깨우
쳤을 것이니라.
22 너희에게 내가 육체를 줬고 재물도 같
이 주었음이니, 재물은 너희에게 덤으
로 준 것임을 알라.
23 그러나 너희는 육의 생각의 한계가 있
으며, 내가 너희에게 육을 내려보내며
육의 세상에서 너희 스스로 판단하고
느낄 수 있는 그 한계를 주었음이니라.
24 너희가 재물을 취하고 살 수 있도록
60점이라는 그 틀을 주어, 60점이라
는 그 속에서 내가 덤으로 내려 준 모
든 동식물이요, 재물을 관리하고 살아
갈 수 있도록 주었듯이,
25 육의 생각의 한계라는 그 60점을 벗
어나는 그곳에서 너희가 판단하고 생
각할 수 있는 그 자유로운 지혜를 또
한 주었음이니라.
26 그리하여 나로부터 부여받은 너희의
영혼은 너희의 육 속에 지금 들어가지
못하며, 너희와 더불어 같이 병행해
살고 있음을 알아야 할 것이니라.
27 너희가 한 발짝 갈 때 그도 옆에서 같
이 가며, 너희가 잠을 잘 때 그 영혼도
쉼이니라.
28 다만, 너희의 몸에 들어가 너희의 육
의 생각이요, 육체를 다스리지 못하고
있음이니라.
29 너희가 천사와 같이 되었을 때, 아름
다운 마음을 가지고 살며 나의 성령대
로 살아가고자 노력하는 그때, 내가
명했을 때 그 영혼은 너희의 육 속에
들어갈 수 있는 것이니라.
30 정녕 영혼이 너희 육에 들어가 너희를

인도할 때, 그는 지옥 불로 가는 것을
알며 하늘이 무엇인가를 알기에 너희
를 하늘나라에 올라올 수 있도록 제대
로 가르치며 제대로 깨우쳐 줄 것이거
늘,
31 그때 너희가 나로부터 선택받았다 그
리 말하느니라.
32 여기에서 너희는 알아야 할 것이니라.
33 하늘에 재물을 바쳐야 구원을 받는다
는 그 자체가 얼마나 우스운 짓을 하
고 있으며, 너희가 얼마나 잘못 가고
있는 것인가?
34 너희의 그 모두는 너희 인간이 만든
계명이요, 너희가 만백성에게 사기극
을 벌이는 것임을 알아야 할 것이니라.
35 내가 너희에게 준 것은 육을 주었으
니, 내가 거둬들인다면 너희의 영혼
다음에 그 소중한 육이라는 것을 너희
로부터 거둬들이지,
36 어찌하여 너희의 육체가 살아가는 거
기에 덤으로 준 그 재물을 내가 거둬
들이고 그를 받아들인다 그리 말하는
가?
37 세 가지 중에서 가장 중요한, 보이지
않는 영혼은 내가 거둬들이는 것이 당
연하니라.
38 그러나 내가 육도 너희에게서 거둬들
이지 아니하니,
39 재물보다 소중하다는 너희 육체도 내
가 거둬들이지 아니하며, 거기에 어떠
한 관심을 두지 아니하며, 거기에 내
가 관계치 아니하여 너희의 그 소중한
육체가 죽어서 그냥 흙으로 돌아감이
니,
40 너희의 육체가 죽으면 썩어 가거늘 그
육체가 살아가는 데 내가 덤으로 준
그 재물을 어찌하여 거둬들인다 그리
하는가?
41 그리하여 너희는 육체와 재물 중에서
더 소중한 것이 누구나 다 육체라는
걸 알고 있지 아니하는가?
42 그러니 내가 그 소중한 육체를 거둬들
이면 거둬들였지, 내가 어찌하여 그
재물을 거둬들인다 하느냐?
43 덤으로 준 재물을 거둬들인다는 그와
같은 생각을 하지 말라.
44 그러니 내가 재물로써 축복을 주며,
재물을 많이 쌓아야 하늘에 와서 구원
을 받으며 영광을 받는다는 것이 얼마
나 잘못된 너희 마음으로 너희 스스로
만든 계명이요, 너희가 만든 사기극인
지를 그래도 깨우치지 못하는가?
45 나의 아들을 따르는 제자들이요, 나의
강론을 듣는 백성 너희는 이를 만백성
에게 전하여야 할 것이니라.
46 너희는 금, 은, 동 중에서 금을 버리고
동을 취하는 자가 과연 어디 있다 생
각하는가?
47 인간 세상에서 너희가 그리할 것이니
라.
48 값진 것을 먼저 챙기며 큰 것을 먼저
챙기는 것이 너희의 심리가 아닌가?
49 그런데 창조주 나 여호와는 그 모두가
필요 없음이니라.
50 다만, 내가 내려 준 그 영을 거둬들여
사랑하는 나의 아들딸이 천국의 내 품
에 와서 고이 사는 것을 바라는 것뿐
이며,
51 하늘에 거둬들이는 건 첫 번째인 그
영밖에 없음이니라.

52 그 두 번째로 중요한 너희의 그 육의
몸뚱이도 내가 거둬들이지 아니하고
한 줌의 흙으로 돌아가도록 그대로 버
려두고 놔두는 것을,
53 어찌하여 그를 보좌하여 내가 덤으로
너희에게 준 그 재물을 거둬들인다 하
여,
54 나의 피조물 만백성에게 그 흉악한
방법으로 수천수만 가지 방법을 동원
하여 거둬들이는가?
55 세상에 태어났을 때도 저희가 무슨 축
복을 주었기에, 제가 새로운 생명이
태어날 때 무슨 역사를 했다 하여 제
가 가서 감사 헌금을 받아들이고 그
분통 터지는 짓을 하며 속여 가는가?
56 그가 백일이 됐다 해서 저희가 밥을
해 먹여 줬는가?
57 그 아이에게 무엇을 제가 해 줬기에,
그 부모도 감히 그리하지 못하는 그들
로부터 감사 헌금을 거둬들이며, 그가
돌이 됐다 해서 또 거둬들이는가?
58 그가 학교를 들어갈 때 제가 그에게
옷을 입혀 주었는가, 그에게 교육을
시켰는가, 제가 한 번을 업어 줬는가,
머리를 한 번 제대로 쓰다듬어 줬는가?
59 그와 같은 인간 도리도 하지 못한 자
들이 감사 헌금이라 하여 재물을 거
둬들이는 그와 같이 흉악한 짓을 하는
곳에 '아멘, 할렐루야!' 하며 너희가
찾고 있음이니, 이래도 너희가 깨닫지
못하겠는가?
60 덤으로 준 그 재물을 위해서 모두를
거둬들이는 그들이 사악한 자요, 용서
받지 못할 자라는 것을 너희가 그리도
깨닫지 못하겠는가?
61 앉아 있는 너의 제자들에게 물어보라.
62 너희는 과연 나 여호와의 뜻이 맞다
생각하는가, 틀리다 생각하는가?
63 "한번 대답들 해 보세요. 맞아요, 틀려
요?"
64 "맞습니다."
65 그러니라.
66 너희 제자들도 재물을 덤으로 준 것이
맞다 말하느니라.
67 그들도 그리 깨우치고 있음이니, 이
이치를 불쌍한 나의 백성들에게 전하
도록 그리하라, 사랑하는 나의 아들딸
들아!

5,540 번째 하나님 말씀

2003년 3월 16일 19시 01분

1 (녹음 실수로, 기도 앞부분이 지워졌
습니다. -녹음테이프 369번)
2 ......한 생명을 좌우하는 나의 피조물
만백성 개개인의 그 소중한 생명을 가
지고 인도하고 못 하며, 지옥과 천국
의 그 갈림길에서 갈망하는 나의 백성
을 인도한다고 하면서, 너희는 과연
무엇을 그 연단에서 가르치며 단상에
서 그리 가르치는가?
3 너희가 그와 같이 소중한 시간이요,
나 여호와에게 드리는 시간이요, 나를
위해 경배하는 시간일 것이니라.
4 나를 찾으며 나의 뜻을 가르쳐 나의
사랑하는 백성을 하늘로 인도한다 그
리 말한다면, 그 시간은 나의 시간이
요, 나를 위한 시간이지 아니하던가?
5 그러한 시간에 너희는 어떠한 짓을 하
는가?

6 인간사 잡담을 늘어놓는 것으로 전락
하였다면 너희는 믿겠는가?
7 너희 종교 집단들이 강론하며 설교한
다는 그와 같은 행위가 너희 인간사
세상에 살아가는 얽히고설킨 그 잡담
을 늘어놓는 것으로 전락하여도 오래
전에 전락하였음을 알아야 할 것이니
라.
8 너희는 그 귀중한 시간에 나의 성령이
요, 나의 뜻을 가르치는 시간은 몇 분
을 전하며, 성경을 놓고 얼마나 너희
가 공부하는가?
9 그것도 각자가 다르느니라.
10 똑같은 내용을 놓고 이 사람이 설명
하고 저 사람이 설명하는 그 내용이
다르니,
11 거기서 지도자들이 또 그 가르침을
받은 백성이 하나의 뜻을 놓고 서로
저희가 옳다 그르다 싸움하고 멱살잡
이하게 되며, 그들이 저희를 가르친
종교 지도자 앞에 가서 대질함이니,
12 가서 물어보니 가르친 대로 서로 이
야기하니, 하나의 뜻이 서로 다른 웃
지 못할 이와 같은 촌극이 지금 세상
에 이루어지는 것이 너희의 길이 아니
던가?
13 산으로 간다 가르쳐야 할 것을 들로
간다 가르쳤음이니라.
14 산으로 가는 것을 산으로 간다 가르
친 자가 하나라도 있으면 좋을 것이니
라.
15 강으로 가고 들로 간다 하니, 그 지도
자에게서 배운 자는 서로 저희가 산으
로 가는 것을 들이요, 강이라며 멱살
잡이하니,
16 저희가 답답하고 답을 찾을 길이 없으
니 어디로 가는가?
17 저희가 종교 지도자를 불러 놓고 거기
서 따지니, 그 종교 지도자가 무어라
말하느냐?
18 서로 모르니 들로 간다 말하는 자, 들
로 간다 말할 것이며, 강으로 가는 자,
강으로 간다 하니, 그 둘씩 나누어져
너희가 또 전쟁을 치르며 아귀다툼을
하고 있으니,
19 그 아귀다툼을 하는 것이 너희의 지금
의 실정이니라.
20 너희가 인간 세상에 살아가는 경험담
이나 늘어놓고 가르치다 보니 거기서
무엇을 얻겠는가?
21 세상의 이야기로써 모든 시간을 보내
는 종교 지도자,
22 나 여호와의 뜻과 나의 가르침만을 전
한다면서, 저 자신의 말만 하고 수다
를 떨면서 제가 살아온 인생사의 제
경험만을 이야기하는 것이 지금 연단
에서 강론하는 자들이니라.
23 그리하여 지나가는 동네 강아지가 배
꼽을 잡고 뒹굴며 웃는 이와 같은 현
실이라는 것을 너희는 알고 있는가?
24 그러면서 저희가 무엇을 말하는가?
25 제 이야기를 떠들어 놓고, 제가 인간
사 이야기를 해 놓고 '할렐루야!' 그리
하느니라.
26 '할렐루야, 할렐루야, 할렐루야!' 그것
이 무엇을 의미하는지 알겠는가?
27 나 여호와를 찬양한다고 해서 부르는
말이 '할렐루야!' 말하는 게 아닌가?
28 너희에게 은혜가 내려졌다 말하느니
라.

29 제 인생이 살아오면서 제 인간사에 살
아온 이야기를 제가 해 놓고 무어라
말하느냐?
30 나로부터 은혜를 받았다 그리하니,
'할렐루야, 할렐루야!' 그저 '아멘!' 소
리를 끌어내기에 정신이 없음이니,
31 그리해 놓고 인간사 이야기를 듣고
'할렐루야!' 하며 너희가 눈물, 콧물
짜면서 기도를 드리고 은혜를 받았다
말함이니,
32 너희는 인간사의 역사한 것을 놓고 은
혜를 받았다는 것이니,
33 나 여호와의 뜻이요, 나의 성령을 가
지고 배우고 가르쳐 은혜를 받았다는
것이 아니라 인간사 이야기를 놓고 너
희가 '할렐루야!' 부르짖는 지도자요,
34 그를 따라서 '옳소, 아멘!' 부르짖는
너희가 아니던가?
35 이제 너희는 그를 알아야 하느니라.
36 제 이야기를 놓고 저희가 하나님, 창
조주 나로부터 은혜를 받았으며 나 여
호와를 찬양한다 그리 소리를 지르니,
37 나 여호와와 관계도 없는 행위를 하며
나와는 아무런 관계도 없는 짓을 하
면서 나를 찬양한다 소리 지르는 것이
지금의 너희가 하고 있는 행동임을 알
아야 할 것이니라.
38 그러니 너희가 나를 찾으며 나를 찬양
한다 하면서, 너희 인간사의 이야기를
해 놓고 제가 수다 떨어 놓고 거기에
찬양한다 하니,
39 제 이야기를 찬양하는 것이며 저를 찬
양하라는 그와 같은 뜻이니,
40 내가 오죽하면 지상에 사는 동네 강아
지가 지나가다 배꼽을 잡고 뒹군다 하
였는가?
41 그가 웃지 못하여 뒹구는 그와 같은
형국임을 알아야 할 것이니라.
42 동네 강아지가 배꼽을 잡고 뒹구는 그
모습 속에서 그는 웃고 뒹굴지 모르나,
43 나 여호와의 슬픈 눈물이 비가 되어
세상에 내린다는 것을 너희는 어찌하
여 모르는가?
44 너희가 하고 있는 짓이요, 너희 인간
사에 사는 것을 수다를 늘어놓고 그를
찬양하며 그를 은혜 받았다 소리 지르
는 너희의 그 소리를 듣고 강아지가
배꼽 잡고 뒹굴고 있으니,
45 그 뒹구는 모습을 보는 나 여호와의
눈물이요, 피눈물이 비가 되어 세상에
쏟아진다는 것을 너희는 알라.
46 나의 성경을 제대로 알지 못하여 제가
깨우치지 못함이니,
47 제가 그와 같은 엉뚱한 소리를 하며
인간 세상의 이야기를 해 놓고 은혜
받았다 그리 말하느니라.
48 그 소리를 너희가 듣는 그 순간에 지
옥으로 추락한다는 것을 알아야 할 것
이니라.
49 너희가 무너져 감이니라.
50 너희가 죄악으로 흘러간다는 것을 잊
어서는 아니 될 것이니라.
51 너희가 너무나 가련하고 불쌍하여 내
가 지금 나의 법전을 세상에 내려 너
희를 구원하고자 함이니,
52 너희는 그저 '믿소, 맞습니다, 아멘, 아
멘!' 그리 부르지 말라.
53 종교 지도자가 참진리를 모르며 가르
칠 말이 없으니, '아멘, 할렐루야, 할렐
루야!' 하며, 너희에게 '아멘!' 소리를

끌어내기 위하여 단상에 서서 백 번, 천 번씩 '할렐루야!'를 부르짖는 것이 지금 가르치는 종교 지도자들이 하고 있는 추태가 아니던가?
54 제가 무엇을 알아야 하지 않겠는가?
55 알지 못하니까 할 말이 없으면 그저 나의 신도들로부터 '할렐루야, 아멘!'이요, 그 소리를 부르며 '할렐루야, 할렐루야!'를 부르짖다 마는 것이 종교 지도자들의 뜻이니,
56 그 '할렐루야'가 무엇이더냐?
57 나를 찬양한다는 것이 저를 찬양하는 그것으로써 오늘의 하루를 맺어 감이니,
58 오죽하면 내가 강아지가 웃는다 그리 말하겠느냐?
59 웃는 강아지의 모습에 나의 피눈물이요, 눈물이 비가 되어 쏟아진다는 것을 잊지 말라, 나의 사랑하는 백성들아!
60 그리고 선택된 너희는 그 의미를 깊이 깨우쳐 그리 행하도록 그리하라.

5,541 번째 하나님 말씀

2003년 3월 16일 19시 10분

1 사랑하는 나의 아들아!
2 "네, 아버님! 말씀하옵소서."
3 지금의 믿음의 길을 가는 집단과 신도 너희가 구원을 받지 못함을 내가 너희에게 일찍 깨우쳐 주었으며,
4 너희 중에 한 명도 나에게 오를 자가 없다 내가 그리 말하였으며, 너희는 지금 지옥으로 가는 열차를 타고 달려가는 자라 내가 그리 말하였음이니,
5 거기서 목숨을 걸고 뒤돌아 뛰쳐나오지 아니하는 자는 한 명도 구원받을 수 없다 말하였느니라.
6 나 여호와요, 나의 아들 예수보다도 더 위에 있고자 하며, 더 너희가 위대하고자 하며, 더 대우를 받고자 하며 그와 같은 너희가 지금 삶을 살아가는 것이요,
7 그와 같이 종교 지도자들이 서 있고자 하며,
8 또 그들을 찬양하며 그들에게 그와 같은 대우를 해 주지 못하여 병이 나 날뛰는 백성이 있는 한 절대 너희는 구원의 길을 볼 수 없으며,
9 지도자도 구원을 받을 수 없으며, 그 종교 지도자들을 받들지 못하여 병이나 날뛰는 신도가 있는 한 너희는 절대 구원을 받을 수 없다는 것을 알라.
10 너희는 지금 맹신과 맹종에 얼마나 병들어 있는지 아는가?
11 먹이를 주면 꼬리를 치는 동물보다도 너희가 더 무능해졌으며,
12 사리를 판단하지 못하며 세뇌되어 아무것도 구분하지 못하는 그와 같은 인간이 되어 있음을 너희는 알아야 할 것이니라.
13 종교 지도자가 저희의 구세주며 유일한 천국의 안내자라는 종교 지도자의 그 말 한마디에 모두를 다 그저 갖다 바치며,
14 '할렐루야, 아멘!'이요, 소리 지르며 손뼉을 치는 것으로 너희가 그리되었음이니, 웃지 못할 형국이 되었음이니라.
15 종교 지도자라 하는 자가 단상에 서서

너희에게 말하느니라.
16 '지난해 내가 땅에 자금을 좀 투자하
였더니 그 땅값이 뛰어서 내가 돈을
많이 벌었습니다.' 그리 소리 지르고
자랑하니,
17 거기에서 너희가 뭐라 말하는가?
18 '지도자는 선견지명이 뛰어나며 훌륭
한 분이요.' '아멘!'이요, '할렐루야!'
너희가 그리 소리 지르느니라.
19 종교 집단이요, 만백성을 구하는 그
종교 지도자가 투기하는 곳에 돈을 투
자하여 돈을 벌었다 하여 그것도 '할
렐루야!' 나로부터 찬양한다 하며 '아
멘!'이요, 또 소리 지르는 것이 너희들
이니,
20 이를 보고 어찌한단 말인가?
21 너희는 그런 짓을 하면서도 그리 말하
느니라.
22 '하늘에서 영광을 내리며 하늘에서 축
복을 내렸으니, 더 많이 하십시오, 더
열심히 하십시오, 그게 종교 지도자가
할 일입니다.
23 할렐루야!' 그리고 하늘에 찬양이라
그리 말하는 것이니라.
24 너희는 얼마만큼 지금 썩어져 있는지
아는가?
25 남의 부인과 바람피우기 위하여 여행
을 다녀왔다 해도 그들은 말하는 것이
'그 여행이야말로 즐거운 여행이지요.
할렐루야, 아멘!'이요, 소리 지르며,
26 '믿습니다, 잘했습니다.' 하는 것이 너
희 지금의 종교 집단의 신도들이 하고
있는 짓이라는 것을 알고 있는가?
27 남의 물건을 슬쩍했다 해도 너희는
나 여호와 뜻이라 찬양하며 또 '할렐
루야, 아멘!'이라 소리 지르며,
28 그를 탓하고 그를 바로잡고자 하는
자가 한 명도 없음이니,
29 지금 너희가 그리 전락하고 타락하여
한 명도 구원을 받지 못하며 지옥 불
로 달려간다는 그와 같은 현실에 너희
는 나를 원망하지 말라, 그리고 나를
욕하지 말라.
30 너희가 선택한 길이며 너희가 원해서
가고 있는 길이 아니던가?
31 원망하지 말라, 그리고 나를 탓하지
말라.
32 너희가 믿음에서 가고 있는 것이 지금
얼마나 잘못되어 있으며 잘못 가고
있는가를 지금이라도 너희가 깨달아
야 할 것이니라.
33 너희가 지금 그리하느니라.
34 모두가 그저 세뇌되어 '할렐루야, 아
멘!'을 찾으면 모든 게 다 이루어지는
것이라 하며,
35 너희는 '믿습니다.' 그리고 '맞습니다.'
하는 말을 부를 시기에 부르며 부를
때 불러야 할 것이지, 아무 때나 그리
불러대면 아니 되느니라.
36 그리고 은혜 받았다 하는 것이 아니니
라.
37 그리고 나에게 축복받았다 하는 짓을
하지 말라.
38 너희의 종교 지도자가 성전을 지키기
위해 남의 재산이요, 남의 물건을 보
증 세워 그 집안이 풍비박산이요, 거
리로 쫓겨났다 그리 단상에서 말해도,
39 너희는 '할렐루야, 아멘!'이요, '믿습니
다, 맞습니다, 잘했습니다.' 할 것이니,
40 이와 같은 속에 어디 질서가 있으며

도덕이 있으며 윤리가 있으며 아름다
움이 있으며 사랑이 있겠는가?
41 그리하여 내가 오죽하면 뭐라 말하였
는가?
42 섞어찌개라 하는 것에 들어가 익어
가는 생선 토막이요, 야채요, 그저 뒤
웅박 위에 섞여 있는 그 근본도 없는
것, 그 섞어 놓은 잡탕 찌개와 같은 것
이 너희 집단이라 내가 그리 말했으니,
43 그 이상 더 비참한 말로, 그 이상 더
욕된 말로 내가 너희를 평해 주기를
바라며 너희를 표현하기를 바라는가?
44 지금의 너희가 그러하니라.
45 너희는 깨우쳐야 할 것이니라.
46 종교 지도자가 그저 이웃 여자와 바람
을 피웠다 해도 '잘했습니다, 참 좋은
일을 했습니다.
47 할렐루야, 아멘! 축복입니다.' 그리 말
할 것이니,
48 너희가 눈이 있어도 볼 수 있는가, 귀
가 있어도 들을 수 있는가?
49 내가 이 이상 더 슬픈 말로써 너희를
가르쳐야 하며, 이보다 더 혹독한 말
로써 너희를 비유해야 하며, 이보다
더 추한 말로써 너희를 비유해야만 너
희가 정신을 차리겠는가?
50 이보다 더 무서운 말로써 너희를 비유
하여 깨우쳐 줘야 너희가 알겠는가?
51 정신을 차려야 할 것이니 그리 알라,
사랑하는 나의 백성들아!
52 내가 너희를 사랑한다는 말을 언제까
지 할 수 있다 생각하는가?
53 내가 너희를 기억하는 것이 언제까지
기억한다고 생각하는가?
54 너희가 나 여호와를 부르는 것이 언제
까지 된다고 생각하는가?
55 너희의 육이 죽어 육은 육대로 가며
영혼은 영혼대로 슬픔으로써 나에게
와 심판을 받아 지옥으로 갈 그때가
머지않았음을 너희가 알아야 할 것이
니라.

5,542 번째 하나님 말씀

2003년 3월 16일 19시 18분

1 사랑하는 나의 아들아!
2 "네, 아버님! 말씀하옵소서."
3 이 세상에 존재하는 성전이요, 교회
요, 회당이요, 하는 모든 너희 종교 집
단이 무서우리만큼 개혁되지 아니하
며 변화되지 아니하면, 너희 모든 백
성은 나에게 올 수 없다 내가 너희에
게 말하였음이니,
4 그 대변화의 역사가 이루어져야만 할
것이니라.
5 그러나 너희 성전이요, 교회요, 회당
이요, 너희 집단이 변하기 전에, 그 앞
에 더 무서운 것이 있으며 먼저 시행
해야 할 것이 있음을 알아야 할 것이
니라.
6 잘못된 종교 지도자들이 설 자리가 없
도록 너희가 그리 만들어야 하며,
7 잘못된 자들을 단죄하는 그와 같은 역
사가 먼저 이루어져야 한다는 것을 잊
어서는 아니 될 것이니라.
8 그들을 먼저 단죄하며 다스리지 아니
한다면 너희는 이루어질 수가 없는 것
이니라.
9 나의 성령의 뜻을 전하는 곳이 지금은
너희가 나의 뜻을 전하며 나의 성경을

갖고 만백성을 인도하는 그와 같은 전
당이 아니요,
10 내가 일찍이 말하였듯이 저 자신을 선
전하는 그와 같은 장으로 되어 버렸음
이니라.
11 지금의 지도자들이 저 자신을 자랑하
며 저를 선전하는 그와 같은 형태로
되어 있는 것이니라.
12 그리하여 저는 이루지도 못하며 역사
하지도 못한 기적을 제가 이룬 것처럼
그리 말하며 수없이 수다를 떨고 있으
며,
13 나의 피조물 만백성을 그리 이끌어 가
고 있느니라.
14 그러면서 제가 그 기적을 이룬 것 또
한 어찌 말하느냐?
15 이루어지지도 아니하며 하지도 못한
그 기적을 제가 이루었다 말하며,
16 그 기적의 역사 또한 저 자신이 이룬
것이요,
17 나 여호와의 뜻에 이루어진 것이라 그
리 가르치지 아니하고, 오만방자한 착
각 속에 살아가는 것이 지금의 그들이
라는 것을 알아야 할 것이니라.
18 그리하니 모든 나의 피조물 만백성이
새로 태어나며 너희가 구원의 길을 가
기 위해서는 대변화의 역사가 이루어
지며 개혁이 이루어져야 하나,
19 그 개혁 이전에 종교 지도자들이요,
잘못된 자들이 설 자리가 없도록 너희
가 단죄해야 한다는 것을 잊지 말라.

5,543 번째 하나님 말씀

2003년 3월 16일 19시 24분

1 사랑하는 나의 아들아!
2 "네, 아버님! 말씀하옵소서."
3 내가 지금의 종교 지도자들의 잘못된
자세요, 그들이 시급히 고쳐야 할 내
용을 여기에 기록하여 전함이니,
4 나의 아들을 따르는 제자요, 나의 법
전을 읽는 만백성은 그 모든 삶의 지
표로 삼도록 그리할 것이며, 악과 선
을 구분하는 그와 같은 지혜의 눈을
뜨도록 그리해야 할 것이니라.
5 지도자는 심방이요, 그와 같은 행사를
하면서 가정사의 대소사와 모든 행사
에 저희가 참석하여 개인 기도요, 또
는 그들을 위해서 정성을 들이는 그
기도를 해 주느니라.
6 그러나 그들은 어떻게 하는가?
7 금전이나 선물을 은근히 요구하며, 그
를 받아들이기를 말하며,
8 그를 내놓지 아니하면 저희 신도를 통
하여, 옆 사람을 통하여 압력을 넣도
록 해서까지 재물이요, 선물을 거둬들
이고 받아들이고자 하는 그와 같은 사
악한 짓을 하는 자는 나로부터 선택된
지도자가 아니요, 사탄의 자식이라는
것을 너희는 알라.
9 듣기 좋은 소리로써 사람의 마음을 유
혹하며 잘못되며 잘못 다스리는 것을
탓하지 아니하며 다스리지 않는 종교
지도자, 그와 같은 자는 나로부터 선
택된 지도자가 아님이니라.
10 좋은 말이요, 유혹하는 말로써 그들을
유혹하는 것이 아니요,

11 잘못된 것을 잘못되었다 다스리며 매
섭게 가르칠 수 있는 그와 같은 자가
되어야 한다는 것을 너희는 잊지 말아
야 하느니라.
12 그리고 그와 같은 행위를 제가 스스로
죄를 짓는 것인지, 제가 거짓된 행위
를 하는 것인지 그것도 분별하지 못하
는 종교 지도자, 그와 같은 자는 나로
부터 선택된 백성이 아님이니라.
13 재물을 받고 재물의 양에 따라서 기도
의 내용이 달라지는 자,
14 권력이 있고 재물이 있는 자 앞에서
기도하는 것이 다른 그와 같은 자는
나로부터 선택된 백성이 아님이니라.
15 높고 낮음이 없이 똑같은 마음으로써
기도하며, 똑같이 인간의 소중함을 알
며 귀한 것을 아는, 그와 같이 행하지
않는 종교 지도자는 사탄의 자식이요,
나를 따르는 백성이 아니니,
16 그와 같은 자들 밑에 너희가 깨닫고자
하늘에 오르는 그와 같은 일을 하지
말라.
17 나 여호와의 진리보다는 성전이요, 교
회라는 것을 세우는 데 연연하는 자,
그리고 그곳에 재물을 모아서 그를 역
사하는 것에만 치중하는 자, 그리고
호화롭고 찬란한 궁전보다도 아름답
게 꾸리고자 하는 자,
18 그와 같은 자들은 진정한 진리를 깨우
치는 자가 아니요, 나로부터 선택된
지도자가 아니라는 것을 너희는 분별
하라.
19 그리고 신도와 신도 간의 화목이요,
사랑을 베푸는 것이 아니라 제가 유지
하고 이끌어 나가기 위하여 신도와 신
도 사이에 이간질하는 자,
20 그리고 계책을 꾸며 그들을 서로 반목
하게 하는 자, 그리고 파를 갈라 놓는
자,
21 사랑이요, 베푸는 것을 전혀 행하지
아니하도록 간교한 방법으로써 갈라
놓고 찢어 놓고 제가 이곳저곳을 같이
통제하며 저에게만 충성하도록 하는
자는 사악한 지도자가 하는 짓임을 너
희가 알아야 할 것이니라.
22 신도들을 저희가 종 부리듯이 하며,
포로보다도 더 억압된 그와 같은 방법
으로써 나의 백성을 이끌어 가며, 그
들로부터 재물만을 거두어들이는 데
연연하는 자, 그와 같은 자는 사탄의
자식이요,
23 진리를 가르치는 것이 아니라 제 자랑
이요, 인간사에 세속의 이야기를 강론
에 모두를 다 바치며 그와 같이 하는
자,
24 그리고 제가 할 말이 없을 때 '할렐루
야, 아멘!'이라는 소리를 끌어내기 위
해서 유도하는 자, 저희가 기도하며
수백수천 번씩 강론하면서 그 소리를
불러 대는 자,
25 그와 같은 자는 허상에 젖어 있는 자
요, 사탄의 자식이라는 것을 너희는
명심하여 그를 분별하도록 그리하라.

5,544 번째 하나님 말씀

2003년 3월 16일 19시 33분

1 사랑하는 나의 아들아!
2 "네, 아버님! 말씀하옵소서."
3 종교 지도자로서 평생을 살아간 자,

그리고 또 깨달음이 있는 자, 그리고
종교 집단의 지도자로서 가는 자,
4 그와 같은 자들이 지금 잘못 흘러가고
있으며, 너무 물질적인 것에 치우쳐
있는 그 집단들이 흘러감을 너희는 잘
알고 있음이니라.
5 그리하여 이대로 갈 수는 없다는 것을
너희가 매우 잘 알고 있으며, 세상에
새로운 말씀이 내려와 이 세상을 변화
시키지 아니한다면 썩고 썩은 이 흙탕
물 속에서 그 누구도 구원을 받지 못
한다는 것을 내가 말하기 전에,
6 종교 지도자의 생활을 많이 한 사람,
그리고 저희가 나이가 먹어 이제 양심
을 갖고 살아갈 수 있는 그러한 사람,
그들은 더욱이나 더 깊이 애절하게 느
끼며 깨달음을 가지고 있을 것이니라.
7 그리하여 그들은 모두를 세상에 드러
내고 싶으나, 제가 살아온 지난날의
치부를 드러내기가 두려워 말 못 하며,
8 은근히 몇 자를 책에 기록하여 저희의
뜻을 펴고자 하나, 종교 집단의 그 속
에서 저희가 또 견딜 수 없는 그와 같
은 형국이 이루어짐이니, 그나마 그것
도 마음대로 못 하는 것이며,
9 그리하여 참회와 후회의 눈물을 흘리
는 지도자들이 있느니라.
10 그들이 나의 법전을 접하며 나의 성령
의 이 뜻을 접할 때, 이는 진정 나 여
호와 뜻이며, 저희가 너희에게 전하고
싶으며 평소에 하고 싶었던 그 말을
여기에 다 기록하여 전한다 그리 말하
며, 그를 저희가 감탄하고 있음이니라.
11 그러나 그들은 이 길을 그래도 가지
못하고 있음이니라.
12 그들은 남들을 위해 기도하고 경배의
기도를 드리며 거기에 따른 수고비를
받아들이며 또 헌금을 받아들이며 거
기에 저희가 살아가는 그 매력을 버리
지 못하기에,
13 그나마 회개하고 눈물지으며 잘못된
것을 통곡하는 자들도 성서를 놓지 못
하며, 나의 법전을 들어 깨우침의 길
을 가지 못하는 것이니,
14 그들이 적은 수고비를 위하여 그 모두
를 버리지 못하여 마지막 얼마 남지
않은 그 회개할 기회마저도 놓치는 그
와 같은 삶을 살아서는 아니 될 것이
니라.
15 저희가 지금 기도해 주며 남으로부터
감사의 기도를 해 주며 축복의 기도
를 해 주며 그리하여 거기서 금전을
수수하는 그 매력 때문에, 저희가 지
금 그 틀을 깨지 못하며 그대로 지금
이끌어 가며 그 길을 가는 것이니,
16 이제 너희가 그 틀에서 깨어날 때가
되었음을 알려 주라.
17 나의 사랑하는 아들을 따르는 너희 제
자들은 이제 그들에게 몇 푼의 금전을
받는 그와 같은 기도의 형국을 하지
아니할 때, 더 큰 은혜요, 더 큰 영광
을 내가 줄 것이며,
18 그들이 죽지 않고 살아갈 수 있는 재
물을 내가 내려 줄 것이니, 그들에게
바로 살라 그리 말하며,
19 저희가 깨우친 것을 만백성에게 부르
짖으며, 지금 가는 종교 집단에 속아
허황한 자들에게 현혹되어 너희의 가
장 큰 소원인 구원의 길을 버리지 말
며,

20 애절히도 바라는 그 구원을 받지 못하
는 그와 같은 삶에서 깨어나도록 그리
전하도록 하라.
21 이제 나이가 먹었으며 일선에서 물러
난 종교 지도자 너희가 높은 자리에서
내려다보며, 나이가 먹어 육신이 쇠진
하며 진실한 회개의 기도를 드리며,
정녕 구원을 받을 수 있는가 받지 못
하는가 그를 회개하고 반성하는 단계
에 서 있는 너희는 그 뜻을 그대로 만
백성에게 전해야 하며,
22 너희의 후배인 종교 지도자에게 네 나
이가 되어 네가 후회하는 그와 같은
삶을 살지 말며,
23 죽음의 문턱 앞에서 몸부림치는 그와
같은 지금의 가는 방향에서 바로 보고
바로 깨우쳐 갈 수 있도록 그들을 지
도하고,
24 그들을 위하여 무엇인가를 남기고 가
는 자, 그와 같은 마지막의 삶을 빛으
로써 발휘할 수 있는 그와 같은 길을
선택하는 데 주저하지 말라.
25 감사 기도를 해 주고 몇 푼을 받는 것
이며, 몇 푼을 받는 그 매력에 젖어 너
희 자신을 그리 함부로 던지는 그 길
을 가지 말도록, 이제 너희가 깨우치
며 행하는 용기를 갖도록 그리하라.
26 무엇이 두려운가?
27 백발이 하얀 너희가 무엇이 두려우며,
모두를 이루어 놓고 살아온 너희가 무
슨 미련이 있어서 그를 못 하는가?
28 이제 죽음의 그 순간만을 위해 달려가
고 그 죽음의 순간을 위해 존재하는
너희가 두려워하며 겁먹고 역사하지
못하며 바로 서지 못한다면,
29 영원히 너희 대대손손 지옥으로 가며,
아름다운 세상에 나의 참진리를 위해
하늘에 오르는 그 영광을 얻지 못한다
는 것을, 너희가 이제 마지막 혼신의
힘을 다하여 만백성을 깨우쳐 주며,
30 종교 지도자들을 바로 세우는 데 너희
가 모두를 태워 바치는 그와 같은 삶
을 살라.
31 몇 푼의 재물을 거둬들이는 그 매력에
너희가 주저하며 용기를 갖지 못하며
그저 그대로 눈을 감아 죽는 그 죽음
을 맞이한다면 그 죄를 너희가 감당키
어려울 것이니라.

5,545 번째 하나님 말씀

2003년 3월 17일 0시 58분

1 사랑하는 나의 아들아!
2 "네, 아버님! 말씀하옵소서."
3 너희가 진정 나 여호와의 뜻에 따라
봉사하고 희생하는 것은 너희의 노력
으로 이룬 것으로써 남을 위해 봉사하
고 희생하는 것이니라.
4 그러나 지금의 모든 종교 집단들이 봉
사하고 희생하며 자선을 베푼다 하고
이웃에게 나누어 주고 산다 말하나,
5 과연 노력의 대가로 얻은 것으로써 봉
사하며 몸으로 노력하여 봉사하는 자
들이 얼마나 있는가?
6 너희는 그와 같은 명분으로 나의 백성
으로부터 재물을 긁어모으고 또 긁어
모아서 그것으로 봉사하고 희생한다
함이니,
7 네 손으로 번 것은 하나도 없으며 네
가 노력하고 봉사하여 얻은 것은 하나

도 없는 것이니라.
8 그저 남의 재산을 거둬들여 너희가
쓸 것 쓰고 나머지 조금 가지고 봉사
하고 희생하는 것이 지금의 종교 집단
이 그리 가는 것이니라.
9 너희는 전도하며 나 여호와의 뜻을 전
하는 것 또한 재정이요, 물질이 없이
과연 어찌 그를 전할 것이냐 그리 말
하느니라.
10 그리하여 백성으로부터 거둬들여 봉
사하고 나눔을 실천한다 하나, 그러나
그것은 봉사가 아니요, 만백성에게 사
랑을 베푸는 것이 아님을 너희는 알아
야 할 것이니라.
11 너희가 번 것, 이룬 것으로, 너희가 역
사한 것으로써 베푸는 것이 봉사요,
12 너희가 이룬 것이 없으면 몸으로써 봉
사하는 것이 봉사이니라.
13 지금의 모든 종교 집단은 손끝 하나
까딱하지 아니하며, 어렵고 힘든 역사
를 하지 아니하며 그저 백성으로부터
거둬들여 만인의 마음을 울리고 웃기
는 그 속에서 거둬들인 재물을 가지고
봉사한다 하면서, 너희가 세상의 천사
라 하며 나 여호와를 대신하여 살아간
다 그리 말하나,
14 그것은 이웃을 위해서 진정한 봉사와
베풂이 아니니라.
15 남의 것으로 인심 쓰는 것은 바로 무
엇이던가?
16 교통 정리 하는 자들이니라.
17 그중에서 수고비를 가로채는 그와 같
은 사악한 자들이 지금 이 세상에서
봉사하며 사랑을 나누고 산다 하는
것이니, 거기에 사랑이 어디 있으며
봉사가 어디 있는가?
18 이제 나의 법전을 읽고 깨우친 백성
너희는 그와 같은 마음으로 봉사하며
사랑을 실천하는 짓을 하지 말라.
19 그것이 얼마나 추하고 천한 짓인지 알
겠는가?
20 너희는 노력하여 번 것으로, 노력하여
얻은 것을 가지고 남을 구원하는 봉사
의 역할을 하라.
21 그리고 너희가 그걸 할 수 없으면 노
동력으로 하며 몸으로 때우는 그와 같
은 봉사가 진정한 봉사며 나 여호와의
뜻이니라.
22 너희가 각자 모아서 하는 것이 아니
요, 각자 노력한 만큼 만백성을 구하
는 데 최선을 다하면 그것을 만백성이
더 접하게 될 것이니라.
23 너희는 그저 명분만 있으면 나의 아들
딸이요, 나의 백성으로부터 감사 헌금
이요, 모든 재물을 거둬들이듯이 그저
명분을 붙여 봉사하고 희생한다 하며
남의 것을 거둬들여 흥청망청 그리 씀
이니,
24 너희 종교 집단이 봉사하는 그것이 잘
하는 것인가?
25 일반 백성도 거둬 주고 거둘 수만 있
다면 너희보다 더 깨끗하고 아름답게
쓰며, 제 것을 거기에 보태서 쓰는 것
이 봉사하는 자들의 마음일 것이니라.
26 지금의 종교 집단이요, 교회요, 또는
봉사 단체에서 하는 그 행위는 봉사가
아니니라.
27 아무것도 모르는 백성에게도 자금을
주고 봉사하라면 그도 봉사할 것이며,
그는 제 것을 보태어 더 아름답게 쓸

것이니라.
28 너희는 제 것을 보태서 쓰는 것이 아
니라, 그중에서 수고비로 가로챌 것
가로채고 나머지 가지고 흥청망청 남
의 돈을 거둬들여 그저 쓰는 것이 봉
사하고 희생한다 하니,
29 그것은 봉사와 희생도 아니라는 것을
나의 법전에 기록하여 전함이니,
30 이제 나의 법전을 읽고 깨우친 백성이
요, 나의 아들을 따르는 너희는 그와
같은 마음으로 봉사하지 말라.
31 작든 크든 너희가 노력하여 얻은 것으
로 힘에 부치지 아니한 한계에서 너희
가 직접 봉사하고 깨우쳐 그와 같은
역사를 이루는 것이 진정한 나 여호와
의 백성이요,
32 나 여호와를 기쁘게 하는 봉사며 희생
이라는 것을 잊지 말라, 사랑하는 나
의 아들딸들아!

5,546 번째 하나님 말씀

2003년 3월 17일 01시 04분

1 사랑하는 나의 아들아!
2 "네, 아버님! 말씀하옵소서."
3 나로부터 선택된 백성이요, 내가 쓰고
자 하여 부른 나의 백성은 내가 이루
고자 하는 그 역사의 테두리에서 탈출
할 수 없으며 도망갈 수 없다는 것을
너희에게 일찍이 내가 전하여 깨우쳐
주었음이니라.
4 너희는 그와 같이 죽으려 해도 죽을
수 없는 자며, 도망하려 해도 도망할
수 없으며, 나로부터 멀리 가고자 해
도 갈 수 없음을 알아야 할 것이니라.
5 너희가 죽어 와 나 여호와로부터 심판
을 받아 천국에 오른 자, 지옥으로 가
그곳에서 벌을 받는 자가 있느니라.
6 너희가 지옥에 가 벌을 받는 그 명을
받는 그 순간에 탈출하여 도망가고 싶
어도 도망할 수도 없으며 빠져나올 수
도 없으며,
7 어떠한 융통성도 없는 어떠한 형태도
버릴 수 없이 벌을 받는 지옥으로 가
는 자들보다도 더 무섭게,
8 나 여호와로부터 선택된 백성이요, 내
가 쓰고자 하는 백성은 나로부터 도망
할 수 없으며 탈출할 수 없다는 것을
깨우치고, 너희가 생각을 고쳐먹고 내
가 이루고자 하는 그 역사에 최선을
다해야 함을 알아야 할 것이니라.
9 그렇다면 나로부터 선택된 백성은 과
연 어떠한 백성이며, 나로부터 선택된
백성의 증표는 무엇인지, 너희가 선택
된 자와 선택되지 아니한 자를 구분하
는 선별법을 오늘 나의 법전에 기록하
여 너희에게 깨우쳐 줌이니, 이를 알
고 너희가 선택된 백성인지 아닌지를
구분하라.
10 너희가 세상에 나간 나의 법전을 펼쳐
놓고 읽을 때, 나의 법전의 뚜껑을 열
고 그 한 구절을 읽을 때,
11 그 내용을 보면서 '아! 이것은 내가 평
소에 찾던 생각이요, 내가 그리도 애
태우며 그리도 목마르게 갈구했던 그
내용이 여기에 기록되어 있구나!' 느
낄 때,
12 그리고 이와 같은 뜻을 이루어 달라
수없이 기도하고 소원했던 그 내용이
이 책 속에 있을 때,

13 너희가 허망하고 허무하여 무엇인가
참진리를 깨우치고자 발버둥치며 무
엇인가를 얻고자 갈구했던 그 내용이
나의 법전에 기록되어 있어, 이건 나
여호와의 뜻이요, 나의 성령이라 느끼
는 순간,
14 그와 같은 생각과 마음이 작용하는 자
가 바로 나로부터 선택된 백성이요,
내가 이루고자 하는 대역사에 동참하
는 나의 백성이라는 것을 너희는 알아
야 할 것이니라.
15 너희가 나의 법전을 접할 때, 정녕 너
희가 원하고 갈구하는 내용이 거기 있
다 생각하는 그 순간 너희는 나로부터
선택된 백성이요,
16 만백성을 구하는 전사로서 나가기 위
해 그 순간부터 어렵고 힘든 훈련이
시작됨이니,
17 너희에게 하는 그 모든 훈련이 아무
리 냉혹하고 혹독한 속에서 실행되고
진행된다 하여도, 너희는 거기서 도망
가려 하지 말며 물러서려 하지 말라.
18 너희는 도망갈 수도 없으며 그 훈련이
고달프고 힘들어 죽으려 해도 너희 목
숨을 마음대로 끊을 수도 없으며 죽을
수도 없는 백성이라는 것을 알라.
19 그리하여 나로부터 선택된 백성의 중
임이 그리 무서우며, 선택된 백성 너
희는 너희가 아니라는 것을 알며,
20 나 여호와가 너희를 주관하며 나의 뜻
에 의해 역사한다는 것을 알고,
21 피하려 하지 말며 두려워하지 말며
나로부터 탈출하려는 그와 같은 생각
을 아예 버리고, 선택된 백성으로서
한 길을 가는 데 모두를 다 바치겠다
는 그 마음을 가져야 할 것이니라.
22 그 순간부터 너희는 나의 법전을 정독
하고 그 내용대로 살아가는 변화를 이
루어 너희 눈에서 아름다운 빛이 비치
는 그와 같이 변화된 자가 되었을 때,
23 만백성을 구하는 전사로서 너희에게
임명장을 주어 밖으로 내보낼 것이니,
24 그때까지 너희는 혹독하고 강도 높은
훈련에 주저하지 말며 당당하게 인내
하고 싸워 이기는 나의 백성이 되도록
그리하라.

5,547 번째 하나님 말씀

2003년 3월 17일 01시 11분

1 사랑하는 나의 아들아!
2 "네, 아버님! 말씀하옵소서."
3 모세가 존재했던 구약 시대는 나 여호
와가 모세로 하여금 그 무서운 재앙으
로써 너희를 깨우쳤으며, 그리하여 만
백성을 구원하고자 그 역사를 이루었
으니,
4 그를 바로 보고 하늘에 오르는 길이
요, 너희의 원심으로써 천사와 같이
살라 하여 그 기적의 역사로써 너희를
구출하며 그리 보여 주었건만,
5 그 백성이 바로 서지 못하고 그를 지
키지 못하였느니라.
6 그와 같은 재앙으로써 너희를 구출하
여 인도하는 그 역사 속에서도 너희는
도무지 나의 은혜를 생각하지 못하는
그와 같은 광란의 짓을 하는 너희 백
성의 그 심성으로 인하여 그 시대 또
한 실패로 끝났다 내가 그리 말하였느
니라.

7 그리하여 내가 모세의 시대는 재앙으
로써 너희를 깨우쳐 그를 증거로 하여
그걸 보고 너희를 바로 서게 하였음이
나 그에 실패하여,
8 내가 새로운 시대를 열면서 나의 아들
예수를 세상에 내보내 고통과 시련을
동반하는 그와 같은 모습으로써 나의
아들이 사랑의 실천이 무엇인가를 너
희에게 보이고자 했으며,
9 그와 같은 사랑의 마음으로 세상을 살
라 말하였으며,
10 나의 아들 예수가 그 고통 속에서도
나를 저버리지 아니하는 그와 같은 너
희의 믿음으로 하늘에 오르는 길을 갈
수 있게 하려고 고통을 동반하는 그
속에서 사랑의 실천이요, 인내요, 믿
음이라는 것을 깨우쳐 너희를 구원하
고자 한 그 시대가 예수의 신약 시대
였음이니라.
11 그러나 그 시대 또한 모두 다 실패로
끝났음을 너희 스스로 알고 있느니라.
12 구약과 신약 시대가 끝나면 제3의 재
앙의 시대가 올 것이며, 그 재앙의 시
대가 도래할 때 너희는 어찌 살았느냐
에 따라서 죽은 자까지 심판을 받아
구원을 받으며, 산 자 또한 그 결과에
따라서 심판을 받는다 하여,
13 재앙의 시대가 이 세상에 올 것이라고
그리 알고 있으며, 그와 같은 시대가
반드시 올 것이라 너희는 그리 알고
있음이니라.
14 그리하여 구원받을 자와 구원받지 못
할 자를 구분하며 지금의 믿음의 길을
가는 자는 구원을 받을 자요, 믿음이
라는 것을 모르고 가는 자는 구원받지
못한다 너희는 그리 말하나, 그렇지
아니하느니라.
15 내가 아담과 이브에게 내렸던 '선악과
를 따 먹지 말라'는 가르침이요, 그 명
령에 나를 믿으며 따 먹지 아니할 것
이라는 그 믿음에 너희가 실패하였으
며, 그리하여 너희가 지금과 같은 어
렵고 힘든 삶을 산다 하였음이니라.
16 내가 그때 너희에게 내린 인간이 사는
도리요, 율법이요, 도덕적인 양심의
기준에 의해 어찌 살았느냐에 따라서
구원하고 구원하지 않는 것이 나의 뜻
이라 그리 말하였음이니, 너희는 그
뜻도 지금 이해를 못 하는 것이니라.
17 내가 재앙을 내리지는 아니함이니라.
18 다만, 그와 같은 백성을 기준으로 하
여 내가 심판한다는 것을 알아야 할
것이니라.
19 내가 물리적인 재앙을 내리지 아니하
며 물리적인 재앙으로 너희에게 고통
을 내리지 아니한다 하였음이니라.
20 내가 나의 성령으로써 모두 이루어지
는 것이며 심판의 시대가 시작되어,
말을 하지 않고 보이지 아니하는 그
재앙의 심판이 지금 내려지고 있음을
알아야 할 것이니라.
21 나로부터 구원을 받지 못하는 자는 재
앙 속에서 허덕이며, 나의 법전을 읽
고 깨우치는 자는 그 재앙에서 벗어나
니,
22 그와 같이 나의 성령이요, 나의 뜻이
요, 내가 내린 글로써 그 모든 역사가
이루어짐을 너희는 알아야 할 것이니
라.
23 너희는 항상 한 입으로 두말을 하느니

라.
24 너희는 제3의 시대는 무서운 재앙이
있어 구원할 자와 버릴 자를 구분하는
시대가 온다 하면서 또한, 천 년 왕국
이 이루어진다는 그와 같은 말을 하느
니라.
25 천 년에 걸쳐 하늘의 천국이 지상에서
이루어진다 너희는 알고 있으며 그와
같은 말을 하면서, 한쪽에서는 재앙이
올 것이라 하며 구원할 자와 구원하지
아니할 자를 구분하여 버린다 하니,
과연 어떤 것이 나 여호와의 뜻인 줄
아는가?
26 내가 너희에게 전함이니라.
27 천 년의 역사 후에 새로운 천국이 지
상에서 이루어지는 것은 나의 뜻이며
당연한 것이며,
28 재앙이 온다는 것은 나의 말이요, 나
의 뜻이요, 내가 내리는 글로써 너희
를 다스린다는 것이니,
29 물리적인 재앙으로써 다스리는 것이
아니요, 나의 성령으로써 다스려 버릴
자와 구원할 자를 구분하는 역사가 시
작되고 있다는 그 의미를 알고 깨우치
라.

5,548 번째 하나님 말씀

2003년 3월 17일 01시 18분

1 사랑하는 나의 아들아!
2 "네, 아버님! 말씀하옵소서."
3 너희는 나 여호와가 재앙을 내려 세상
을 다스리며 버릴 자와 구원할 자를
구분하는 시대가 온다 그리 말하나,
4 나 여호와가 그 아픈 재앙으로써 너희
를 다스리고 이끌고자 할 때는 너희가
나 여호와의 뜻을 거역하며 내 뜻을
순종치 아니하며 내가 원하는 그 길을
가지 아니하며 거부하는 그와 같은 삶
을 살기에,
5 내가 더 이상 다스릴 길이 없어 필연
적으로 항상 재앙을 내려 너희를 깨우
치는 그와 같은 역사를 이루었음이니
라.
6 모세의 시대는 어떠했던가?
7 나 여호와의 뜻을 받아들이지 아니한
그 백성이요, 그 왕이 오만하며 제가
왕으로서 가진 그 능력이요, 저희의
백성이요, 저를 따르는 군사들이요,
모든 환경으로 인하여 나 여호와의 뜻
을 거역하였으며,
8 그것으로써 나 여호와가 너희에게 대
적할 수 없으며 감히 너희 능력으로써
왕으로서 너희는 모두를 다 대적할 능
력이 있다 그리 생각하여, 모세가 너
희에게 내리는 그 뜻을 듣지 아니하였
으며 모세가 원하는 그 뜻을 듣지 않
고 오만하고 고집스럽게 버티고 버텼
음이니라.
9 그리하여 내가 너희를 더 이상 볼 수
없으며 더 이상 인내할 수 없어 필연
적으로 그 백성에게 고통과 시련을 주
었으며 재앙을 내려 너희의 눈을 뜨게
했으며,
10 결국은 내가 굴복시켜 내가 이끌고자
하는 그 백성을 이끌고 나오는 그 역
사를 이루었듯이,
11 너희가 나에게 거역하지 아니하고 순
종했더라면 그와 같은 고통과 시련은
내가 결코 내리지 아니함이니라.

12 내가 재앙을 내릴 때는 너희가 나 여
호와의 뜻을 거역하고 행하지 아니하
기에, 나 여호와가 필연적으로 재앙을
내릴 수밖에 없도록 인간 너희가 만든
것이니라.

13 너희가 버티고 나에게 대적하고자 하
여 그 왕이 그와 같은 재앙을 겪게 되
었으며 그 백성이 고통을 당했으며,
너희가 인내할 수 없는 그 시련 속에
서 결국은 순종하며 그 백성의 손을
놓지 아니하였던가?

14 일찌감치 순종하고 나의 뜻을 거역하
지 아니하였더라면 그 백성이 그와
같은 하늘의 무서움이요, 두려움을 체
험하지 아니하며 그 고통 속에서 시련
을 겪지 아니하였을 것이니라.

15 너희가 인간의 능력이요, 인간의 한계
를 믿고 자만하고 오만하기 때문에 필
연적인 재앙이 역사했음을 알라.

16 나의 법전이 세상에 나가 지금 너희가
무어라 말하는가?

17 나의 성령이요, 내 모두를 태워 마지
막 제3의 시대에 너희를 심판하는 이
것이 바로 심판의 기준이요, 법전이라
그리 내려보내며, 나의 가슴에 있는
모두를 내려보낸다 하며,

18 하늘의 진리요, 하늘의 뜻을 기록하여
가르친다 내가 그리하여 나의 법전을
세상에 내려보낸다 그리 전하건만, 지
금 너희는 과연 어찌하는가?

19 너희의 믿음이요, 너희 집단의 그 고
집스러움으로 인하여 너희는 지금까
지 흘러온 악습의 폐단을 버리지 못하
고 개혁하지 못하며 변하지 아니하며
변하지 못하며,

20 그리하여 나의 법전을 읽지 못하고 나
의 법전을 접하지 못하며,

21 종교 지도자들이 나의 법전을 접하는
자는 사탄이요, 이단이라 규정하며,
저희의 성전에 나오지도 못하게 하고
있음이니, 바로 너희가 무엇이냐?

22 이와 같은 너희의 행위가 나로부터 재
앙을 내려 주십사 하고 너희가 애원하
는 것이 아니던가?

23 너희가 정녕 나의 법전을 따르지 아니
하며 순종하지 아니하고 거역하며, 나
의 법전이 사탄의 장난이요, 사악한
자가 마지막 시대에 와 백성을 혼미하
게 하는 행위라 그리 부르짖어, 나의
법전을 읽고 깨우치는 백성이 세상에
나오지 아니하며,

24 그리하여 하늘에서 이룬 천국을 지상
에서 만들지 못할 때, 나는 재앙으로
써 너희를 다스리게 될 것이니,

25 그 필연적인 역사는 너희가 선택하는
것이며, 너희가 원해서 이루어지는 것
이니,

26 너희는 물리적인 재앙으로써 이 역사
를 다루는 나 여호와가 아픈 마음으로
행하지 않도록 그리해야 할 것이며,

27 내가 행하지 아니하고자 하는 재앙을
내리도록 너희가 그리 매달리며 원하
지 말라.

28 너희는 물리적인 재앙으로써 내가 다
스리지 아니하며 나의 성령으로 다스
리고자 하여 지금 160권이 세상에 내
려가는 나의 법전을 읽고 깨우치는 그
와 같은 역사를 얻으라.

29 너희가 한 명도 변하는 자가 없을 때,
나 여호와가 새로운 시대를 열고자 하

여 재앙으로써 다시 한 번 다스리는
그와 같은 결과를 이루지 않도록 그리
하라, 나의 사랑하는 아들딸들아!

5,549 번째 하나님 말씀

2003년 3월 17일 01시 24분

1 사랑하는 나의 아들아!
2 "네, 아버님! 말씀하옵소서."
3 하늘에 오르는 길이요, 진정한 구원의
길을 오는 백성은 어렵다 포기하며 힘
들다 포기하는 그와 같은 믿음으로는
구원의 길을 올 수 없음이니라.
4 세상사 모두를 너희가 다 포기한다 해
도 나에게 오는 그 믿음의 길을 중단
한다면 그보다 더 슬프고 고통스러운
것은 없음을 알아야 할 것이니라.
5 너희가 믿음의 길이요, 하늘의 내 품
에 오르는 길은 아무리 힘들고 어려워
도 인내하고 견디며 새로운 역사 앞에
도전하는 그와 같은 마음으로 포기하
지 아니하며 중단하지 아니하는 마음
으로써 나에게 달려와야 함을 알아야
할 것이니라.
6 사랑하는 나의 아들딸들아!
7 너희가 소중한 육의 종말을 고한다 해
도, 목숨을 던진다 해도, 나를 향하는
믿음의 마음을 어렵고 힘들다 해서 중
단해서는 아니 됨이니라.
8 목숨과 바꿔서라도 그 믿음을 지켜야
할 것이며 어렵고 힘든 훈련 과정을
넘어야 한다는 것을 잊어서는 절대로
아니 됨을 너희는 알아야 할 것이니라.
9 구원의 길을 가는 것을 중단하고 포기
해서는 아니 되느니라.
10 내가 너희에게 이리 강조하며 부탁함
이니, 너희는 사탄의 유혹에 넘어가기
시작하면 종잡을 수 없으며 사탄의 유
혹에 무너지기 시작하면 그를 감당할
수 없으며 돌이킬 수 없으며 다스릴
수 없는 것이 나의 백성의 심성이기
때문이니라.
11 그리하여 어떠한 형편이요, 어떠한 어
려운 환경에도 나에게 향하는 믿음의
길이 어렵고 육이 고통스럽다 하여 포
기해서는 아니 되느니라.
12 사랑하는 나의 피조물 만백성 너희 인
간은 양면성의 동물이기 때문이니라.
13 너희 자신이 불리할 때는 수단과 방법
을 가리지 아니하고 모든 방법을 다
동원하여 자신을 변호하고 또 그런 모
습을 보이지 아니하려 하며,
14 너희가 유리한 쪽을 위해서는 수단과
방법을 가리지 아니하느니라.
15 이해관계의 이익을 추구하기 위해 너
희는 모두를 배신할 수 있으며, 어제
의 적을 오늘의 친구로 만들며 어제의
친구를 적으로 돌릴 수 있는 그와 같
은 너희의 마음이니,
16 나의 피조물 만백성 너희가 어찌하여
그 양면성의 마음의 대표적인 동물이
되었는가?
17 이를 보는 나 여호와의 가슴이 너무나
아픔이니라.
18 자신이 변한 추한 모습을 보이는 데
너희는 주저함이 없느니라.
19 이해관계를 따져 그 추한 모습이요,
인간의 사악한 모습을 남에게 보여 주
고 안 보여 주는 것도 관계없음이니라.
20 그저 너희가 취하고 얻을 수만 있다면

너희의 마음은 안팎이 뒤집히느니라.
21 검고 흼이 수시로 변하는 것이 너희의 마음이니, 남의 잘못은 죄로 따지며 자신이 잘못한 것은 실수요, 아름답게 이해하려고 하는 것이 너희의 양면성이요, 이중성의 마음을 가진 대표적인 것이 아니던가?
22 너희는 그리 말하느니라.
23 남의 것을 훔친 것은 도적질이요, 그는 거기에 대한 체벌을 받아야 하며,
24 자신이 남의 것을 훔쳤을 때는 장난이요, 그저 오락 삼아 해 본 것이라 그리 변호하는 것이 너희의 마음이니, 이 얼마나 양면성의 마음을 가진 것이던가?
25 너희가 양면성을 가지고 나의 법전을 읽고 깨우쳐서는 정녕 알 수 없음이니라.
26 그리고 나의 뜻의 한 자도 알 수 없는 너희이니라.
27 그리하여 깨우치는 백성이 되어야 할 것이며, 너희가 양면성의 마음을 다스려야 할 것이니라.
28 네가 하는 것은 죄가 되지 아니하며 남의 허물만이 죄로 보이는 그와 같은 마음을 가지고 사는 너희가 양면성의 성격을 가지고는 구원을 받을 수 없음이니라.
29 나의 아들을 따르는 백성이요, 나의 법전을 읽은 백성은 남이 지은 죄는 그것이 허물이요, 너희가 지은 죄는 절대로 용서하지 않는 마음의 자세로써 살아가야 하느니라.
30 남의 실수와 허물은 용서하며 자신의 허물은 크나큰 죄로 자신을 힐책하고 다스리는 반대의 마음을 가지고 세상을 살아갈 때 너희가 나의 뜻을 알며 나를 볼 수 있는 영광을 얻게 됨을 잊지 말라.

5,550 번째 하나님 말씀

2003년 3월 17일 07시 15분

1 사랑하는 나의 아들아!
2 "아버님! 말씀하옵소서."
3 생각이요, 말이 한계가 있는 짐승, 인간으로부터 지배를 받는 모든 동물, 그들도 제 먹이를 남이 먹거나 제 것을 뺏으려 할 때 목숨을 바쳐 지키려 하는 것이 아니던가?
4 지금의 모든 종교 집단들이 가진 그 기득권이요, 그들이 내린 그 뿌리의 깊이는 이루 다 형용할 수 없음이니라.
5 그들 나름대로 부귀영화를 누리고 사는 자들이 있으며 세상의 권력을 쥔 자들도 있으니, 그들이 가지고 있는 모두를 다 버려야 하며 그것이 잘못됐다 생각하며 그리고 그 삶이 맞지 않다고 생각한다 하면, 그들에게는 그것이 통할 리가 없으며 받아들이려 생각하지 아니할 것이니라.
6 부귀와 영화를 누리고 살아가는 그들은 지금 가는 그 길이 최상의 길이요, 그 이상의 길의 그 무엇도 쳐다보기 싫어하며 쳐다보려 하지도 아니함이니라.
7 곧 기득권 세력들이 자신을 지키려고 반발하는 그 힘은 이루 말할 수 없음을 너희는 알아야 할 것이니라. 편안하게 비단 이불을 덮고 자며 호의호식

하고 사는 그 백성은 지금 저희 믿음
의 종교 속에서 살아감이니,
8 그것이 잘못되었으며 저희가 살아온
삶이 잘못되었으니 이제는 길을 바꾸
라 하면,
9 그들은 그걸 잃을까, 그걸 놓칠까 두
려워 감히 나로부터 영광이요, 은혜
요, 축복을 받고 그리 산다 생각함이
니, 그들의 마음을 돌릴 수가 없으며
그들의 생각을 돌릴 수 없느니라.
10 말 못 하는 짐승도 먹이를 뺏으려 하
면 목숨을 내걸고 그를 지키며 용서치
아니하며 그저 대드는 그와 같은 형국
이 아니던가?
11 하물며 지혜가 있고 생각이 있는 인
간이 지금 호의호식하며 비단 이불
덮고 자며 그저 부족함 없이 사는 자
에게 지금 저희가 가는 그 믿음이 잘
못됐다 이야기할 때 그들이 받아들이
려 하며 다른 길을 가려 하겠는가?
12 그와 같은 형국의 그 뿌리가 얼마나
깊고 넓던가?
13 그 뿌리가 말할 수 없으며 그리 살아
가는 백성이 수없이 많이 있음이니,
그들을 놓고 돌이킨다는 것은 너무나
도 어렵고 힘든 길이니라.
14 그러나 너희는 깨우쳐 주고 전해야 함
을 알라.
15 그것이 그들의 행복이 아니요, 영원히
사는 하늘나라에 올 수 있는 축복의
길이 아니라는 것을 알 때까지 너희는
노력해야 하며 쉬지 말고 전해야 할
것이니라.
16 아무런 부족함이 없는 생활을 하는
자, 남으로부터 손해 없이 남으로부터
피해 없이 저희가 그저 남을 지배하며
살아갈 수 있는 그 기득권 속에 있는
그 세력들, 종교 집단 속에서 주일이
라 하여 찬송하고 기도하며 풍족하게
살아가는 자, 그리고 은혜 받았다고
생각하는 그 백성의 정신을 돌려놓을
수는 없는 것이 너희임을 알아야 할
것이며,
17 인간의 한계에 부닥쳐 그들은 도저히
변하려 아니 하며 개혁하지 않으려 하
며 바로 가려는 생각을 하지 않는다는
것을 알아야 할 것이며,
18 그를 항상 염두에 두고 많은 백성을
이끌어 가는 길을 가야 함을 알아야
할 것이니라.
19 그리하여 가난하고 어려운 자, 그리고
부귀영화를 누리지 못한 자, 갖지 못
한 자가 바로 나의 진리를 볼 수 있다
함이 여기에 있음이니라.

5,551 번째 하나님 말씀

2003년 3월 17일 07시 27분

1 사랑하는 나의 아들아!
2 "네, 아버님! 말씀하옵소서."
3 모든 종교 집단의 지도자가 저희가 가
는 길이 잘못되었으며 잘못 흘러가는
것을 알고 있으면서도 이를 행하지 아
니하며 바로잡지 아니하는 것이니라.
4 그들은 나의 진리를 전하는 것이 우선
인지, 만백성으로부터 재물을 거둬들
이는 것이 우선인지, 그 자체도 분별
하지 못하면서 지금 지도자라 하여 나
의 사랑하는 백성을 하늘로 이끈다 하
여 그리 끌고 가고 있음을 알아야 할

것이니라.
5 지금 종교 집단에서 만백성을 가르치
는 종교 지도자로서 많은 사람을 모
아 놓고 그들에게 군림하고자 하는 것
이 우선인가, 그렇지 않으면 백성으로
부터 재물을 긁어모으는 데 최선을
다하는 것이 우선인가?
6 그리고 웅장한 교회라는 것을 지어 그
곳에 많은 백성을 모아 놓고 가르치는
것을 우선으로 생각하는가, 그렇지 않
으면 나의 진리를 가르치고자 하는 것
이 우선이던가?
7 나 여호와는 너희의 그 형태를 알고
있음이니라.
8 가장 우선이어야 할 참진리를 가르치
는 그 속에서 너희가 진리를 깨우치
며 나의 뜻을 깨우쳐 백성을 하늘에
오르게 하는 것은 뒷전이요,
9 그저 재물을 긁어모으는 데, 웅장한
교회요, 성전을 짓는 데만 모두를 다
우선시하며 거기에 혼동하고 있는 것
이 지금의 종교 집단에 속해 있는 너
희의 실태임을 알아야 할 것이니라.
10 나 여호와의 진리요, 하늘에 오르는
참빛을 위해, 새로 태어나는 생명을
위해서 구원의 길을 가는 것이 아니
요, 큰 성전이요, 많은 재물을 거둬들
이며 많은 사람을 모아 놓고 강론하는
것에만 너희가 연연하고 있으니 그
속에서 어찌 진정한 진리요, 구원의
길을 볼 수 있다 말하는가?
11 단 한 사람이라도 의인을 길러 내려
는 종교 집단은 세상에 없음이니라.
12 대중화되어 신도를 이끌어 가는 이 변
화된 상태를 너희는 과연 어찌 보고
있는가?
13 지금의 모든 종교 집단은 너희가 대형
화로 변하는 사업장과 같이 그와 같이
대형화 사업장으로 변질되고 변한 것
이 지금의 교회요, 성전이라는 것을
너희는 알아야 할 것이니라.
14 장삿속으로 운영하는 것이며 장삿속
의 그 이익을 위하여 대형화로 만들어
가는 것이 지금의 너희 종교 집단이니
라.
15 나 여호와의 진리를 가르친다는 그곳
이 추하고 더러운 썩은 냄새가 가장
많이 풍기는 곳으로 전락하였으며,
16 지금 모든 병폐의 온상이 교회라는 것
을 잊어서는 아니 될 것이니라.
17 나 여호와의 말씀이요, 진리를 배우는
그곳이 가장 신성하고 가장 아름다운
곳이 되어야 할 것이거늘,
18 세상에서 가장 추한 곳으로 변했으며,
너희의 그 추한 모습은 나 여호와가
더 이상 바라볼 수 없을 만큼 지겨워
져 있음이니라.
19 너희는 사랑이 넘치며 서로 나눔이 있
으며 이해하고 살아가야 하는 너희가
만든 그 교회요, 성전이라는 곳에서
그 집단 속에 있는 신도들끼리 과연
어떠한 일이 일어나는가?
20 너희는 사랑으로 다스려야 할 것을,
물욕이요, 재물과 같은 이해관계 때문
에 서로 치고받고 삿대질하며 집단의
속사정이 그와 같이 흘러가니, 그 속
에서 어떤 진리가 있을 수 있겠는가?
21 종교 집단에서 이루어지는 물욕이요,
재물 때문에 파를 갈라 싸우는 그와
같은 형국이니,

22 스스로 진리의 길을 가며 나 여호와의
뜻을 따른다는 그 속에서 그와 같은
일이 있어서는 절대 아니 되는 것이
아니던가?
23 그러나 서로 형제·자매지간이라 말하
는 자들이 재물을 놓고 삿대질하며 치
고받고 싸움을 하니,
24 너희가 나 여호와의 심판을 기다리는
것이 아니요, 나의 뜻에 따라 행하는
것이 아니요, 서로 치고받고 만신창이
가 되어 너희는 또 무엇을 하는가?
25 인간이 만든 재판소 앞에 가서 시시
비비를 가리고자 하는 것이 지금의 종
교 집단에서 구원의 길을 간다는 신도
라는 백성이 하는 모습이니,
26 그것이 일반 백성도 이해할 수 없는
얼마나 추하고 더러운 행위를 하고 있
는 것인가?
27 내가 그저 먹고살라고 덤으로 준 그
재물을 가지고 형제지간이라 말하는
자들끼리 서로 '내가 하는 것이 옳으
며, 네가 하는 것이 틀리다. 내가 더
많이 가지고 관리하고 지배하겠다.'
하여,
28 너희 스스로 그 안에서 해결하지 못
하고 인간의 재판이요, 법 앞에 호소
하며 거기서 삿대질하고 시시비비를
가리는 그와 같은 추한 모습으로 전락
한 것이 너희이니,
29 과연 편 갈라서 재물 앞에 싸우는 너
희라면, 너희가 나로부터 선택된 백성
으로서 그와 같은 행위를 하고 있다
면, 너희는 인간이 아니요, 짐승만도
못한 자라는 것을 알아야 할 것이니
라.
30 나의 진리를 연구하며 나의 참뜻을 실
천하며 사랑으로써 만백성을 하늘에
오르게 인도한다 하며,
31 나 여호와의 진리를 깨우치며 진리를
공부하며 하늘로부터 선택된 백성이
라는 자들이 재물 때문에 저희끼리 편
갈라 싸움하고 그 안에서 싸우다 지쳐
해결치 못하고 인간이 만든 법 앞에서
심판을 기다리며,
32 그 심판을 받고자 서로 아귀다툼하는
그 추한 모습은 정녕 그 누구도 볼 수
없음을 너희는 알아야 할 것이니라.
33 이제 너희가 살아가는 모습이 추하고
천박하여 그 모습을 더 이상 바라볼
수 없는 인간의 형태로 전락하였음을
알고 있어야 할 것이니라.
34 보통 인간도 이해할 수 없는 짓을 하
면서 너희는 구원받은 백성이요, 높은
백성이요, 위대한 백성이라 부르짖고
있음이니, 그 꼴이 과연 어떠한 것인
가?
35 그러면서 너희는 나의 아들 예수보다
높은 자요, 나보다도 높은 자처럼 처
신하고 있으며,
36 천국의 열쇠를 가지고 있어 마음대로
문을 열고 닫을 수 있는 선택된 백성
이라 말함이니,
37 그를 보는 만백성이 돌아서서 침을 뱉
는 것을 알지 못하고 있음이니 얼마나
부끄러운 행위인가?
38 종교 집단이요, 사랑을 베풀며 나 여
호와의 품에 산다는 백성이 내 품이
라는 너희 성전에서 그것 하나도 해결
하지 못하고 서로 누워서 침을 뱉으며
인간의 법 앞에서 인간에게 호소하며

그 옳고 그름을 가려 달라 멱살잡이를
하며 살아가는 형국이니라.
39 거기에 사랑이 있으며 인간의 도리가
있고 또 인간 세상의 한계를 넘어 나
여호와로부터 구원을 받아 영원히 하
늘나라에 오르는 높은 자리에 있으며
높이 떠 있다는 너희가 그 형국은 무
엇이던가?
40 가장 낮은 자만도 못한 것이 너희이
니, 이를 보는 나 여호와가 구원받은
자요, 나에게 오를 수 있는 백성이라
생각하는 너희의 꿈을 깨고자, 꿈속에
서 깨우고자 하여 내가 160권의 법전
을 세상에 내려보내며,
41 밤과 낮을 가리지 아니하고 나의 아들
을 통하여 너희에게 전함이니,
42 이를 보고 너희가 썩은 곳에서 죽은
지옥에서 구원을 받도록 그리하라.

5,552 번째 하나님 말씀

2003년 3월 17일 07시 44분

1 사랑하는 나의 아들아!
2 "네, 아버님! 말씀하옵소서."
3 믿음을 가르치며 진리를 가르치며 양
심과 도덕, 윤리를 가르친다는 교회
집단들은 과연 어떠한 행위를 하는가?
4 너희 주변이요, 그저 스스로 찾아오는
자들을 가르치고 깨우치는 그와 같은
역사를 하고 살아간다면, 서로 도덕이
요, 진리요, 윤리요, 그리고 상대방 교
회요, 성전에 예의를 지키고 살아가는
최소한의 양심은 지닌 너희라 내가 내
려다볼 수 있을 것이니라.
5 그러나 너희는 그와 같은 행위를 하
지 아니하고 살아가느니라.
6 기초 질서요, 기초 양심도 없음이니라.
7 너희는 대형 버스요, 또는 작은 버스
에 무슨 교회요, 무슨 집단이라 하여
차량에다 써 붙이고, 멀고 먼 곳까지
가서 많은 백성을 실어 나르며,
8 너희 종교 집단에 와야만 구원을 받는
다고 현혹하여 그들을 실어 나르는 사
악한 행위를 하고 있음이니라.
9 백화점이라는 큰 건물을 지어 놓고 장
사를 하며 물건을 팔기 위하여 그 물
건을 사려고 찾아오는 자를 먼 곳에서
부터 실어 나르는 것과 똑같은 행위를
하고 있음이니,
10 너희가 과연 이러고도 나의 백성이요,
진리요, 질서를 아는 백성이라 그리
말하는가?
11 사람들을 운송하여 많은 물건을 팔아
이익을 추구하는 백화점이 차량을 운
영하는 것처럼,
12 지금 능력 있는 종교 집단이라 하여,
재정이요, 물질이 있는 집단이라 하
여, 그리고 가난하지 않은 동네에 자
리 잡고 있다 하여, 대형 백화점에서
사람을 실어 나르는 버스처럼 버스 옆
에 이름을 써 붙이고 너희가 과연 어
찌하고 있는가?
13 동네 작은 교회들의 어렵고 힘든 그
심정을 생각하여 서로 도와주며 이끌
어 주는 그와 같은 행위를 해도 사랑
이라 하기에는 나 여호와 앞에 고개를
들기 부끄러운 삶을 사는 것이 너희거
늘,
14 동네의 작은 교회 문 앞에 대 놓고 그
주변에 사는 사람들을 소리 질러 불러

실어 나르는 그와 같은 작태를 지금
하고 있음이니,
15 동네 작은 교회의 힘없는 그 지도자와
그곳에 몸담은 자들이 너희를 쳐다보
는 그 마음이 어떠하겠는가?
16 정적보다도 더 무서운 감정이요, 그저
그 버스가 굴러서 인사 사고라도 났으
면 하는 것이 그들이 바라는 마음이
아니겠는가?
17 그들은 그리 분개하고 분노할 것이니
라.
18 작은 동네에 있는 작은 교회 앞까지도
몇 안 되는 사람을 실어 나르기 위하
여 대형 버스에다 이름을 써 붙이고
와 소리소리 지르며 그들을 실어 가는
그와 같은 행위는 예의요, 법도도 없
고 질서도 없으며 작은 양심의 실마
리도 없는 것이 너희이니라.
19 정녕 그와 같은 행위를 하는 종교 집
단이요, 종교 지도자요, 그리 이끌어
가는 자들이 무슨 장삿속에 대형 버스
로 멀고도 먼 사람들까지 긁어모아 실
어 나르는 그와 같은 심리가 뭐겠는가?
20 너희가 버스라는 것으로써 그 백성을
실어 가며 그를 운영할 때, 너희가 운
영하는 경비요, 운송하며 쓰는 재물보
다도 몇십 배 더 거둬들일 수 있다는
계산하에,
21 장사꾼들보다도 더 무서운 계산 속에
서 그들을 실어 감으로 득이 된다는
그 엄연한 사실을 알기에 너희가 그
대형 버스요, 작은 버스에다 무슨 교
회요, 무슨 교회요, 그리 이름을 써 붙
이고 골목의 작은 교회 문 앞까지 와
서 그 백성을 실어 나르는 그와 같은
무례한 행위를 하면서도 부끄러운 줄
모르며,
22 자신이 어떠한 행위를 하고 있는지도
모르며,
23 동네의 작은 교회의 사람들이 어떠한
마음을 가진 것인지 그것도 헤아리지
못하는 자들이 무슨 사랑을 베풀겠는
가?
24 완전히 장삿속으로 전락하였으며 장
사꾼도 그보다 더한 장사꾼이 없는 것
이 너희이니라.
25 말 못 하고 살아가는 짐승도 제 영역
이 있느니라.
26 제 땅이요, 제 영역이라 하여 짐승이
똥과 오줌을 싸 발라 놓고 표시하는
그 구역에는 다른 짐승이 그 냄새를
맡고는 거기는 침범하지 아니하려 하
며 거기를 침범하지 아니하고 살아가
는 것이 짐승의 규칙이니라.
27 그러나 너희는 작은 동네의 교회 문
앞까지 가서 그 백성을 실어 가며 그
들을 유혹해 데려감이니, 너희가 과연
짐승보다 나은 예의를 갖추고 사는 인
간이라 말할 수 있는가?
28 모든 지혜요, 높은 안목을 내가 너희
에게 주었건만, 기초 상식이 짐승만도
못한 생각을 하고 살아가는 것이 오
늘의 너희 종교 집단이요, 너희 지도
자가 하고 있는 추한 행동이니, 거기
에서 나는 냄새는 무엇이던가?
29 썩은 내밖에 풍기는 것이 없음을 너희
는 알아야 할 것이니라.
30 그리고 심방이라 하여, 또 전도라 하
여 큰 교회를 갖고 있는 자, 큰 집단에
속해 있는 종교 지도자들이 작은 마을

의 교회 앞에까지 가 떼를 지어, 부끄
러운 줄도 모르고 성경책을 들고 너희
는 어떤 대단한 교회요, 대단한 집단
에서 왔다는 것을 과시하고 자랑하고
다니니,
31 남의 교회 문 앞에 있는 집에까지 가
서 심방이라 하여 그 백성을 이끌어
가는 것이 너희가 하고 있는 짓이니라.
32 그러니 너희가 어찌 사랑을 알며 나
눔을 알며 나 여호와의 뜻을 안단 말
이던가?
33 너희는 그뿐만이 아니니라.
34 동네의 작은 교회에 다니는 몇 명 안
되는 그 사람들도 유혹하고 빼어 가고
자 하여 그 사람의 대문을 두드리며
그 대문 앞에 가 그들을 유혹하며 그
들을 이끌어 가고자 하는 것이니,
35 너희가 남의 밥그릇을 빼어 먹고 남
의 밥그릇을 빼앗아 그저 제 것으로
하는 것을 취미로 알고 있으며,
36 그 얼마나 남에게 가슴 아픈 일이며
얼마나 죄 된 것인가 그것 하나 생각
하지 못하고 살아가는 것이 지금의 종
교 집단 너희가 하는 짓이 아니던가?
37 아무것도 모르는 나의 아들을 통하여
너희의 그 죄상을 하나하나 낱낱이 기
록하여 전함이니,
38 여기에 어긋나는 것이 있으며 잘못된
것이 있으면 너희가 나에게 물을 것이
며, 나의 아들에게 핍박을 주며 나의
법전이 마지막 시대에 거짓 선지자가
세상을 혼란케 하는 책이라 하여 찢어
버리고 보지 아니해도 내가 너희에게
말하지 아니할 것이니라.
39 너희는 남의 교회 안에서 그 작은 동
네에 몇 명 안 되는 그 신도까지도 빼
어 가려 도전하며 그들에게 전도하는
것이 아니던가?
40 남의 교회요, 남의 성전에 가서 거기
서 몸담아 깨우쳐 더불어 가는 자들까
지 빼어 가려는 그와 같은 행위를 한
다는 것은 이것이 얼마나 추하고 더러
운 짓인가?
41 이를 더는 볼 수 없음이니라.
42 이 세상의 어떤 생명체를 가진 동식물
도 그와 같은 행위를 하지 아니하나니,
43 오로지 나의 백성만이 그런 짓을 하며,
44 그것도 순박하게 살아가는 백성이 하
는 짓이 아니요, 하늘에 오르는 길이
요, 위대하신 몸이요, 하늘에 오름을
선택받았다 생각하며 세상에 부족함
이 없이 영화롭게 살아갈 수 있다는
너희가 그와 같은 행위를 하고 있음이
니,
45 너희가 0점 이하의 인간 생활을 하고
있으며, 인간의 도리도 하지 못하고
살아가는 그와 같은 자들이,
46 어찌 인간의 도리를 넘어야만 올 수
있는 하늘에 오르는 길이요, 영광스러
운 축복의 그 길로 만백성을 인도한
다고 그리 떠드는가?
47 너무나도 추하고 썩은 냄새가 세상을
다 덮었으며 하늘까지도 그 냄새가 진
동함이니,
48 이를 다 쓸어버리고 태워 버리고 묻어
버리려 하는 것이 나 여호와의 뜻임을
너희는 알아야 할 것이니라.
49 너희는 인간 세상에 살아가면서 성전
이라 지은 그 교회의 넓고도 넓은 마
당에 백성이 와서 같이 놀고 즐기는

것까지도 못 하게 하는 자들이니, 그
성전의 문은 항상 열려 있어야 하는
것이 아니던가?
50 교회의 문이라는 것은 잠겨 있어서는
안 되며, 그 마당 또한 열려 있어야 한
다고 내가 1부의 법전에서 말하였음
이니라.
51 그러나 너희는 모든 시설의 문을 잠그
며, 사람을 두어 아무도 들어오지 못
하게 관리하며,
52 시도 때도 없이 찾아와 기도하고 깨달
음을 얻고자 하는 백성을 위하여, 지
나가는 나그네가 하룻밤을 유하기 위
하여, 지나가는 나그네가 고달프고 힘
들어 그 죄를 용서받고자 하여 와서
기도하고 싶어하는 그들에게 그 문을
열어 주지 아니함이니라.
53 그뿐이던가?
54 좋은 음식을 먹고 배설하는 행위가 급
하고 급할 때 사용할 수 있는 화장실
이라는 그 문까지도 걸어 잠그며, 많
은 사람이 그를 자유롭게 사용할 수
없도록 만들어 놓은 것이 그와 같은
너희의 사악한 행위니라.
55 공원의 관리실의 사무실에도 그 화장
실은 열려 있으며 노인정이라 하여 노
인들이 모이는 그 조그만 곳에도 그
화장실의 문은 열려 있는 것이 너희
인간 세상의 보통 사람들이 살아가는
그와 같은 상식이요, 행동이 아니던가?
56 제 식구만이 그 교회의 마당에 올 수
있으며 제 식구만이 그 알량한 화장실
이라는 것을 사용할 수 있도록 문을
걸어 잠그는 그와 같은 너희가 어찌
나의 뜻에 따라 살아가는 백성이며,
57 나의 피조물 만백성에게 하늘에 오른
다 하여 평생 각종 헌금이요, 감사 헌
금이라 하여 거둬들이는 그와 같은 무
서운 행위를 하고 있는가?
58 그러고도 너희가 정녕 나에게 오르는
백성이요, 나로부터 선택된 백성이요,
나에게 명받은 백성이라 그리 말하는
가?
59 종교 지도자 너희는 나의 이름을 찾
지도 말며 나의 아들 예수의 이름을
부르지도 말며 감히 그 보혈로써 구원
을 받았다 하는 얘기도 하지 말라.
60 너희가 악쓰는 추한 모습을 이제 내
가 다 단죄하고자 하는 마음을 굳혀
가고 있음을 알라.
61 이제 시간과 기회가 없음이니라.
62 너희가 지금이라도 나의 법전을 읽고
깨우쳐 그 지옥에서 뛰쳐나오는 자는
목숨을 바치고 나에게 뛰쳐나온 자들
이니 내가 거둘 것이요,
63 그렇지 않은 자는 내가 들여다보지
아니한다는 것을 너희는 알아야 할
것이니 그리 알라.

5,553 번째 하나님 말씀

2003년 3월 17일 08시 05분

1 사랑하는 나의 아들아!
2 "네, 아버님! 말씀하옵소서."
3 네가 바로 서고자, 바로 살고자 하며,
4 위로는 나 여호와에게 한 점의 부끄러
움 없는 삶을 살며, 아래로는 너를 따
르는 제자들에게 한 점의 부끄러움이
없는 모습으로써 살고자 하며,
5 그리고 만백성이 너를 갈기갈기 헤쳐

보았을 때 한 점 부끄럼 없는 삶을 살
고자 네가 오늘 흘리는 그 눈물의 뜻
을 나 여호와는 아느니라.
6 네가 심장이라도 도려내어 남에게 주
고 싶어 하는 마음, 너의 모든 것을 다
뜯어서 남을 위해 던져 주고 살고 싶
어 하는 그 마음을 나는 알고 있느니
라.
7 네 맥박을 뛰게 하는 네 심장을 뜯어
서 그를 떼어내 남에게 주고자 하는
그 굳은 마음이요, 그 사랑하는 마음
이 바로 나의 아들 예수가 그 죽음에
임할 수 있었으며 그 고통 속에서 견
딜 수 있었던 삶이었음이니라.
8 한 점의 부끄러움이 없는 삶을 살고자
하는 것이 나를 기쁘게 하며 나를 바
라보는 삶이라 생각하고 살아갈 때,
9 너는 죄를 짓지 아니할 것이며, 한 점
의 부끄러움이 있는 삶을 살지 아니할
것이며,
10 네 심장을 뜯어 모두를 남에게 주고
싶어 하는 그 마음은 네가 어떠한 고
통이요, 어떠한 죽음 앞에서도 의연해
질 수 있는 것이니,
11 그게 바로 나의 아들 예수가 그 길을
선택했었던 근본의 심성이며 뿌리니
라.
12 울지 말라, 사랑하는 아들아!
13 네가 심장을 떼어서 남에게 주고 싶으
며 남을 위해서 할 수 있다면 하고 싶
어 하는 네 순수한 마음이요, 아름다
운 그 마음을 보는 나 여호와의 기쁨
은 이루 말할 수 없으며,
14 이제 모든 것을 네가 다스려 가며 갈
수 있는 것을 네가 알고 있음이니, 너
는 그리 행하며 가면 될 것이니라.
15 눈물을 거두라.
16 운다 하여 네 마음이 편할 리가 없으
며, 네가 눈물을 흘린다 하여 오늘의
네 아픈 마음이 씻어지지 아니할 것이
며,
17 네 심장이라도 떼어 남에게 줄 수 있
는 그와 같은 마음으로써 행하지 못하
는 것, 또한 네가 일찍이 깨우치지 못
했던 그 모든 마음 자세가 네가 오늘
아파하는 그 눈물의 대가임을 알고 있
음이니라.
18 장하도다, 사랑하는 나의 아들아!
19 네 모든 것을 다 주고 싶은 마음이야
말로 그것이 사랑이니, 네 심장을 떼
어 남에게 주고자 하며 준다 할 수 있
을 때 네가 남을 위해 무엇을 못 하겠
는가?
20 그것이 곧 사랑을 실천하는 길이라는
것을 잊지 말라.
21 사랑하는 나의 아들아!
22 그 위대한 마음이요, 그 사랑의 숭고
함이 천사의 마음이요, 나의 성령의
뜻이라는 것을 알라.
23 그리고 네 마음을 너의 제자들에게 전
하여 그들 또한 그와 같은 마음을 갖
고 살아가도록 그들에게 깨달음을 가
르쳐 주라, 사랑하는 나의 아들아!
24 사랑하는 나의 아들아!
25 "네, 아버님! 말씀하옵소서."
26 나 여호와가 너희에게 무어라 가르쳤
는지 알고 있느냐?
27 내가 너희에게 일찍이 그리 가르쳤느
니라.
28 인간 세상에서 살아가는 가장 값진 것

이요, 가장 당당한 모습은 무엇이라
말하였던가?
29 정의로우며 진실한 삶을 사는 것이라
내가 그리 말하였음이니라.
30 정의롭고 진실한 삶을 사는 것보다 더
소중하며 위대한 재산은 없으며, 그보
다 더 영광이라는 것은 없다고 너희에
게 그리 말하여 가르치지 아니하였던
가?
31 이는 곧 무엇이더냐?
32 내가 너희에게 심어 준 원심을 가지고
그 양심 속에서 살아가는 것이 참진리
요, 정의로운 마음이라 하였음이니라.
33 그리하여 내가 내려 주었던 원심이요,
그 양심에 거리끼지 아니하며 양심에
부끄러운 짓을 하지 아니하고 사는 것
이 가장 영광된 삶이라 나 여호와가
그리 말하였음이니라.
34 그리하려면 너희는 노력해야 하며 노
력한 대가로써 무엇을 이루며 너희 자
신을 다스리며 너희 가족을 다스려야
하느니라.
35 그리고 너희가 노력하여 얻는 것이 남
고 여유가 있을 때, 그를 쪼개어 남에
게 베풀며 나누며 사는 것이 사랑의
강도라 내가 그리 말하였음이니라.
36 그 사랑의 강도가 깊고 낮음은 너희가
어디까지 쪼개 살며 어떠한 환경까지
나누며 사느냐에 달렸다 말하지 아니
하였던가?
37 그러니 너희는 여기서 한번 들여다보
며 깨우쳐 보라.
38 모든 인간에게 사랑을 베풀며 나눔을
베풀며 살아간다고 말하며 그리 가르
치는 종교 집단의 그 지도자들은 과연
어찌 살아가는 것인가를 내가 일찍이
깨우쳐 전하지 아니하였던가?
39 노력하여 스스로 벌지 아니하며 무엇
을 이루지 아니하는 자는 먹지도 말며
먹을 자격이 없는 자라 내가 그리 말
하지 아니하였던가?
40 노력하지 아니하는 자가 어떻게 저
자신을 다스릴 수 있으며, 제 가족을
부양할 수 있으며, 남들에게 죄를 짓
지 아니하며, 남들에게 누가 되지 아
니하며 살아갈 자격이 과연 있다고
말할 수 있겠는가?
41 노력하여 무엇인가를 얻지 않는 자,
노력하지 아니하는 자는 저 자신이요,
제 가족을 부양할 자격도 없으며 그
자격을 갖추지도 못한 자라 내가 그리
말하여 인간의 도리를 다 못 하고 사
는 그와 같은 백성이라 말하지 아니하
였던가?
42 인간 세속에 살면서 저 자신을 다스리
며 제 가족을 다스리며 저를 바라보고
사는 사람들이 부족함이 없이 남들만
큼 살 수 있는 길을 위해서는 너희가
피나는 노력으로 열심히 일하여 거둬
들이고 얻지 아니하면 그 길을 갈 수
없으니, 너희가 얼마나 열심히 일하며
얼마나 열심히 노력하고 있는가?
43 노력하지 아니하는 것은 남에게 폐를
끼치고 살아가는 삶이요, 너희가 정상
적인 삶을 살기 위해서도 이 세상에
서 피나는 노력을 하며, 쉬지 않고 일
해야 하느니라.
44 그러나 노력하지 아니하고 일하지 아
니하며 손끝 하나 움직이지 아니하고
남의 것을 거둬들여 제 처자식과 호의

호식하며 제왕처럼 살아가고자 하는 자들이,

45 저희 손으로 지은 성전을 더 크고 아름답게 꾸미고자, 저희가 설교하는 교회요, 성전이라 하는 것을 그 누구도 따라올 수 없을 만큼 위압적이고 호화롭게 꾸미기 위하여 거기다 거둬들이고 긁어모으는 그와 같은 종교 지도자, 과연 그들의 삶은 어떠하던가?

46 일을 해도 살기가 어렵고 힘든 이 세상의 삶 속에서 일하지 아니하고 손끝 하나 움직이지 아니하며 그저 입으로써 수다 떨며, 나의 피조물 만백성을 말로써 현혹하여 거둬들이는 그와 같은 행위를 하고 사는 자들은 강도보다도 더하며,

47 칼 든 강탈자보다 더한 사악한 자들이니라.

48 남의 목에 칼을 대고 재물을 뺏어 가는 그보다도 더 흉악한 자들이니라.

49 일하지 아니하고 노력하지 아니하면 살아갈 수 없는 이 세상에서, 일하지 아니하고 남들이 피땀 흘려 노력하여 거둔 것을 세 치 혓바닥으로써 거짓으로 현혹하여 그들의 물건을 거둬들여 호의호식하며 처자식을 부양하고 저 자신을 지키고 살아가며,

50 그리고 더 큰 성전이요, 아름다운 교회를 지어 그 속에서 위용을 자랑하고자 하는 그와 같은 사악한 자들에게 어찌 진실한 삶이 있으며 아름다운 삶이 있으며 양심적으로 살아가는 것이 있겠는가?

51 그들은 양심도 없으며 인간의 도리인 원심은 파괴되어 있으며 원심을 바라볼 수 없는 자들이니라.

52 그와 같은 짓을 하고 살면서도 부끄러움을 모르며 하나의 거리낌도 없이 살아가나니, 그들을 바라보는 나 여호와의 심정이 어떠하겠는가?

53 지금의 종교 지도자들의 실태가 다 그러하니라.

54 저희는 노력하지 아니하며 하나도 일하지 아니하고 남의 것을 입으로만 그저 빨아먹는 그와 같은 사악한 벌레만도 못한 자가 되어 있음이니라.

55 그러니 그 속에 무슨 사랑이 있고 그 속에 무슨 구원의 길이 있겠는가?

56 그들은 사랑을 모르며, 어려운 자를 바라볼 줄 모르며, 노력하여 거둬들이는 자의 수고로움을 모르며, 노력하여 얻는 것이 어떤 것인지 알지 못하기 때문에,

57 겸손을 모르고 사랑을 모르며 그저 세 치 혓바닥으로 현혹하여 거둬들이는 것에만 혈안이 되어 있음을 너희가 알아야 할 것이니라.

58 그것이 오늘날 그들의 형태이니라.

59 그러니 그들이 어찌하여 밝은 모습으로, 밝은 웃음으로써 살아갈 수 있겠는가?

60 남의 것을 거짓되게 거둬들이며 어떻게 뺏을 것인가 그것만 연구하는 자가 그들이니라.

61 그와 같은 사악한 자들 앞에 무엇을 얻겠다고 재물을 바치며 울고불고 광란의 짓을 하는가?

62 이제 중단하라.

63 너희가 그리 더 이상 가다 가는 영영 헤어나지 못함이니라.

64 너희가 숨을 거둬 육이 한 줌의 흙으
로 돌아갈 때까지 나의 법전을 접하지
아니하며 볼 기회마저 잃는다면, 그보
다 더 억울하고 분하며 큰 것을 잃는
것은 없을 것이며 그보다 더 큰 실패
는 없다는 것을 알아야 할 것이니라.
65 얼굴에 땀 흘려 일하는 수고로움을 모
르는 자는 노력하는 자의 어려움을 모
르며, 남의 재물의 소중함을 모르며,
남이 가진 것이 얼마나 귀한 것인지
모르느니라.
66 그저 남이 가진 소중한 재물이요, 그
문서만을 갈취하려고 눈을 번뜩이니,
67 혀를 두 개 가진 그 동물의 눈보다도
더 사악하며 무섭게 빛나는 것이 그들
이니라.
68 너희가 그 빛 속에 말려들며 그 혓바
닥에 현혹되면 너희 자신이 잡아먹히
는 개구리 신세가 된다는 것을 잊지
말라.
69 그리하여 궁핍하고 어려운 자의 고통
을 모르며, 하나의 지폐를 내고자 몇
십 리를 걸어오는 그와 같은 불쌍한
신도요, 성도들의 마음을 모르는 것이
그들이니라.
70 재물을 쉽게 거두는 것만을 연구하는
자들이며, 그 수단과 방법이 얼마나
사악한지 하늘에 있는 천사들도 그들
의 사악한 방법에 놀라며,
71 사탄의 우두머리인 저희가 대장이라
부르는 사탄들도 그들이 재물을 거둬
들이며 사악한 짓을 하는 것에 입을
벌리고 다물지 못하는 것이니라.
72 그러니 나 여호와인들 어떠하겠는가?
73 나 여호와가 지금 이 시간도 인간에게
지혜를 높이 준 것을 괴롭게 생각하며
그를 후회하느니라.
74 다만, 나의 법전을 읽고 깨우쳐 새로
운 시대를 열며 하늘의 천국을 지상에
이루고자 하는, 너를 따르는 제자들과
나의 법전을 읽고 깨우친 백성이 있기
에 내가 인내하고 참고 있음이니,
75 나 여호와가 이 고통을 어디까지 인내
하며 오늘의 이 아픔을 어디까지 다스
려야 하며 나 여호와가 어디까지 후회
를 하고 견뎌야 하겠는가?
76 그것은 너와 너의 제자들과 법전을 읽
고 깨우쳐 새로 태어난 생명의 백성,
그들이 이루는 길이요, 그들이 역사하
는 길밖에 없음을 너희는 가슴 깊이
새겨,
77 너희가 완벽한 백성으로 성장하는 데
최선을 다하도록 그리하라.

5,554 번째 하나님 말씀

2003년 3월 17일 09시 43분

1 사랑하는 나의 아들아!
2 "네, 아버님! 말씀하옵소서."
3 시험이라는 것을 보는 학생이 서두르
면 정답을 알면서도 기록하지 못하고
오답을 기록하여 평생 후회하는 실수
를 하게 됨이니라.
4 그러니 모든 일에 서두르지 말아야 할
것이며, 서두르면 실패함을 알아야 할
것이니라.
5 바른길이요, 정도를 가는 길도 너희가
급히 서두르다 보면 그 길을 놓치게
되며 돌고 돌아가는 길을 선택하는 그
와 같은 우를 범할 수 있는 것이니라.

6 이제 나 여호와의 진리요, 참진리의
뜻이요, 만백성을 구하는 나의 성경이
요, 나의 법전을 세상에 전하는 너희
는 서두른다 해서 될 것이 아니니라.
7 빨리 가며 열심히 일하면 빨리 역사하
는 것은 당연한 것이나, 서둘러서는
안 되니라.
8 안전한 궤도요, 정상적인 위치에서 부
지런히 일하고 부지런히 노력하는 것
은 너희가 나의 법전을 세상에 전하는
데 도움이 되나,
9 너희가 차분하지 못하며 성급하게 서
두르며 급하게 서둘다 보면 그 길을
제대로 보지 못하여 실수를 연발할 수
있음이니라.
10 그러니 성급하게 서두르지 말며, 앞질
러 가는 행위를 너의 제자들부터 다스
리도록 해야 할 것이며,
11 자중하는 속에서 너희의 의지를 모아
하나의 길을 선택하여 나에게 경배하
고 기도하여 나의 답을 받아 행해야
함을 잊지 말라.
12 너희가 그와 같이 서두르고 성급하게
하다 보면 모두를 다 그르치게 됨이니
라.
13 그러니 서두르지 말라.
14 서서히 너희가 역사하며 조용히 물이
흘러 스며들듯이 그와 같은 방법으로
써 나의 법전을 세상에 전하며 만백성
을 구하는 역사로 가야 할 것이니라.
15 지금 수십억의 인구 중에서 지금 가
는 믿음에서 육의 행복을 느끼며 육의
삶의 즐거움을 얻고 사는 자들도 있으
며, 세상에 부족함이 없이 살아가는
백성이 있으니,
16 그들을 하루아침에 돌려놓고자, 그들
을 하루아침에 깨우치고자 나의 법전
을 손에 전하여 그들이 감명을 받고
깨달으며 나 여호와의 뜻이라는 것을
그들에게 깨우쳐 주며 그들이 얻기를
바라는 것은 너희가 성급하게 서두는
것이며 무리함이니라.
17 무리수를 두는 것이니 잊지 말라.
18 모든 면에서 되지 않는 것을 의욕만
앞설 때 실패를 거듭하며, 그렇게 실
패를 거듭하다 보면 아무리 유능한 자
요, 능력 있는 자도 수습할 수가 없음
이니라.
19 처음부터 다스려 기초를 단단히 해 놓
고 서서히 흘러가야만 모두를 이길 수
있으며 승자가 될 수 있음을 알라.
20 아무리 그 분야에 최고의 권위를 가진
자라도 한 번의 실수요, 성급히 서두
르다 보면 모두를 망치는 것이며, 평
소 실력도 발휘하지 못하는 것이 인간
너희이니,
21 흥분하며 서둘러서는 아니 됨이니라.
22 서서히 그리 가도록 하라.
23 너무나도 뿌리가 깊고 너무나도 넓고
깊이 박혀 있는 지금 그들이 속해 있
는 종교에 모든 것을 바치고 거는 그
들을 하루아침에 돌린다는 것은 그리
쉽게 되는 것이 아니니라.
24 서서히 물 흐르듯이 스며들어야 할
것이니라.
25 젖는 줄을 모르며 젖어 가듯이, 깨닫
지 못하며 보지 아니하며 거부하는 듯
하면서도 저희가 나의 법전이 좌우에
깔린 그걸 보지 아니할 수 없도록 스
스로 그들이 젖어 들어 갈 수 있도록

그와 같은 방법으로써 나의 피조물 만
백성을 깨우치고 인도하고 이끌어 가
야 하는 것이 너희이니 서두르지 말
라.
26 서두르면 시험 보는 학생이 정답을 알
면서 기록하지 못하여 평생 후회하는
인생의 전환점을 만들 수 있는 그와
같은 오판을 할 수 있음이니라.
27 그러니 서서히 가고 완벽하게 서서히
가도록 하라.
28 그저 물이 스며드는 것처럼 보이지 아
니하고 스며들듯이, 그와 같이 너희가
느긋하게 생각하며 그리고 완벽한 삶
을 사는 그 속에서 나의 법전의 역사
를 이루는 그와 같은 생활로 계획하여
가도록 그리하라, 사랑하는 나의 아들
딸들아!

5,555 번째 하나님 말씀

2003년 3월 17일 09시 49분

1 사랑하는 나의 아들아!
2 "네, 아버님! 말씀하옵소서."
3 선함을 행하면 선함만이 보이게 되니,
선함만이 보이는 자는 어찌하겠는가?
4 선함을 쉽게 접할 수 있고 선한 행동
을 할 수 있는 것이 너희가 살아가는
습성이며 너희 마음이니라.
5 악함을 행하는 자는 악함만을 보게 됨
이니, 그는 악함을 행함에 주저 없이
계속 악행을 하게 되니 그게 바로 구
원이 아니요, 지옥으로 가는 열차를
타고 가는 행위라 내가 그리 말하지
아니하였던가?
6 너희의 가슴에는 원심이 있으며 아름
다운 마음을 가지고 있음이니라.
7 한 송이 피어 있는 꽃보다도 아름다운
향기요, 아름다운 모습으로써 마음이
준비된 것이 너희이니, 그 마음을 찾
으라는 것이 나 여호와이니라.
8 그리되면 사랑하는 마음을 갖게 될 것
이며, 사랑하는 마음은 계속 사랑하는
마음을 낳게 된다는 것을 너희는 알고
있어야 할 것이니라.
9 사랑하는 마음으로 자리를 잡으면 그
사랑하는 마음은 사랑하는 마음의 씨
앗을 계속 낳게 됨이니, 사랑하는 마
음에서 사랑하는 행동으로 이루어지
고 변화되는 것이 너희의 삶이며 너희
의 마음 자세라는 것을 알아야 할 것
이니라.
10 그리하여 사랑하는 마음을 갖기가 중
요하며, 사랑하는 마음을 갖고 행하다
보면 너희는 계속 사랑하는 행동이요,
마음 자세가 그리 변하게 되니,
11 그게 바로 이 세상에 천국을 이루는
것이며 지상에 천국을 역사하는 것이
라는 것을 너희는 알아야 할 것이니라.
12 남이 너희를 핍박하고 욕할 때, 열 번
이고 백 번이고 참았을 때 그들은 감
명을 받을 것이며,
13 참고 참는 그 인내에 저희는 도저히
참을 수 없는 것을 참고 넘어가는 너
희를 보고 그들은 너희에게 미소를 지
을 것이며, 너희에게 손을 내밀 것이
며, 화합의 장을 만들고자 하는 것이
그들일 것이니라.
14 그러니 내가 일찍이 깨우쳐 주지 아니
하였느냐?
15 오른뺨을 때렸을 때 왼뺨을 슬그머니

내미는 그와 같은 마음이요,
16 너희를 때렸을 때 그것을 악으로 받는
것이 아니요, 웃음으로써 그를 대하
며, 너희를 때린 그 손을 웃으면서 만
져 줄 수 있는 그와 같은 마음을 가지
고 산다면, 그들은 결국 너희에게 굴
복할 것이며 너희 뜻을 따라올 수 있
지 않겠는가?
17 그와 같이 너희가 어떠한 사람이든
사랑으로써 인내하고 견디고 갔을 때,
그들은 그와 같은 행위를 할 수 없음
이니라.
18 오른빰을 때린 자에게 왼빰을 내밀며,
너희 빰을 때린 손을 어루만지며 그
아픔을 걱정하는 그와 같은 너희를
보고 그들은 굴복하게 될 것이며 너희
를 따르게 될 것이니라.
19 그리고 그들은 물을 것이니라.
20 '사람이 어찌 그와 같이 인내하며, 그
렇게 사랑할 수 있으며, 그와 같이 용
서해 줄 수 있는 마음 자세가 어디서
나오며, 선생은 어디서 배웠느냐?' 그
리 말할 때 너희는 아무런 말이 필요
없느니라.
21 조용히 '하늘에 오르는 길'이요, '하나
님! 말씀하옵소서' 이 법전 한 권을 그
손에다 조용히 집어 주었을 때,
22 그것을 받는 자가 어찌 받기를 거절
할 것이며, 그를 사탄이요, 이단의 글
이라 말하며 어떠한 백성이 그를 읽기
를 주저하겠는가?
23 그리고 그는 글을 읽고 감명의 눈물을
흘리게 될 것이며, 너에게 감사할 것
이며, 너를 때린 그 손의 부끄러움을
알게 될 것이며, 그리하여 그는 너를
따르게 될 것이니라.
24 서로 말로만 사랑하지 말라.
25 너희가 지금 말로만 사랑하기에 세상
이 황폐해졌으며 메말랐으며,
26 너희는 말로만 사랑하는 자들의 그 행
동을 보기에 모든 백성이 누가 뭐라
말해도 믿지 아니함이니라.
27 이제 너희는 말로 사랑하는 나의 백성
이 아니요, 마음으로 사랑하는 백성이
되어야 할 것이며,
28 마음에서 행동으로 하는 사랑을 베풀
고 살아가야 한다는 것을 알라.
29 그리했을 때 나의 법전이 세상을 덮는
것은 일순간일 것이니라.
30 이제 너를 버리고, 욕심을 버리며, 이
기심을 버리며,
31 자신의 주장을 버티고 지키려 하며 관
철하려는 그와 같은 마음을 버리고 사
는 그때가 이 땅에 천국이 건설되는
것이며,
32 너희가 가는 길이 바로 그와 같은 길
이요, 그 역사를 하기 때문에 너희가
가는 길이 고통의 길이요, 훈련의 길
이요, 그 누구도 넘을 수 없는 길이라
하느니라.
33 그리하여 어렵고 힘든 고행의 길이라
하였음이니,
34 바로 너희가 그와 같은 마음 자세로
살아가야 하기 때문에 나에게 오르는
길이요, 나를 따르는 선택된 백성의
삶은 고통과 고통의 연속이라는 것을
내가 너희에게 말함이니라.
35 그러나 너희가 이 고비를 넘기며 사랑
을 베풀 수 있는 마음자리가 잡히며
너희가 사랑을 몸소 실천할 때, 그것

이 또한 너희의 행복이며 가장 큰 기
뿜으로 느낄 것이며,
36 그때는 이미 나를 보게 되며, 나의 음
성을 듣게 되며, 나에게 올 수 있는 확
신을 알고 있으며, 내가 너희를 가슴
에 안는 그 형상을 보게 될 것이니 그
리 알라.

5,556 번째 하나님 말씀

2003년 3월 17일 09시 59분

1 사랑하는 나의 아들아!
2 "네, 아버님! 말씀하옵소서."
3 인간 세상에서 재물이요, 모두를 주고
받는 것은 증서가 있으며 또한 이유
가 있어야 주는 것이니라.
4 그리고 너희는 그를 또 근거하여 또
계산하며 살아가는 것이 아니던가?
5 그러나 지금의 종교 집단이라는 그들
은 무엇이던가?
6 증서가 없으며 영수증이라는 것이 없
으며 세금계산서 같은 것도 주고받는
것도 없이 그저 거둬들이기 시작하며
그 역사가 이루어진 것이 바로 언제부
터 시작되었는가?
7 이 땅에 종교 집단들이 들어오면서 그
와 같은 뿌리가 내려지기 시작하였으
며 이 세상이 그리 변화되었음이니라.
8 그리고 끝도 없이 거둬들이는 것이 너
희가 아니던가?
9 그리하여 그와 같은 추하고 더러운 뿌
리가 세상에 내려져 이 세상을 오염시
켰으니 거기서 어떠한 형태가 이루어
졌던가?
10 모두를 가르치는 선생이라는 자들은
다 물질 만능 시대로 만들었으며, 그
시대 속에 사는 것을 자랑으로 생각하
였으며,
11 그 금전은 당연히 거둬들이는 것이라
하여 선생까지도 다 그렇게 말살시켜
놓은 것이 너희의 그 뿌리로부터 오염
된 것이라는 것을 너희는 과연 알겠는
가?
12 지금의 나의 사랑하는 백성을 가르치
는 교육장에서는 어찌하는가?
13 금전이라는 것이 오고 가는 그 뿌리가
정착되어 당연시되고 있으며,
14 배우는 학생이라는 자들이 스승을 우
습게 보도록 그 인성을 다 짓밟아 버
려 놓았으며, 또한 그 제자를 다스리
기 위한 사랑의 매를 잃은 그 선생이
라는 자를 저희의 법에 항소하며 법에
위탁하며 그를 처벌하고자 하여,
15 그들을 다스리는 법관을 앞에 내세워
그들에게 협박하는 그와 같이 추하고
더러운 세상이 되었으며, 인간의 원심
을 찾아볼 수 없는 그와 같은 세상이
되었느니라.
16 학부모라는 자의 눈치를 보는 것이 선
생이며, 선생은 학부모가 바치는 그
금전의 봉투에 따라 자기의 의지를 버
려야 하며,
17 그 풍습과 악습이 이 땅에 잘못 뿌리
를 깊이 내렸으며,
18 그를 따르지 않는 자는 바보가 되는
것이며 그를 따르지 않는, 이 시대의
깨끗한 선생은 뿌리를 내릴 수 없는
이와 같은 물질 만능의 세상으로 되어
버리고 추한 세상으로 만든 것이 바로
지금의 종교 집단이니,

19 너희가 이 세상을 오염시키지 아니하
였더라면 이와 같은 역사가 이루어지
지 아니하였을 것이니라.
20 너희로부터 추하고 더러운 관습이요,
습관이 오염되어 세상에 전하여졌으
니, 모든 지도자요, 남들을 가르치는
자들은 그저 받아들이는 데만 연연하
는 그와 같은 잘못된 세상이 만들어졌
음이니라.
21 그리하여 선택되지도 않은 종교 지도
자요, 나로부터 명받지도 않은 종교
지도자, 너희가 나로부터 명받으며 내
뜻에 따라 움직이는 그와 같은 자라
하여 지금 나의 피조물 만백성을 이끌
어 가고 있음이니,
22 너희의 그 폐단으로 인하여 내가 원하
는 원심의 나의 백성의 마음을 돌리고
자 하나 그를 돌리지 못하며 그를 바
로잡지 못하는 이와 같은 세상이 되었
음이니라.
23 아름다운 원심으로 살아가는 나의 백
성을 그 원심을 저버리며 욕심에 눈이
어두워 육의 편안함이요, 남들에게 지
지 않는 사행심이요, 욕심만을 너희가
길렀으며, 이기심으로 뭉친 나의 백성
으로 만들어 놓았음이니,
24 인성이 무너지는 그 폐단의 근본이요,
그 원흉이 바로 종교 지도자 너희가
흐르는 그 속에서 그와 같이 이루어
졌음을 알라.
25 영수증 하나 없이 거둬들이며 그것을
당연한 것처럼 살아가는 자, 그리고
밑도 끝도 없이 그저 죽을 때까지 거
둬들이는 가장 증오스러운 자며 가장
사악한 자에게 너희가 오염되어,
26 이 지상의 많은 백성을 가르치는 선생
이라는 자들도 그들의 부모요, 그 주
변 사람으로부터 주는 그 봉투의 두께
요, 선물의 크고 작은 가치에 따라서
그들의 양심까지도 팔아 버리는 이 무
너지는 세상을 만든 것이 종교 지도자
너희라는 것을 알아야 할 것이니라.
27 그리하여 내가 너희를 단죄하고자 하
며 너희를 지금 다스리고자 함이니라.
28 너희 같은 종교 집단이 이 세상에 존
재하는 한 나의 사랑하는 백성이 내
가 세상에 내려보냈던 그 원심이요,
아름다운 마음이요, 고운 마음으로 바
로 설 수 없으며 그들이 갈 수 없기에,
29 내가 너희를 단죄하고자 지금 나의 아
들을 통하여 160권의 법전을 세상에
내려보내며,
30 이가 세상을 덮었을 때 이를 보고 깨
우치지 아니하였을 때, 너희가 지금
살아가는 그 방법을 반대 방향으로써
바라보며 반대 방향의 삶을 가고자 하
는 그 노력이 없을 때,
31 너희는 영원히 사는 다음 세상에 오지
도 못하며 보지도 못하며 지옥 불로
가 영원히 허덕이는 그 무섭고도 상상
할 수도 없는 고통의 삶으로 간다는
것을 잊지 말라.
32 내가 160권의 법전에 너희가 지옥과
천국의 갈림길에서 어느 길을 선택하
느냐 하는 것은 너희의 육의 삶에 달
렸으며, 오늘의 지상의 삶에 달렸다
수천수만 번을 반복하고 또 반복했거
늘,
33 이 말이 얼마나 소중한가를 생각하지
못하는 백성 너희는 상상을 초월하는

대가를 치를 것이니라.
34 너희가 펄펄 끓는 그 물속에 들어갈
때 들어가지 아니할 수도 없으며, 그
물속에서 너희가 피할 수도 없으며,
35 너희가 들어가지 아니하면 아니 되며
꼭 들어가야 하며 들어가지 아니할 수
없는 그 상황이 되었을 때, 너희가 타
는 불에 들어가야 하는 그곳에서 한
발짝도 물러날 수 없음을 알 것이니라.
36 자기 자신을 위해서 살아가는 그와 같
은 삶에 다 빠져 있는 것이 지금의 형
태이니라.
37 그리하여 사랑하는 나의 백성으로 하
여금 이 자연 속에서 아름다움을 느끼
며 웃음과 행복 속에서 살아갈 수 있
는 그 웃음을 다 너희가 빼앗아 갔으
며, 참다운 행복이요, 아름다운 권리
마저도 너희가 다 빼앗아 갔으며,
38 그들을 시련과 고통 속으로 이끌어 가
며 그들을 고통 속에 살아가게 한 것
이며,
39 그리고 남을 시기하며 남을 질투하며
남을 의심하며 남을 믿지 못하며 인간
과 인간끼리 믿지 못하니,
40 인간이 인간을 보는 것을 가장 두려워
하며 공포 속에서 살고 있으며,
41 사람을 봄으로 나에게 어떠한 피해를
주지 아니할까, 그리고 나에게 어떤
가격을 하지 아니할까, 그로부터 상처
를 입지 아니할까 하여 마음의 의심이
요, 의심의 마음으로 그득히 차 있는
이와 같이 흉악한 마음이요, 황폐한
마음으로 만든 것이,
42 또한 그 모든 죄는 이기심의 전염병이
라는 그 병폐를 만연시킨 종교 지도자
요, 너희의 책임이라는 것을 알라.
43 너희가 재물을 거둬들이는 그 욕심이
없으며, 더 큰 성전을 짓고자 하는 욕
심이 없으며, 안락한 생활을 하며 편
안한 생활을 하고자 하는 그와 같은
행위가 없었더라면,
44 너희가 재물을 긁어모으는 데 생각을
두지 아니하며 재물을 긁어모으지 아
니하고 내가 내려 준 그 양식으로써
살아갈 수 있는 그와 같은 마음으로
너희 믿음의 종교 지도자요, 집단으로
섰다면 오늘과 같은 이 험악하고 무서
운 세상은 없었을 것이니라.
45 너희가 큰 성전에서 많은 신도를 모아
놓으며 많은 재물을 거둬들이는 그만
큼 세상은 황폐해져 가며, 너희는 죄
를 짓는 것임을 알라.
46 그것이 지금 너희가 이루는 역사며,
47 구원의 길이 아니요, 하늘에 오르는
길이 아니요, 나에게 인도하는 역사가
아님을 너희는 알아야 할 것이니라.
48 큰 성전이요, 큰 인원을 가진 자, 큰
재물을 거둬들이는 자, 그것이 나로부
터 더 큰 사탄이요, 거역함이요, 나의
뜻에 순종하지 않는 자요, 하늘에 오
르는 길이 아니요, 지옥의 길로 향하
는 너희이니,
49 재물을 거둬들이는 일을 중단하는 그
순간에 너희가 바로 깨어남이며, 나의
뜻에 사는 나의 아들딸로서 내 품에
올 수 있다는 것을 잊지 말라.

5,557 번째 하나님 말씀

2003년 3월 17일 18시 03분

1 (녹음 실수로, 기도 앞부분이 지워졌습니다. -녹음테이프 369번)
2 ......알고 이해하며 그를 따르고 지키는, 그를 본받아 행하고 실천하는 그 길밖에 나에게 오를 수 없다는 것을 다시 한 번 깊이 강조함이니, 그를 깨달아 너희가 삶의 지표로 삼도록 그리 하라.
3 이를 벗어나서 행동하는 자는 구원이 있을 수 없으며 천국의 문에 들어설 수 없음을 알아야 할 것이니라.
4 오로지 나의 나라에 올 수 있으며 내 품에 올 수 있는 것은, 나의 아들 예수가 행했던 그 모든 것을 그대로 하나부터 열까지 본받는 그와 같은 삶이 아니면 나 여호와를 볼 수 없다는 것을 너희는 알아야 할 것이니라.
5 너희가 나의 아들이 행했던 그 삶을 그대로 따라서 행하며 나의 법전에 내리는 그 내용을 지키고 그리 행하고 살 때,
6 너희가 나 여호와를 알게 될 것이며, 나의 진실을 알게 될 것이며, 내 진실한 빛을 보게 될 것이니라.
7 그렇지 아니하면 너희가 나를 볼 수 없으며, 내 마음을 알 수 없으며, 내가 이루고자 하는 그 뜻을 알지 못함이니,
8 너희는 나와 관계없는 자식이라 내가 그리 말함을 명심해서 깨우치도록 그리하라.

5,558 번째 하나님 말씀

2003년 3월 17일 18시 08분

1 사랑하는 나의 아들아!
2 "네, 아버님! 말씀하옵소서."
3 지금의 모든 종교 집단이 상술이요, 상업적이요, 물질의 노예가 되었다 내가 그리 말하였느니라.
4 크나큰 버스라는 기계에 너희 교회의 이름을 써 붙이고 동네 골목길의 작은 교회 앞까지 차를 대 놓고 그 주변에 있는 백성까지 현혹하여 싣고 가는 것은 너희가 장삿속이요, 사업적으로 변하고 타락된 것이라 그리 내가 말하였음이니라.
5 인간 세상의 기업에서도 우수 사원이요, 자기들이 만든 물건을 잘 파는 자, 잘 선전하는 자를 뽑아 포상하며 그에게 상금이라는 것을 내리는 그와 같은 제도를 시행하고 있음이니라.
6 그러나 그 제도가 어디서부터 시작했는지 그걸 모를 것이니라.
7 그는 바로 무엇인 줄 알겠는가?
8 지금의 모든 종교 집단이 장삿속으로 흘러가는 그 속에서 너희가 그를 따랐으며 그를 보고 배웠음을 알라.
9 너희가 전도 왕이라는 자를 뽑아 전도 왕을 표창하며 상금을 내리며, 많은 사람을 인도한 자에게 상을 주며 표창을 주는 그와 같은 형국으로 종교 지도자들이 지금 이끌어 가고 있음이니라.
10 모든 인간의 직장에서 우수 사원이요, 능력 있는 자를 선발하여 상장을 주며 상품을 주는 그와 같은 상술적인 방법

이 바로 종교 지도자들에게서 전해진
것이며, 그들을 본받아 오늘과 같은
역사가 이루어졌음이니,
11 너희가 장사 잘하는 우수 사원에게
상품을 주고 너희의 이권을 위해 노
력하는 자에게 대가를 주는 것만 장삿
속이 아니니라.
12 전도 왕을 뽑으며 그들은 무엇을 말하
는가?
13 많은 사람을 데려오게 하며 많은 사람
을 이끌어 오게 충동질하며 그와 같이
지금 상술적으로 변해 있음이니라.
14 그들이 하나를 데려옴으로 인하여 평
생 그에게 수십 가지 방법으로써 많은
재물과 은화를 거둬들이니 그보다 더
한 장사가 어디 있는가?
15 그리하여 너희는 전도 왕이라 하여
표창장이요, 상품이요, 몇 푼 안 되는
지전과 종이에 몇 자 써서 그에게 전
하면서 그리 일을 시키는 것이 지금
의 종교 집단이니라.
16 너희는 완전한 장삿속이요, 상업적으
로 전락한 자들이니,
17 이제 너희의 그 파렴치한 모습을 바라
봐야 할 것이니라.
18 남의 동네에 있는 작은 교회 앞까지
가서 사람을 데려가니,
19 같은 성경을 가지고 공부하며 나의 뜻
을 전한다는 자들이 그곳에서 공부하
면 어떻고 이곳에서 공부하면 어떠하
던가?
20 백성이 진정으로 깨우치고 깨달아 하
늘에 오르는 길을 갈 수 있도록 가르
치는 것이 저희의 도리가 아니던가?
21 상술적으로 변했으며 상도덕도 모르
는 자가 그들이니라.
22 산꼭대기 작은 골목까지 큰 버스를 대
놓고 그 교회 앞에 있는 백성까지 실
어 가는 추한 모습을 보이는 것이 너
희라 내가 말하였음이니,
23 이것은 보통 평범한 사람도 이와 같은
추한 행동은 하지 아니한다 하였음이
니, 너희의 그 몰골을 한번 보도록 하
라.
24 거기서 배우며 나를 찾으며 울먹이고
눈물 짜는 새벽 기도를 한 번이라도
더 갈 수 있는 것을 먼 데로 다녀야 하
겠는가, 윗집에 있는 교회를 다니며
그가 믿음의 길을 가야 하겠는가?
25 또한, 그가 주일을 지키려고 멀리까지
가는 것이 편하겠는가?
26 그리고 성서 공부를 하려고 버스라는
기계를 타고 멀리멀리 그곳까지 가야
만 그가 그 성경 공부를 더 하며 나의
진리를 더 깨달을 수 있는가?
27 저의 집 뒤에 있는 교회요, 성전이라
는 곳에 가서 배우고 깨닫는 것이 그
가 더 공부를 할 수 있으며 많은 시간
을 나를 찾을 수 있지 않겠는가?
28 모든 백성을 이해관계를 따져 장삿속
으로 하늘에 오르는 길을 인도하지 아
니한다면, 너희는 제가 사는 동네에
있는 그 교회를 다닐 수 있도록 서로
인도해 주고 안내해 주는 것이 도리일
것이니라.
29 남의 교회요, 남의 성전을 칭찬해 주
고 격려하여 그 주변의 백성이 거기서
믿음의 시간을 많이 가지며 기도하고
경배하는 시간을 많이 갖고 그곳의 종
교 지도자와 많은 시간을 가지며 깨우

칠 수 있도록 인도하는 것이 너희가 해야 할 짓이니라.
30 너희는 장삿속으로 변했으며 도덕과 상식도 없는 자들이니, 그리하여 너희가 잘못된 자며, 구원받을 자가 없으며, 너희 손으로 만든 성전이요, 교회가 텅텅 비어 있어 거기에 아무것도 없다는 것이 나의 뜻이니라.
31 너희가 찬송 부르며 울고불고 눈물을 짜고 콧물을 짜고 소리를 질러도 그곳은 텅텅 비어 있는 곳이라는 이 무서운 뜻을 새겨들어야 할 것이니라.

5,559 번째 하나님 말씀

2003년 3월 17일 18시 28분

1 사랑하는 나의 아들아!
2 "네, 아버님! 말씀하옵소서."
3 나의 백성이 살아가면서 내가 말하는 아래와 같은 짓을 하는 백성이야말로 나로부터 선택된 백성이 아님을 너희는 알아야 할 것이며, 나의 아들을 따르는 제자들과 나의 법전을 읽고 깨우친 백성은 내가 지금 너희에게 전하는 행동을 해서는 아니 되느니라.
4 나의 법전을 읽고 깨우친 백성이요, 나의 뜻에 살아가고자 노력하는 너희는 내가 지금 나의 아들을 통하여 기록하는 그 내용대로 살아서는 아니 됨을 명심하여 너희 것으로 만들도록 그리하라.
5 이웃과 화평하게 지내지 못하며 이웃을 시기하며 질투하는 삶을 사는 백성은 나와 관계없는 백성이며, 그와 같은 마음을 가지고 사는 자는 나에게 오르려는 생각조차도 하지 말라 그리 전하라.
6 이웃 것을 탐하며 이웃이 잘되는 것을 시기하는 백성,
7 내가 말하기를 이웃의 형제들과 송사하지 말며 고리대금을 받는 행위를 하지 말고 살라 그리 말하였으나,
8 이웃과 송사하기를 즐겨 하며 고리대금 받기를 즐겨 하는 백성, 남에게 사랑을 나누어 주지 못하는 그와 같은 자들은 나에게 오르겠다는 생각도 하지 말아야 하는 그런 백성이니라.
9 내가 일찍이 법전에 기록하여 전했듯이, 나를 믿으며 모든 백성이 우러러본다는 종교 집단 속에 있는 너희가 한 식구요, 한 형제자매라 그리 말하면서 물질 앞에서 물욕에 눈이 어두워 너희끼리 송사하는 것을 두려워하지 아니하며,
10 그 성전 안에서 스스로 해결치 못하여 그 송사 건을 가지고 인간이 재판하는 재판장에까지 끌고 나와 거기서 인간의 재판하는 자에게 옳고 그름을 판결받고자 하는 행위를 하는 자,
11 그와 같은 자들은 나와는 아무런 관계도 없는 자며 내 이름을 부르지도 말아야 할 것이니라.
12 내가 명한 것을 거역하는 자들이 어찌 나의 아들이며, 그와 같은 행위를 하면서 나에게 오를 수 있다 너희는 그리 말하는가?
13 행위는 하지 아니하며 그저 모두 말로써만 베풀며 말로써 하는 것이 구원의 길이라 생각하는 자는 그 행위를 함이 중요한 것을 너희는 깊이 깨달아야

할 것이니라.
14 내가 뭐라 말하였는가?
15 너희는 이웃을 네 몸과 같이 사랑하는
그와 같은 삶을 살라 그리하였느니라.
16 그러나 너희는 이웃을 얼마나 사랑하
며 이웃을 네 몸과 같이 견주어 얼마
나 소중히 생각하는가?
17 너희는 살면서 평소에 이웃을 네 몸과
같이 생각하는 것조차도 하지 아니하
고 사는 것이며,
18 그를 잊어버리고 사는 것이 지금 종교
집단이요, 사랑을 베풀며 실천한다는
백성, 너희가 바로 그와 같이 가는 자
들이니라.
19 내가 너희에게 사랑이라는 것을 어찌
하라 가르쳤는가?
20 나 여호와가 너희에게 가르치기를, 진
리는 남이 너에게 잘못하고 네가 남에
게 잘못했을 때, 그것을 구분하지 말
며,
21 네가 잘하고 남이 잘못해도 네가 먼저
찾아가 그에게 사과하며 그에게 용서
를 빌며 그리하여 서로 화평하게 지낼
수 있는 마음 자세요, 그와 같은 행동
을 하는 자가 나로부터 선택된 백성이
요,
22 그와 같이 못 하고 제가 잘못하고 실
수하면서도 용서를 빌 줄 모르며 화해
할 줄 모르는 자들은 나의 자식이요,
나의 아들딸이라 생각하지도 말며, 너
희가 하늘나라에 천국의 문조차도 생
각하지 말라.
23 지금의 종교 집단은 어떠하던가?
24 과연 너희가 잘못했을 때, 남이 너희
앞에서 실수했을 때, 실수한 자 앞에
너희가 가서 용서를 빌며 이해를 시키
며 화합을 하는 그와 같은 마음을 가
지고 살아가는가?
25 너희는 심지어 너희에게 소속된 인간
외에는 상대하지도 못하게 하며 교제
도 못하게 금하며, 그리 다스려 가는
것이 종교 집단이니,
26 거기에 어찌 사랑이 있으며 나눔이 있
으며 나 여호와의 참진리의 빛이 거기
에 있다 말하는가?
27 너희는 말로써만 용서하며 말로써만
사랑함이니, 말로써 사랑하는 것은 아
무것도 이루어지는 것이 없음이니라.
28 그리하여 지금같이 사악한 세상이 되
었으며, 사람이 사람을 무서워하는 이
와 같은 세상이요, 너희 말대로 도둑
이 들끓으며 마지막 시대에 거짓 선지
자가 세상을 혼란케 하는 그와 같은
역사가 이루어진다 말하고 있음이니
라.
29 지금 내가 나의 아들을 통하여 내리는
것은, 너희가 거짓된 자요, 위장된 자
요, 너희야말로 거짓 선지자요, 사탄
의 자식으로서 역사하기에 너희를 깨
우치고 다스리고자 함이니,
30 너희가 나의 법전을 들여다보는 영광
을 얻어야 할 것이니라.
31 그를 얻지 못하는 자는 사랑이 무엇인
지 모르며, 베푸는 것이 무엇이며, 내
가 원하는 것이 무엇인지를 모르느니
라.
32 내가 너희에게 사랑이란 뭐라 가르쳤
던가?
33 사랑은 참고 인내하는 것이며 온유하
며 용서하는 마음이 이뤄졌을 때 사랑

이라는 것을 알게 되며 사랑을 실천하
는 단계에 들어선다고 그리 말하였음
이니라.
34 그러나 지금 사랑을 하기 전에 화목을
해치며 용서를 모르며 남을 비평하기
를 즐기는 그와 같은 삶을 사는가 하
면,
35 말로써 같은 형제자매요, 한 식구라
말하며 서로 죽고 못 살 것같이 인자
한 모습으로 그리하나,
36 재물 앞에서는 파벌을 조성하며, 서로
송사를 두려워하지 아니하며, 송사함
을 무서워하지 않으며,
37 숨겨 놓은 독사와 같은 마음이 수시로
발동하며, 그 마음의 뿌리를 뽑지 못
하고,
38 형식적인 믿음이요, 형식적인 하늘에
오르는 길이요, 나를 부르며 나의 아
들을 부르고 믿어 온 자들,
39 너희는 송사할 수 있는 그 마음, 독사
와 같은 마음의 뿌리가 하나도 변하지
아니하고, 발톱만 숨기고 있었던 것이
니,
40 그리하여 너희는 하늘에 오를 자격이
없으며 나에게 올 자격이 없는 백성이
라 내가 그리 말함이니,
41 너희 스스로 가슴에 손을 얹고 자신을
진단해 보는 그와 같은 귀한 시간을
가져야 할 것이니 그리 알라.

5,560 번째 하나님 말씀

2003년 3월 17일 18시 37분

1 사랑하는 나의 아들아!
2 "네, 아버님! 말씀하옵소서."
3 지금 수천 년 동안 흘러오는 그 종교
집단의 지도자 너희는 나 여호와가 뭐
라 말하는지 알고, 단상에서 설교하며
'아멘, 할렐루야!' 소리 지르고 기도하
며 광란의 짓을 하는가?
4 너희 손으로 지은 성전에서 그리 말하
느니라.
5 창조주 나 여호와는 베푸는 하나님이
요, 사랑의 하나님이기에 모든 사람을
다 사랑하며, 누구든지 다 사랑한다고
말하느니라.
6 그리하여 나 여호와는 이 세상에 존재
하는 백성 그 누구도 사랑하지 아니함
이 없으며 모두 사랑한다 그리하며,
내가 자식이요, 아들딸처럼 소중히 생
각한다 그리 말하느니라.
7 그러나 너희는 나로부터 선택되지 않
은 백성이요, 너희와 믿음을 같이 가
지 않는 백성은 선행을 해도 돌아보
지 않는다 말함이니, 너희가 가르치는
기준이 어디에 있는가?
8 나의 뜻에 따라 사는 백성은 남의 허
물을 덮어 주며 남의 용기 있는 행동
이요, 남의 선행을 배워야 하거늘, 어
찌하여 너희는 그와 같은 형국으로 한
입 가지고 두말을 하는가?
9 나의 피조물 만백성이 어디에 기준을
두고 깨우치며 어느 것이 진실이고 어
떤 것이 위대한 나의 뜻인가를 구분하
지 못하고 사는 것이 지금의 너희 형
국이니라.
10 너희는 울며불며 기도하며, 너희 종교
지도자가 외칠 때, 나 여호와는 만백
성을 똑같이 사랑하며 거지도 똑같이
사랑하며, 못난 자도 똑같이 사랑하

며, 능력 있는 자, 힘 있는 자, 그 모두
를 다 똑같이 사랑하는 나 여호와라
그리 말하느니라.
11 그러면서 너희는 뭐라 말하는가?
12 너희와 같은 종교 집단에서 같이하지
아니하는 백성은 아무리 선행을 베풀
고 아름다운 일을 하며 남에게 칭송을
들으며 남의 허물을 덮어 주며 남의
아픔을 대신 겪어 주는 그와 같은 아
름다운 행위를 하고 산다 해도,
13 그들은 나로부터 구원을 받을 수 없으
며 내가 기억하지 아니함이니,
14 너희 손으로 지은 성전에 와 금화와
은화의 재물을 바치며 너희와 같이 울
고불고 찬송을 부르며 '할렐루야, 아
멘!'을 찾아야만 구원을 받는다 너희
가 그리 말하니,
15 과연 여기서 너희가 어떤 길을 선택해
야 하며, 어느 것이 나 여호와의 뜻이
며 내가 너희에게 원하는 말이던가?
16 나 자신도 그를 생각하지 못하도록 너
희가 혼란을 이룸이니,
17 나의 사랑하는 피조물 만백성은 과연
어디에 중심을 두며 어디가 진실이며
어디가 하늘에 오르는 가르침인지 그
들이 우왕좌왕하는 이와 같은 형국을
만든 것이 너희이니라.
18 그들이 정신이요, 이성을 차리지 못하
도록 하여 그저 목을 매어 끌고 가는
애완동물처럼 나의 피조물 만백성을
지금 끌고 가는 그와 같은 형태니, 이
제 그들이 하는 말을 나의 백성 너희
는 듣고 깨우치고 분석해 봐야 할 것
이니라.
19 그들이 어제 했던 말과 오늘 한 말의
차이점이요, 1년 전에 했던 말과 오늘
하는 모든 말과 행동을 하나하나 점검
하여,
20 그것이 달랐을 때, 그리고 잘못됐을
때 너희가 엄히 단죄하여 바른 깨우침
을 얻어야 할 것이니라.
21 나는 모두를 다 사랑하며 차등을 두지
아니한다 하면서, 너희가 선하고 악한
일을 하는 것을 내가 구분하여 죄를
벌하며, 믿지 않는 자가 잘못했을 때
는 나에게 벌을 받으며, 믿지 않는 자
가 선행한 것은 내가 기억하지 아니한
다 함이니, 너희가 이와 같이 나의 피
조물 만백성을 가르침이니 그 뜻이 어
디에 있는가?
22 나의 피조물 만백성이 너희와 같이 믿
음의 길을 가지 아니하며 너희 손으로
지은 성전에 가지 않는 사람은 아무리
선행을 해도 그를 내가 기억하지 아니
하며 그에게 상을 내리지 아니한다면,
23 나를 찾지 않는 백성이 사악한 짓을
해도 내가 그들의 죄를 다스릴 수 없
으며 다스리지 않는다는 말이지 않던
가?
24 내가 관계도 없는 백성이 죄를 짓는
것은 엄히 다스려 지옥으로 보내며 그
들이 선한 일을 하는 것은 상을 내릴
수 없다 너희가 그리 말함이니, 어찌
하여 너희만이 나에게 벌을 받고 축
복을 받는단 말이던가?
25 지금 나의 피조물 만백성을 구원해 하
늘에 오른다고 가르치는 지도자들은
성전을 찾는 백성도 추하고 더러운
짓, 남의 이맛살을 찌푸리게 하고 남
을 속이는 짓을 하며 거짓된 자는 더

무섭게 벌을 받는다고 그리 가르쳐야
할 것인데,
26 너희는 잘못하는 것은 벌을 받는다 그
리 가르치지 아니하며, 잘못하는 것은
다 용서를 받으며 기도로써 너희 죄를
사하며 그저 성전에 오기만 하면 된
다 그리 가르침이니,
27 이 이치의 뜻을 하나하나 점검해 봐서
나의 사랑하는 백성 너희가 바른 선
택을 하도록 하여야 할 것이니, 잊지
말도록 그리하라.
28 너희는 믿지 않는 백성은 상을 받을
수 없으면 그들을 처벌할 수도 없는
것이며, 믿지 않는 백성도 모두 똑같
이 사랑한다 하면서,
29 선행하는 아름다운 것은 내가 기억하
지 아니하고 상을 내리지 아니한다는
이와 같은 말도 안 되는 것을 가지고
나의 피조물 만백성을 가르치고 지도
하니,
30 그리하여 할 말이 없을 때 '할렐루야!'
를 소리 지르게 하며 '아멘!'을 소리
지르게 하여 정신을 차리지 못하도록
이끌어 가는 것이 너희가 지금까지 수
천 년 동안 흘러온 그 사악한 방법이
니라.
31 이제 나의 법전이 세상에 내려가니,
이를 보고 바른 눈으로 보며 바른 귀
로 듣고 하늘에 오르는 진정한 바른길
이요, 곧은 길을 찾아오도록 그리하여
야 할 것이니라.
32 이제는 어떠한 형태든 너희와 같이 아
니 하는 백성이 선행하고 또한 용기
있는 행동을 하고 또 진실한 것을 너
희에게 가르쳐도 그 모두는 사탄이요,
사악한 행위라는 그와 같은 말을 너희
는 해서는 아니 됨을 알아야 할 것이
니라.
33 너희는 참진리를 가르치며 너희에게
아름다움을 가르치며 나 여호와의 뜻
을 가르치는 나의 법전까지도 사탄이
요, 이단이라 그리 말함이니,
34 세상에 너희와 같이 가지 아니하는 자
는 다 사탄이요, 이단이라 너희가 그
리 치부하고 지금까지 너희끼리만 가
는 것이 아니던가?
35 너희만 위대하고 소중하다 그리 생각
하며 나 여호와의 흉내를 내며 내가
이루고자 하는 그 선한 모습과 나의
아들이 베풀어 준 사랑의 흉내를 내며
살아가는 것이니, 너희는 진정한 깨달
음이요, 변한 것이 하나도 없음이니라.
36 형제요, 자매라는 자들이 송사하는 것
을 두려워하지 아니하며, 잘못했을 때
핍박하며 그를 돌아다보지 아니하며
내치고 용서하지 않는 그와 같은 사악
한 마음이 가슴속에 있는 한, 너희는
변화된 것이 하나도 없음을 알아야 할
것이니라.
37 너희는 알아야 할 것이니라.
38 이제 너희가 가는 그 믿음의 형국이
어떠한지 아는가?
39 너희는 교회라는 것을 사랑하며 너희
를 가르치는 종교 지도자들을 사랑하
며 그들의 흉내를 따라 살아가기가 바
쁘니라.
40 그리하여 나의 순박한 백성을 사랑할
줄 모르며, 나의 아들 예수가 그 사랑
을 실천하며 죽음으로써 너희에게 가
르쳤던 그것을 모르며 그 뜻을 모르

며, 그를 더 생각하지 아니하며, 나 여
호와까지도 너희가 더 생각함이 없음
이니라.
41 나 여호와를 사랑함보다도, 나의 아들
예수를 사랑함보다도, 만백성을 사랑
함보다도 너희는 너희 종교 집단이요,
너희 손으로 지은 그 성전을 더 사랑
하며 교회라는 곳을 더 사랑하며 단상
에 선 거짓 선지자를 더 사랑하는 그
와 같은 형국이 되어 있는 것을 너희
는 들여다봐야 할 것이니라.
42 이제 종교 지도자 너희가 사랑함을
먼저 배워야 할 것이며, 종교 지도자
가 사랑하는 것을 실천하고 살 때, 너
희 백성이요, 신도라는 자들이 지옥으
로 가지 아니하며 구원의 길을 갈 수
있다는 것을 이제라도 깨우쳐 바른 깨
달음을 가르치도록 그리하여야 할 것
이니 잊지 말라.

5,561 번째 하나님 말씀

2003년 3월 17일 18시 50분

1 사랑하는 나의 아들아!
2 "네, 아버님! 말씀하옵소서."
3 내가 사랑하는 피조물 만백성 너희가
가슴에 안고 반드시 지킬 것이 무엇이
며 나 여호와를 가장 기쁘게 하는 그
역사가 무엇인 줄 알겠는가?
4 나의 뜻에 순종하며 살아가는 것이니
라.
5 인간 세상에서도 자식이 부모의 뜻에
순종하며 그 말을 따라 살아가는 자식
은 반듯하게 살아가며 잘못되는 자식
이 드물지 아니하던가?
6 부모의 뜻을 거역하며 부모의 뜻에 순
종하지 않는 그 자식을 바라보는 부모
의 마음이 얼마나 아프겠는가?
7 너희 자신이 순종하는 마음으로 살아
가는 것이 나 여호와를 가장 기쁘게
하며 나에게 즐거움이요, 행복을 안겨
주는 것임을 알라.
8 내가 사랑하는 백성 너희를 세상에
내보낸 보람이요, 그 기쁨은 너희가
나의 뜻에 순종하며 살아가는 것임을
알아야 할 것이니라.
9 너희가 순종할 때 그 뜻은 무엇이던가?
10 나 여호와를 믿고 따르는 것이며, 나
여호와가 존재함을 믿으며, 나 여호와
를 사랑하는 증거요, 증표임을 너희는
알아야 할 것이니라.
11 나의 계명대로 지키고 살아가는 것,
내가 새로 내리는 나의 법전이 나의
뜻이요, 나의 성령을 태워 세상에 내
려보낸 것이라 했으니, 이를 보고 깨
우쳐 너희가 가슴에 안고 감사의 기
도를 할 수 있는 그와 같은 순종하는
마음을 가졌을 때 너희가 나를 믿으며
나를 사랑함이니라.
12 순종하지 아니하는 자는 바로 나를 믿
지 아니하며 나를 따르지 아니하는 것
이니라.
13 아담과 이브가 어찌하여 그와 같은 역
사를 이루었던가?
14 내가 따먹지 말라는 그 선악과요, 지
키라 했던 그 명령을 지키지 않은 것
은 나에게 순종하지 아니하며 나를 믿
지 아니하였기 때문에 그리하였으며
나를 사랑하지 아니하기 때문에 그들
이 그와 같은 역사의 불행을 저지를

수 있었음이니라.
15 나를 사랑한다면 감히 나의 뜻을 거역
하며 내가 명한 것을 듣지 아니할 수
있겠는가?
16 너희 인간사에서 작은 가정의 살아감
도 서로 사랑하고 지키고 믿을 때 거
기서 가정에 아름다운 꽃이 피며 서로
화기애애하며 어려운 것도 두렵지 않
게 해결할 수 있으며 역사할 수 있는
힘과 용기가 나오는 것이 거기에 있음
이니라.
17 그러니 너희가 순종할 때 나 여호와를
사랑한다는 것을 잊지 말라.
18 그것이 너희가 나를 사랑하는 척도요,
증표이며, 그 뜻이 거기에 담겨 있는
것을 내가 알고 있음이니라.
19 순종하는 자만이 나 여호와의 아들딸
로서 내 품에 올 수 있는 자격이 있다
는 것을 알아야 할 것이니라.
20 그리하여 순종이 얼마나 중요함을 알
라.
21 순종하지 아니하는 자는 내가 나의 아
들딸이라 생각하지 아니하며 순종하
지 않는 백성은 기다리지 아니함을 너
희는 알아야 할 것이니라.
22 순종하는 마음을 가지고 사는 자는 나
여호와가 존재함을 알고 있음이니, 어
떠한 시련과 고통 속에서도 좌절하지
아니하며 용기를 가지고 일어서는 희
망찬 삶을 살 수 있는 것이 나의 뜻에
순종하는 사랑하는 백성의 자세이니
라.
23 나를 사랑하고 순종하는 자는 실패함
이 없느니라.
24 진정 나에게 순종하며 나의 뜻을 지키
고 살아가고자 하는 그 백성을 내가
어찌하여 실패와 고통의 길로 이끌고
인도한다 생각하는가?
25 순종하는 마음을 가지고 사는 백성은
실패함이 없으며 최후의 승자는 너희
라는 것을 잊어서는 아니 될 것이니라.
26 사랑하는 나의 아들딸들아, 너희가 순
종하는 삶을 살아갈 때 참진리를 알게
되며, 내가 웃는 모습을 보게 될 것이
며, 내가 이루는 역사를 볼 것이며 하
늘나라 천국의 그 화려함을 보게 될
것이니라.
27 순종할 때 너희는 행복함을 알게 되
며, 육의 삶의 기쁨을 알게 되며, 세상
에 인간으로서 태어난 감사함을 알며,
인간으로서 세상에 태어난 것을 기쁘
게 알며 행복이라 생각하는 그와 같은
것을 깨닫는 것이 순종하는 아름다운
마음을 가지고 사는 것이니라.
28 사랑하는 나의 아들딸들아, 모두 순종
하는 마음으로 살라.
29 순종하는 자는 거역하지 아니하며, 거
친 자가 없으며, 살인하는 자가 없으
며, 도적질하는 자가 없으며, 거짓된
자가 없으며 간음하는 자가 없을 것이
니라.
30 이는 곧 무엇이던가?
31 너희가 나를 믿으며 내가 존재함을 믿
으며 나를 사랑하는 그 마음으로 충만
하여 있기 때문에 내가 싫어하는 짓,
내가 미워하는 짓, 내가 원하지 않는
짓을 하지 않는 삶을 살 것이며,
32 그와 반대로 내가 기뻐하고 나 여호와
가 즐거워하는 일을 찾아서 하게 됨이
니, 그게 나의 아들딸임을 너희는 알

아야 할 것이니라.
33 지금 나에게 순종하지 않는 백성이 누구인 줄 아는가?
34 그들이 순종하지 아니하며 가장 큰 죄를 짓는 자는 첫째는 나의 계명을 지킬 수 없다고 말하는 자들이니라.
35 인간이기 때문에 그를 지킬 수 없다 말하는 자, 재물을 거둬들이는 데 여념이 없으며 나의 백성을 하늘에 오른다고 거짓 선전하는 자, 거짓 교육을 하는 자,
36 제가 무슨 교육을 하며 제가 얼마만큼 깨달았으며 제가 아는 것이 무엇이 있으며 무엇을 가르치는 줄도 모르고 그저 지도자라 하여 천방지축으로 재물만 거둬들여 큰 성전만 짓고자 혈안이 된 그와 같은 자, 그들이 나의 뜻을 거역하는 자며 순종치 않는 자들이니라.
37 말로써 구원받았다 가르치는 그들이 다 나의 뜻을 거역하는 자요, 순종하지 않는 가장 대표적인 인간들이니, 그와 같은 자들의 말에 너희가 귀를 기울이지 말라, 사랑하는 나의 아들딸들아!

5,562 번째 하나님 말씀

2003년 3월 17일 23시 21분

1 사랑하는 나의 아들아!
2 "네, 아버님! 말씀하옵소서."
3 하늘에 오르는 길이 무엇이라 말하였느냐?
4 인간 세상에 사는 낙타라는 그 큰 동물이 작은 바늘구멍을 통과하는 그 역사보다 어렵다 그리하지 아니하였던가?
5 너는 나의 아들이요, 네가 하늘에 오르는 길을 가는 것이 아니요, 낙타가 바늘구멍을 통과하는 그 길을 가는 백성을 위해서 그 길을 안내하며 그 구멍을 통과할 수 있도록 가르쳐 주는 너니, 네가 어찌 가야 하는지를 알겠는가?
6 너는 정녕 한 달을 굶어 숨이 다 끊어져 가는 동물이 먹이를 놓고 그를 먹지 않고 인내하는 그와 같은 훈련이 있을 수 있다고 생각하는가?
7 고양이 앞에 생선 한 토막을 놓고 며칠을 굶은 고양이가 그를 보고 먹지 않고 인내할 수 있겠는가?
8 그들은 목숨을 내걸고 그를 먹을 것이며 그를 탈취할 것이니라.
9 그와 같이 인내할 수 없는 것이 그 동물의 생각이니라.
10 그러나 너는 그보다 더 어려운 역경이요, 더 어려운 길을 가야 하느니라.
11 네 앞에 있는 음식을 내가 먹지 말라 했을 때 네가 죽어 조용히 눈을 감는 그 순간까지도 그를 먹지 아니하며 그를 접하지 아니하는 것이 나의 아들이요, 나로부터 선택된 네가 가는 길이니,
12 이 세상 많은 종교 지도자들이 과연 그 길을 갈 수 있으며 그와 같은 믿음으로써 갈 수 있다 너는 생각하는가?
13 이 세상에 아무도 없음이니라.
14 오로지 나의 성령을 직접 들으며 나의 음성을 직접 들으며 나의 형체를 보며 나와 대화하는 나의 아들 너 외에는

아무도 갈 수가 없음이니, 너는 그러
한 길을 가야 하느니라.
15 그것이 네가 가야 하는 길이고 네가
이루어야 하는 길이니,
16 너는 어떠한 것도 타협이 있을 수 없
으며 어떠한 변명이 있을 수 없으며
어떠한 이유도 있을 수가 없는 것이니
라.
17 너희가 죽어 나에게 심판을 받아 지옥
불로 갈 때, 거기에는 이유가 없으며
용서함이 없으며 너희가 지은 그 죄
를 그대로 받아야 한다고 내가 그리
말하지 아니하였던가?
18 너는 그보다 더 철저하게 변할 수 없
으며 이유가 없음이니라.
19 네가 인간으로서 지키지 못할 행위를
할 때, 남들에게 죄와 같은 행위를 할
때, 남에게 부끄러운 행위를 할 때, 너
는 지옥으로 가서 융통성이 없으며 용
서받지 못하며 헤어날 수 없는 그보다
도 더 완벽한 믿음의 길을 가야 함이
니,
20 육을 가진 인간이요, 생각을 할 수 있
는 인간인 네가 그 길을 간다는 것이
얼마나 고통스럽고 힘든 길인지 알겠
는가?
21 모든 것을 강제로 묶어 놓고 행하지
않도록 하면 그는 행할 수 있음이니라.
22 네 앞에 음식을 놓고 네가 열흘이요,
한 달이고 굶었다 하여도 네 몸의 사
지를 묶어 놓고 네가 움직이지 못하고
먹을 수 없도록 해 놓는다면,
23 너는 어쩔 수 없이 그를 보고도 인내
하고 네가 죽어 가도 그를 탐하지 못
하고 죽어 갈 것이니라.
24 그러나 네 손발을 풀어 네 몸을 자유
로이 해 놓고, 며칠을 굶은 네 앞에 음
식을 놓고 그를 먹지 말라 했을 때 그
를 먹지 않는 그 고통은 보통 인내와
보통 생각이 아니요,
25 네 목숨보다 나에 대한 믿음이요, 나
를 향하는 것이 더 소중하다 생각하는
마음이 없이는 그를 인내하고 견딜 수
없는 것이니라.
26 그러나 너는 그 길을 가야 하며 그것
을 역사해야만 나의 아들로서 만백성
을 구하는 선지자요, 목자로서 네가
직분을 다하는 것이니 너는 가야 함을
알라.
27 내가 너에게 가라 그리 말하지 아니하
며 네가 갈 수 있도록 용기를 준다 말
하지 아니함이니라.
28 네가 그를 인내하고 스스로 그를 극복
하고 넘어야 할 선이라는 것을 너는
잊어서는 아니 될 것이니라.
29 그와 같은 운명이요, 그와 같은 삶을
살아가는 것이 네가 가야 할 길이니,
너는 지금부터 한 점의 부끄럼이 없는
그와 같은 삶을 살라.
30 단 한 순간이라도 나쁜 생각이요, 사
악한 생각이요, 사탄과 같은 생각을
해서는 너는 절대로 아니 됨을 알라.
31 그를 내가 용서하지 아니할 것이니라.
32 착하고 아름다운 자식이요, 순종하는
자식이요, 미래가 보이며 학업에 충실
하던 자식이 잘못된 길을 갈 때,
33 그를 바로잡음으로써 그가 인생을 바
로 갈 수 있도록 부모는 가차없이 사
랑의 매를 댐이니라.
34 나는 너에게 사랑의 매를 댈 것이며,

네가 내 뜻을 이루지 아니하고 그와
같이 행하지 아니하였을 때, 나는 너
에게 그만한 죄의 대가를 치르게 할
것이요, 그 벌은 네가 받아야 한다는
것을 잊지 말라.
35 나의 아들 네가 그와 같은 고통을 받
는 것을 보는 나 여호와의 마음이 어
떨 것인가?
36 내가 너를 용서하지 아니한다는 것을
알라.
37 너는 지금부터 그와 같은 길을 가야
하며 그리 삶을 살아야 하는 것이 네
운명이요, 네가 가야 할 길이니,
38 타협도 생각하지 말며, 설마 하지 말
며, 이번 기회만큼은 그리 넘어가야겠
다는 생각도 하지 말며, 다음부터는
엄격히 지키겠다는 그와 같은 생각도
하지 말며,
39 그 순간순간에 너는 행하고 지켜야 하
는 나의 아들이어야 함을 알아야 할
것이니라.
40 그리 살지 아니하였을 때 내가 너를
버릴 것이며, 너의 제자들을 버릴 것
이며, 나의 법전이 태워져 없어질 것
이니 그리 알라, 사랑하는 나의 아들
아!
41 너는 가야 하느니라.
42 네가 그리 가야 함을 잊어서는 아니
됨이니라.

5,563 번째 하나님 말씀

2003년 3월 17일 23시 30분

1 사랑하는 나의 아들아!
2 "네, 아버님! 말씀하옵소서."
3 내가 나의 아들 예수를 통하여 성경에
기록하여 너희에게 전하기를, '새 계
명을 너희에게 주노니, 새 계명은 서
로 사랑하며 지키고 살라.' 하고 너희
에게 내렸음이니라.
4 그리고 '내가 너희를 사랑하는 것같이
너희도 서로 사랑하며 그리 살라.' 하
고 내가 나의 아들을 통하여 너희에게
그리 깨우쳐 전하였느니라.
5 '너희가 서로 사랑하면 이로써 모든
사람이 너희가 내 제자인 것을 알 것
이라' 예수가 그리 전하여 너희를 깨
우쳐 주었음이니라.
6 내가 새로 내리는 계명이 바로 무엇이
라 말하였느냐?
7 사랑이라는 계명을 내가 너희에게 지
금 내렸다 그리 말하였으며,
8 나의 아들 예수를 통하여 너희에게 새
로운 계명이라 하여 '서로 사랑하며
살라.' 그리 전하였음이니라.
9 그리하여 나의 아들 예수를 사랑하는
그 모든 것이 곧 너희가 예수의 제자
라는 것을 증거하며, 서로 사랑하는
것이 나의 백성이라는 것을 증거한다
고 말하였음이니라.
10 그러나 지금 너희가 살아가는 형국은
어떠한가?
11 이 세상에 제 것만이 위대한 것이요,
저만 존재한다는 그와 같은 생각을 하
는 종교 집단이 이 세상을 지배하지
아니하였을 때,
12 나의 백성은 이웃과 더불어 사랑하며
살고 서로 용서하며 사는 그와 같은
마음으로 살아갔음이니라.
13 그러나 세상에 종교 집단이 생김으로

인하여 제가 구원받아야 하며 저를 위
주로 하는 이기심과 욕심에 빠진 그
와 같은 형국으로 변하여,
14 지금 너희는 '서로 사랑하라'는 그 뜻
을 저버렸으며 내가 새로 내린 계명이
라 하여 '서로 사랑하라'는 그 계명을
묻어버리며 지키지 아니하고 살아가
는 것이 아니던가?
15 너희는 같은 믿음의 길을 가는 자들을
형제자매라 그리 말하며, 다른 백성은
이단이라 하며 불신자와는 금전 거래
도 하지 말며 사랑도 나누지 말며 교
제도 하지 말라 하며 그렇게 살아감이
니,
16 내가 너희에게 모두 '서로 사랑하며
살라' 내린 나의 새로운 계명은 어디
로 흘러갔으며 그 계명은 누가 어디다
가 묻어 놨는가?
17 '너희는 서로 사랑하라' 하였거늘, 어
찌하여 그와 같이 편파적이요, 편협한
사랑으로써 나의 피조물 만백성을 그
리 갈라 놓는가?
18 그리하여 너희 종교 집단이 잘못되었
다 말하였음이니라.
19 종교 집단에서 너희만 구원을 받는다
는 신도들, 그리고 울고불고 광란함으
로써 하늘에 오르는 것처럼 착각하는
백성은 내가 새 계명이라 하여 성서에
기록하여 내린 이 내용을 한번 깊이
정독하여 깨우치라.
20 '새 계명을 너희에게 주노니 서로 사
랑하라. 내가 너희를 사랑한 것같이
너희도 서로 사랑하라.' 그리 말하였
음이니,
21 나 여호와가 만백성 너희를 사랑하는
것처럼 너희도 이웃을 서로 사랑하고
살라 하였음이니라.
22 너희는 종파가 무엇이며 너희가 믿고
있는 우상이 무엇이기에,
23 너희는 다 한 형제로서 서로 사랑하는
것이 우선이라 내가 그리 말하였거늘,
어찌하여 너희는 무슨 종파란 그 이름
을 나 여호와보다 더 두려워하며 숭배
하는 그와 같은 형국이 되어 있는가?
24 모두를 다 사랑하라는 것이 나의 뜻이
니, 너희가 마음을 열고 모든 사람을
형제라 사랑하는 그와 같은 종교 집단
만이 나로부터 선택된 종교 집단이요,
그곳에서 공부하고 깨우치는 백성이
하늘에 오를 수 있음을 알라.
25 어떤 종파는 어떻고 저 종파는 어떻고
이것은 어떻고 제 것이 아니면 사탄이
요, 이단이라 하며 그리 사랑할 줄 모
르는 그 백성이야말로 사탄이요, 나의
뜻을 정면으로 거부하는 자들이니,
26 그들 밑에서 무슨 역사를 이루고 구원
을 받으려는 그와 같은 믿음을 가지
말도록 하라.
27 그것이 곧 죽음이요, 지옥으로 간다는
것을 내가 너희에게 깨우쳐 줌이니
그리 알라.

5,564 번째 하나님 말씀

2003년 3월 17일 23시 36분

1 사랑하는 나의 아들아!
2 "네, 아버님! 말씀하옵소서."
3 너희 육의 행복이요, 또한 영혼의 구
원이요, 그 모든 답을 내가 나의 법전
에 기록하여 너희에게 전하여 내렸거

늘,
4 어찌하여 너희는 내가 명한 것을 소홀
히 들으며 그를 지키지 아니하여 나로
부터 받을 상을 받지 못하며,
5 너희가 편안한 육의 삶을 살며 그 편
안함 속에서 너희의 영혼까지 구원받
을 수 있는 그 길을 가지 않는가?
6 내가 나의 법전에 기록하여 너희에게
뭐라 말하였느냐?
7 너희 제자들은 한 점의 부끄러움이 없
는 삶을 살며 나 여호와가 내린 계명
을 완벽하게 지키고 행하며 살라, 그
리하면 너희가 고통의 길에서 벗어날
것이며 고통에서 벗어나는 길이라 내
가 그리 말하였음이니라.
8 내가 나의 법전에 그와 같이 기록하여
너희에게 전해 주었거늘, 어찌하여 그
와 같은 완벽한 삶을 살지 아니하는가?
9 과연 너희는 얼마나 변하고 실천하며
나의 뜻에 따라 사는가 네 제자에게
한번 물어보라.
10 나는 나의 법전 1부에 기록하여 반드
시 너희에게 전했느니라.
11 너희가 한 점의 부끄러움이 없는 삶이
요, 나의 계명을 완벽히 지키고 사는
그와 같은 삶을 살 때, 너희에게 육의
고통에서 벗어나고 영혼을 구원받는
것을 모두 다 상으로 내린다 하였거늘,
12 어찌하여 너희 자신을 다스리지 못하
며 변화되지 못하며,
13 이 깊은 밤 나의 성령을 받아 나의 아
들이 눈물을 지으며 하소연하는 그와
같은 너희가 변화의 역사를 이루지 못
하고 있는가?
14 나의 아들이 너희에게 전하는 그 눈물
의 기도가 무엇이던가?
15 그는 완벽하게 가고자 하며 갈 수 있
는 것을 가지 못하여 그는 괴로워 눈
물을 흘리고 있음이니, 그는 머지않아
그와 같이 갈 수 있을 것이니라.
16 너희 제자들은 나에게서 선택된 백성
이요, 나의 아들을 통하여 법전을 읽
고 깨우친 너희가 나의 아들보다도
더 앞에 나가는 그와 같은 노력과 수
고로움이 따라야 나에게 감사하는 마
음이요,
17 나의 은혜에 보답하는 것이라 내가
그리 법전에 기록하여 전했음이니라.
18 나의 아들이 열을 깨우칠 때 너희는
백을 깨우치고자 노력하는 것이 너희
가 나의 은혜에 보답하는 길이라 내가
그리 말하였음이니라.
19 나는 1부의 법전에 기록하여 너희에
게 전하였느니라.
20 하늘을 향하여 한 점의 부끄러움이 없
는 완벽한 삶을 살라, 그리했을 때 너
희의 모든 고통이요, 너희가 원하는
모든 역사를 내가 다 이루어 준다 하
였음이니,
21 너희가 그것을 받고 못 받는 것이니,
22 오늘의 육신의 고통이요, 삶의 시련은
모두 너희 탓이며 내 탓이 아니요, 나
의 아들 탓도 아님을 알라.
23 너희가 과연 얼마나 많이 변했으며 나
여호와가 원하는 삶을 사는가?
24 내가 원하는 삶, 나를 기쁘게 하는 삶
으로써 살지 않는다면 너희는 완벽하
게 변하지 못한 것이니라.
25 내가 나의 법전에 기록하여 뭐라 말하
였느냐?

26 남이 너희의 빰을 때릴 때 그 손이 아
프지 아니한가 하여 그 손을 어루만져
주며 웃음으로써 그를 대하라 내가 그
리하였음이니,
27 과연 너희는 그와 같은 선을 넘을 수
있으며 그와 같이 지키고 살아가는가?
28 너희가 자존심이요, 인격이요, 체면이
라는 것을 다 묻어 버리고 남을 위해
살아가며 이웃을 네 몸과 같이 사랑하
는 그와 같은 마음으로 얼마나 변화되
어 있는가?
29 그리되면 내가 모두를 다 주며 너희는
고통이 없고 모든 것을 역사해 이루어
질 것을,
30 어찌하여 내가 너희에게 명한 것은 행
하지 아니하고 너희는 받으려 하며 오
늘의 시련을 고통스럽다 하는가?
31 너희는 고통 속에서 지혜를 얻음이니,
내가 너희를 시련과 고통 속으로 더
몰고 감이니,
32 너희가 마음을 빨리 변화하고 마음속
을 완전히 비우며 성령으로써 임하도
록 그리 만들라.
33 그리하면 내가 모두를 다 이루어 줄
것이니라.
34 선택된 너희는 근면함과 성실함과 인
생의 삶에서 한 점의 부끄럼도 없는
사람으로 살아가면 이 세상의 모든 것
을 다 얻을 수 있는 것이 너희라는 것
을 알아야 할 것이니라.
35 내가 명한 것을 무엇보다도 엄격히 지
키고 실행하는 그 훈련부터 너희가
다시 시작하라 그리 전하라.
36 나의 법전을 읽고 깨우친 백성이 머
지않아 16권의 법전을 다 공부하여
끝내는 것도 너희 탓이니,
37 지금 너희에게 내가 명한 것을 얼마나
엄격히 지키고 실행하며 훈련에 임하
고 있는가 너희 자신을 들여다보라.
38 너희가 과연 얼마만큼 변했으며 얼마
만큼 내 뜻에 따라 지키며 얼마만큼
천사와 같이 변했는가?
39 너희가 그 모습을 보도록 그리하라,
사랑하는 나의 아들딸들아!

5,565 번째 하나님 말씀

2003년 3월 17일 23시 42분

1 사랑하는 나의 아들아!
2 "네, 아버님! 말씀하옵소서."
3 나에게서 선택된 지도자는 과연 무엇
이던가?
4 너희가 타인에게 모범이 되며 한 점의
부끄럼이 없는 삶이며, 남들이 너희의
그 모습을 보고 변한 자요, 범상치 않
은 사람이라는 것을 느낄 수 있도록
그와 같이 변화되어야 하니라.
5 이제 나의 법전을 읽고 깨우치고자 하
는 나의 아들을 따르는 제자들이요,
나의 법전을 읽고 깨우친 만백성은 알
아야 할 것이니라.
6 너희는 마음이 변화되어 있으며 생각
이 변화되었다 그리 깨닫고 매일매일
아름다운 쪽으로 변해 가는 삶을 산다
그리 말할 것이니라.
7 그러나 내가 너희에게 말함이니, 항아
리에 그득히 들어 있는 그 물에 너희
가 생수를 붓고 또 부어도 아직도 거
기에 썩은 물이 많이 남아 있는 그와
같은 형국이니라.

8 그러니 너희 모습에서 빛이 나지 아
니하며 너희 눈동자에서 비추는 빛이
나지 아니하며 너희 행동에서 빛이 나
지 아니하여 너희를 믿지 못하며 너희
를 따르지 못하며 너희를 의심함이니,
9 너희가 전해 주는 법전을 그들이 감사
하다 하여 눈물로 두 손으로 받는 것
이 아니니 너희는 이를 알아야 할 것
이니라.
10 이제 나를 선택하여 따르는 만백성,
그리고 내가 쓰고자 불러 쓰는 만백성
너희는 마음의 변화를 이루기 시작하
였다면, 너희의 행동도 똑같이 수반되
어서 따라가야 함을 잊어서는 아니 될
것이니라.
11 마음으로써 변화되고 말로써 변하면
안 되며,
12 행동이 따르지 아니한다면 너희는 깨
우쳤다고 하지 않는 것이 나으며,
13 너희가 마음이요, 생각이 변하는 그것
으로써 변화됐다면 차라리 그것마저
도 변하지 않는 것이 낫다고 생각해야
함을 알아야 할 것이니라.
14 너희의 마음은 변화되었으며 말로는
변했다 하나 행동이 그리 따르지 못할
때, 너희는 위선자요, 거짓된 자며,
15 그리하여 나의 법전이요, 나 여호와가
존재하는 것이 잘못된 것이요, 사기극
으로 만백성에게 그리 비치게 될 것
이니라.
16 그러니 나의 아들을 따르는 제자요,
나의 법전을 읽고 깨우친 백성 너희는
마음의 변화가 전진될 때 너희 행동
도 그와 같이 따라서 이루어질 때, 모
든 백성이 너희를 알아볼 것이며,
17 너희를 존경할 것이며, 너희 마음과
너희가 역사하는 그 뜻을 알게 될 것
이니,
18 그와 같은 마음 자세로 나의 법전을
전할 때 모든 백성이 이를 거부하지
아니할 것이며, 그들은 감사하는 마음
으로 받을 것이며,
19 그들이 정독하여 이것이 나 여호와가
새로 내리는 성경이요, 새 역사를 이
루고자 하는 것이며, 그리고 구원의
길이 무엇이며 그들이 가야 할 길이
무엇이라는 걸 알게 됨이니라.

5,566 번째 하나님 말씀

2003년 3월 18일 07시 22분

1 사랑하는 나의 아들아!
2 "네, 아버님! 말씀하옵소서."
3 너희 인간 세상에 그저 흘러가는 말로
'약빠른 고양이라는 동물이 밤눈이 어
둡다'는 말이 있듯이, 지금 인간 너희
가 살아가는 것이 그와 같은 형국이며,
4 너를 따르는 제자들이요, 나의 법전을
읽고 깨우치는 만백성이 아직도 그와
같은 형국을 벗어나지 못하고 있음을
알아야 할 것이니라.
5 내가 너를 통하여 저희에게 하나씩 던
져 주는 이야기요, 가르침이 얼마나
소중하며 그 역사가 얼마나 위대한 기
적인지를 그들은 알지 못하고 있음이
니라.
6 내가 너를 통하여 '너는 몸이 아프며
병이 날 자들이니 무엇을 먹으라' 그
리 말하여 가르쳐 주면,
7 그것이 인간이 치료할 수 없는 기적

이요, 병을 예방하는 것이요, 제 생명
을 구하는 소중한 것이니,
8 그를 믿고 그대로 따라 행하면 손해
갈 것이 없으며 저를 구할 수 있거늘,
9 그를 믿지 아니하며 인간의 계산속으
로 나의 아들이 책이나 팔아먹으려고
그리 말하며 저희를 현혹하여 이 성
전에 와 저의 강론을 듣게 하고 저에
게 무슨 재물을 얻고자 하는 그와 같
은 행위라 그리 생각하고 있음이니라.
10 나의 아들을 통하여 창조주인 나 여호
와가 저희가 들을 수 없는 깨달음이
요, 들을 수 없는 치료법이요, 제 운명
을 바꿔 주는 그와 같은 소중한 것을
한마디 말하고 전해 주거늘,
11 그것을 약은 인간이라 하여 잔머리를
굴리며 그걸 엉뚱한 것으로 생각하니,
12 바로 나의 피조물 만백성이 밤눈이 어
두워 못 보는 약빠른 고양이와 똑같은
형국이니라.
13 너희 제자들은 명심해서 들어야 할
것이니라.
14 나의 아들을 통하여 한마디씩 던져 주
는 그 가르침은 내가 너희를 사랑하
기에 알려 줌이니라.
15 그러니 그를 소중한 줄 알며 그것이
얼마나 귀한 말씀이요, 귀한 뜻인지를
너희는 알아야 할 것이니라.
16 거기에 너희가 계산을 두고 생각하는
그와 같은 사람이 되어서는 아니 될
것이니라.
17 이미 너희 제자들은 그와 같은 한계의
훈련은 넘었으나, 모든 백성이 나의
성전을 찾으며 나의 아들을 찾아오는
자들이 그와 같은 생각을 하며 한 자
리 깔아 놓고 저희가 계산하고 생각
하니,
18 그 어리석은 자들에게 무엇을 가르쳐
주고 무엇을 손에 쥐여 준들 그들이
알겠는가?
19 그러나 너는 그래도 그들에게 일깨워
주어야 할 것이니라.
20 세월이 지난 다음에 그들은 그걸 뼈
저리게 알 것이며, 시간이 지난 다음
에 너의 말을 듣지 않은 것을 그들은
바로 증명하게 될 것이니라.
21 그리하여 그것을 따르고 행하는 자는
영광이요, 축복이 있을 것이며,
22 그를 거부하고 제 마음대로 계산하며
네가 그저 나의 법전 몇 권이나 팔려
는 사람으로 생각하며 그를 팔려고 그
와 같은 이야기를 한다 하는 사람들,
23 그리고 너희에게 재물이나 무엇을 얻
으려고 성전에 나오게 하려고 네가
권모술수를 쓴다고 생각하는 자는 바
로 약빠른 고양이가 밤눈이 어두워 먹
이를 구하지 못하는 그보다도 더 어리
석고 어리석은 백성인 것을 이제 깨우
쳐 주며,
24 나의 법전에 이 내용을 기록하여 내가
너희에게 전함이니,
25 나의 성전을 찾아오는 자, 나의 법전
을 읽는 자, 그리고 나의 아들에게 가
르침을 듣는 모든 백성은 있는 그대
로 받아들이며 있는 그대로 생각하는
순수하고 아름다운 인간성의 마음을
갖도록 그리하여야 할 것이니라.
26 내가 너희에게 수차 말하기를, 인간의
머리로 계산하지 말며 인간의 생각으
로 계산하지 말라 함이 거기에 있음이

니라.
27 창조주 나 여호와가 너희에게 전하는
그 뜻을 인간의 머리로써 너희가 계산
하고 생각함으로 인하여 너무나도 잘
못된 판단을 얻게 되며 오류를 범하게
됨이라 하였음이니라.
28 너희가 앞으로 어떠한 것을 먹지 아니
하면 병이 나 죽게 된다는 것은 의사
도 모르며 아무도 모르느니라.
29 네 몸에 무언가 이상이 있기에 그걸
고쳐야 한다는 그 귀한 것을 가르쳐
주는 것을 소홀히 듣고 제가 죽음 앞
에 와서 너를 붙잡고 몸부림치며 나를
불러 애원해도 이미 그때는 늦음이니
라.
30 내가 너희에게 한 번의 기회를 주었거
늘, 그를 시행하지 아니한 자는 제 운
명대로 가는 것이 당연한 것이 아니던
가?
31 그 소중한 것을 모르는 것이 그 백성
이니라.
32 이는 곧 무엇이냐?
33 잔머리로 계산하기 때문이니, 약빠른
고양이가 밤눈이 어두운 그와 같은 어
리석고 불쌍한 고양이로 되어 있는 형
국이 지금 나의 피조물 만백성이니라.
34 그러나 너는 깨우쳐 주고 전해 줄 것
은 전해 주라.
35 듣고 안 듣는 것은 저에게 달렸음이
니, 그건 제가 알아서 할 일이니라.

5,567 번째 하나님 말씀

2003년 3월 18일 09시 53분

1 사랑하는 나의 아들아!
2 "네, 아버님! 말씀하옵소서."
3 너는 살아 움직이는 꽃이 되어야 함이
니라.
4 너의 제자들이요, 너를 따르는 모든
백성에게 전하라.
5 너희는 살아서 움직이는 꽃이 되어야
하며 꽃이 되는 것이 너희가 나를 따
르며 나의 아들딸로서 그 직분을 다
하는 것이라 그리 전하라.
6 아무리 유능한 화가요, 아무리 그림을
잘 그리는 사람이라도 화선지 위에 그
린 그림은 향기가 없으며 움직임이 없
는 것이 아니더냐?
7 그러나 들녘에 피어 있는 꽃은 향기가
있으며 그 꽃은 흔들리는 바람에 그래
도 저는 움직이며 살아 있음을 보여
줌이니라.
8 그러나 그 꽃은 옮겨 갈 수가 없으며
이동할 수가 없어 많은 사람에게 그
아름다움을 보여 줄 수가 없음이니,
9 그곳을 찾는 자, 그곳을 지나가는 자,
그리고 그와 만남의 인연을 가진 사람
들만 그 아름다움을 알며 그 향기를
맡을 수 있지 않던가?
10 내가 너에게 법전에 기록하여 뭐라 가
르쳤느냐?
11 인간 너희가 가진 마음이요, 내가 최
초에 너희에게 넣어 준 그 성령이요,
그 마음이 아름다운 꽃이라 내가 그리
말하였음이니라.
12 꽃보다도 아름다운 것이 너희라 하였
음이니라.
13 너희가 웃는 그 모습은 태양보다도 더
위대하며 아름다우며, 아무리 향기가
진한 꽃도 너희가 함빡 웃는 그 웃음

의 꽃보다 더 소중하고 아름다운 꽃은
세상에 없음이니,
14 너희가 함빡 웃는 그 순간에는 나의
성령의 마음이 그대로 받쳐 주며, 내
가 수천수만 번 너희에게 깨우쳐 주고
자 했던, '이웃을 네 몸처럼 사랑하라,
죄를 짓지 말라, 남을 용서하라, 그리
고 남이 너를 때렸을 때 그 아픈 손을
만져 주라' 했던 그 모든 것을 다 덮으
며, 그를 다 녹이는 것이,
15 너희가 아름다운 얼굴에서 함빡 웃는
그 꽃이니라.
16 그 꽃 속에는 모두가 다 녹여짐이니,
17 그 꽃이 핀다 하면 천 가지, 만 가지를
가르칠 것이 없으며 더 배울 것이 없
지 않던가?
18 그러나 너희는 얼마든지 움직일 수
있으며 너희는 행동할 수 있음이니라.
19 너희는 어느 곳이든 피우고 싶은 장소
에 가서 꽃을 피울 수 있으니,
20 인간인 사랑하는 나의 아들딸보다 더
위대하고 소중한 꽃은 없음이니,
21 그리하여 너희는 움직이는 꽃이며, 행
동하는 꽃이며, 생각하는 꽃이며, 웃
을 때 웃어 줄 수 있는 꽃이니, 너희보
다 아름다운 꽃이 세상에 없다 그리하
였음이니라.
22 어린아이가 그리는 태양의 그 웃는 모
습이 바로 너희가 웃는 꽃이요, 너희
가 가진 꽃이니라.
23 그 소중하고 아름다운 꽃을 피우지 못
하고 사는 것이 너희가 죄악이며, 나
를 등지는 것이며, 나에게 오르지 못
하는 길이며 나를 버림이 바로 그것이
니라.
24 너희가 한 송이 아름다운 꽃을 피울
때 그 꽃이 나에게 오는 것이요, 그 마
음이 천사의 마음이요, 나의 성령을
닮은 마음이니, 너희는 움직이는 꽃이
요, 살아 있는 꽃이요, 그리고 행동할
수 있는 꽃이니라.
25 그리고 너희보다 아름다운 꽃이 없음
이니라.
26 너희가 웃는 입이요, 눈이요, 귀요, 코
요, 거기에 다 그 나름대로 네가 꽃을
피우고자 할 때, 그들은 아름다운 모
습으로써 제 몫을 다함이니라.
27 눈을 보는 자, 눈이 어려 그를 보지 못
하며 사랑스러워서 보지 못하며, 너희
의 이목구비요, 그 모든 것이 꽃을 피
우고자 할 때 그들이 가진 자리에서
그들도 다 같이 꽃이 핌이니,, 그리하
여 아이들이 뜨는 태양을 그린 그 웃
는 태양의 모습보다도 더 아름답고 소
중한 것이 너희 꽃임을 알라.
28 이제 인간의 꽃을 피우라, 나의 아들
아!
29 이 성전에 내가 꽃을 갖다 바치라는
그 뜻을 알겠는가?
30 내가 심어 놓은 그 꽃을 꺾어 갖다 놓
기를 원하겠는가?
31 그 향기를 맡으려고 내가 갖다 놓기
를 원하더냐?
32 아니니라.
33 내가 사랑하는 나의 아들딸, 너희 꽃
을 원함이니,
34 이제 내가 한 송이의 꽃을 갖다 바치
라는 그 뜻을 알겠는가?
35 너희의 꽃을 바치라는 것이며 너희보
다 더 소중한 꽃이 없다 내가 그리 말

하지 않더냐?
36 인간의 최고의 화가라는 자가 그린 그 꽃은 향기가 없으며 움직임이 없으며,
37 또한 꺾어다 놓은 그 꽃은 향기는 한 동안 갈 수 있으나 그 또한 시듦이니라.
38 그리고 그들은 움직이고 살아서 존재할 수가 없음이니라.
39 오로지 영원히 사는 꽃이요, 영원히 나의 성전에 바칠 수 있는 꽃은 너희 한 송이 아름다운 꽃을 바치라 함이요, 그 꽃을 갖다 놓으라 함이니, 이제 네 제자에게 '과연 누가 꽃이 되고자 할 것인가? 모두 다 꽃이 되어라' 그리하라.
40 웃음이 꽃이니라.
41 너희가 진심으로 아름다운 꽃을 피울 때 만백성은 너희에게 나오는 빛을 볼 것이며 향기를 맡을 것이며,
42 너희의 아름다운 그 꽃을 봐 그들이 나의 법전을 접할 것이며, 꽃 한 송이를 보는 그 마음이 얼마나 아름다운지, 사악한 자도 꽃 앞에서는 그 마음이 누그러지며 살인하는 자도 누그러짐이니라.
43 그러니 인간의 꽃을 볼 때 그들이 무엇인들 못 녹이며, 나의 법전을 그들이 어찌 던지며 그를 저버리며 그를 보지 않겠는가?
44 그들은 서로 이 법전을 보려고 너희에게 소원할 것이며 너희에게 법전을 달라 애원할 것이니라.
45 가장 사랑하는 나의 아들딸들아, 가장 아름다운 꽃 한 송이를 피우도록 그리하며,
46 나의 성전에 항상 아름다운 꽃이 그치지 않도록 그리하라.
47 재물로써 너희에게 꽃을 바치라는 나 여호와가 아니니라.
48 나는 인간 너희가 살아 있는 자체의 그 꽃이요, 그 아름다운 향기의 꽃을 나에게 바치라 함이니,
49 너희는 항상 나의 성전에 와 꽃이 되어 나를 기쁘게 하라, 사랑하는 나의 아들딸들아!
50 그리하여 너희에게 꽃을 바치라 함을 이제야 깨달았을 것이니, 그리 알라, 사랑하는 나의 아들딸들아!

5,568 번째 하나님 말씀

2003년 3월 18일 10시 04분

1 사랑하는 나의 아들아!
2 "네, 아버님! 말씀하옵소서."
3 너희의 모든 신체 구조는 한 송이의 꽃이며, 너희의 육은 그 꽃의 줄기라 그리 생각하라.
4 지금 나의 아들을 통하여 내가 내리는 강론이요, 나의 뜻이요, 나의 아들을 통하여 내리는 모든 기도를 너희는 어디를 통하여 듣는가?
5 너희는 오늘 이 아침에 앉아 너희의 그 소중한 귀를 한번 만져 보라.
6 너희의 그 귀가 없다면, 너희가 지금 만지고 주무르는 그 귀가 없다면 너희는 나의 아름다운 성령의 가르침이요, 나의 법전이요, 나의 아들을 통하여 내리는 그 주옥같은 나의 기도의 성령을 너희는 과연 들을 수 있겠는가?
7 들을 수 없음이니라.

8 그러니 너희 신체의 한 부분인 귀의
소중함을 너희가 깨달아야 할 것이며,
또한 눈이 있기에 나의 법전을 보는
것이 아니던가?
9 눈이 있기에 나의 법전을 읽고 깨우침
이니 눈의 소중함을 알아야 할 것이니
라.
10 그리고 손이 있기에 나의 법전을 넘기
며 그를 가슴에 안고 정독할 수 있음
이니라.
11 너희가 그와 같이 만든 그 신체 구조
를 가지고 입이 있기에 만백성을 구하
는 전사로서 역사를 다 함이니,
12 모든 너희의 신체 구조가 그와 같이
아름답고 소중하다는 것을 너희가 하
나하나 알고 깨달아야 할 것이니라.
13 그와 같이 다 임무가 있음이니라.
14 한 사람의 몸에 붙어 있는 각각의 신
체 구조가 나의 법전을 놓고 접하는
책무요, 임무가 그와 같이 있듯이,
15 나의 아들딸 너희도 개개인이 다 책무
가 있으며 임무가 있음이니라.
16 그러니 그 임무에 충실한 사람이 되
도록 그리하라.
17 오늘의 가르침에 있어서 귀가 눈의
역할을 하려 한다면 그는 이루어질 수
없으며 질서가 파괴됨이니라.
18 눈이 귀의 역할을 한다면 과연 그게
이루어질 수 있는가?
19 그렇게 되지 아니함이니라.
20 그리고 입이 함봉하고 있으며 듣는 것
을 원한다면 과연 되겠는가?
21 그리하여 너희가 어떤 사역을 하든,
어떤 임무를 맡든 그것은 내가 너희에
게 필요한 그 임무요, 눈과 코와 입의
역할을 맞춰서 너희가 가듯이 다 그러
하니 다 소중한 자들이니라.
22 어떤 역사를 맡아 대임을 수행하든,
작은 사명을 맡았다 하여 섭섭하게 생
각하지 말며 마음 아파하지 말라.
23 그리고 나의 아들 선지자가 너희에게
차별을 두며 나 여호와가 너희에게 차
등을 둔다고 생각하지 말라.
24 내가 너희에게 뭐라 말하였더냐?
25 작은 것이 더 큰 뜻이 있으며 큰 것이
작은 뜻이 있다고 그리하지 아니하였
던가?
26 큰 것을 주려고 작은 것으로써 너희
를 훈련하고 교육하는 그런 과정의
역사이거늘,
27 너희가 그 과정도 넘지 못하고 인내하
지 못하며 나 여호와에게 불평불만이
요, 나의 아들에게 섭섭함을 표현한다
면, 너희는 곧 믿음이 없으며 나에게
순종함이 없는 것이니라.
28 아담과 이브가 내가 그 선악과를 따먹
지 말라 하였으나 믿지 아니하며 나의
뜻에 순종하지 아니하며 나를 따르지
아니하여 오늘날 너희가 죽고 사는 이
험악한 죄의 대가를 치르는 세상이 되
었듯이,
29 너희가 그와 같이 믿음이 약해서는 모
든 것을 쥐며 이룰 수 있으며 나에게
서 받을 수 있는 그 상을 다 버리고 포
기하는 그와 같은 형국이 되어 간다는
것을 알라.
30 아담과 이브가 내가 선악과를 따먹지
말라는 것을 믿지 아니하였으며 순종
하지 아니하여 그가 죽고 사는 모든
영광과 영화를 다 버린 것만 너희는

생각하지 말라.
31 너희가 나의 뜻을 순종하지 아니하면
나를 믿지 아니함으로써 너희 개인이
더 큰 것을 이루지 못하며,
32 너희 후손들이 더 크고 위대한 역사를
다 저버리며 잊어 가며 너희가 받을
상을 받지 못한다는 것을 알라.
33 그러니 작은 명이라도 최선을 다하며,
작은 명령이라도 영광이요, 기쁨이라
그리 생각하며,
34 큰 것, 작은 것이 없음을 알라.
35 네가 큰 것을 갖고자 한다면 욕심이
아니던가?
36 그 누군가는 작은 것을 가지고 역사하
여야 함이니,
37 내가 모든 것은 너희에게 가장 불리한
쪽으로, 가장 억울한 쪽으로, 가장 손
해 보는 쪽으로 생각하고 계산하며 살
아가라 그리 말하였거늘,
38 말로써는 그리하나 수천수만 번을 들
어 나의 법전에 기록된 것을 수없이
읽으면서 너희가 행동을 그리하지 못
한다면,
39 지금의 잘못 가는 종교 집단의 지도자
요, 그 백성과 다른 것이 무엇이던가?
40 그저 말과 수다로써 구원을 받았다는
그 백성과 한 치의 차이도 없으며 오
차도 없는 그와 같은 삶을 너희가 살
고자 하는가?
41 그리되면 너희는 내가 버린 자식이요,
만백성의 꽃이 될 수 없으며 만백성의
지도자가 될 수 없으니,
42 그 마음부터 다스리며, 마음 한 자리
비우도록 그리하라, 사랑하는 나의 아
들딸들아!
43 나는 너희에게 기대하며, 너희를 믿으
며, 너희는 역사할 것이며 너희부터
선택된 백성이니, 선택된 나의 아들로
서 중요한 그 임무를 다하리라 믿는다.
44 세상을 마음껏 살아가던 나의 아들을
내가 구속하여 오늘의 그 역사를 이루
며 그가 천사와 같은 마음으로 변하고
자 몸부림치며 살아가는 그 모습보다
너희는 쉽게 갈 수 있으며, 그보다 어
렵지 않게 갈 수 있는 것이니라.
45 기초가 다져진 나의 선택된 백성이기
때문이니 그리 알라.
46 아무것도 모르는 나무를 꺾어 놓고 한
생명의 뿌리를 내렸음이니, 꺾인 그
나무가 뿌리를 내리고자 얼마나 몸부
림치며 고통스러워 했겠는가?
47 너희는 뿌리 있는 씨앗을 심었음이니
라.
48 그러니 너희는 순리대로 수분이 있고
시간이 지나면 싹이 트나, 꺾은 나무
로 뿌리를 내리려는 나의 아들의 고통
보다 백배 천배 편안하게 갈 수 있으
며 역사할 수 있으며 쉽게 갈 수 있는
것이 너희이니라.
49 너희는 역으로 말하느니라.
50 '선지자께서는 모두를 들으며 모두를
보며 하나님께 직접 가르침을 받으니
편할 것이며 변화될 수 있으나, 저희
는 보지 못하고 듣지 못함이니 더 어
렵고 힘들다' 말하니, 그는 바로 무엇
이던가?
51 너희는 나를 믿지 못하며 나의 아들을
믿지 못하며 믿음이 부족함이니라.
52 모든 음식을 만들어 먹게 하여 주는
그 음식상만 받는 것이 너희이니라.

53 이제는 너희가 반대쪽에서 생각하는
그와 같은 삶을 살아야 할 것이니라.
54 한 가정의 건강을 위하여 어머니가 주
방에서 일하며 음식을 만드는 고통을
모르듯이,
55 나의 아들이 완벽한 음식을 만들어 너
희에게 먹이려고 얼마나 고통과 시련
의 길을 가는가 너희는 그것을 모르느
니라.
56 악과 싸우는 시련이요, 악에 넘어지지
않고 유혹에 넘어지지 않는 버팀목으
로서, 그는 그 모든 것과 싸워서 너희
에게 먹을 수 있는 음식을 만들어 상
을 차려 너희가 수저만 들고 먹으라
하는 형국이니라.
57 그러니 너희가 열배 백배 깨우쳐야
할 것이며, 너희가 감사하는 마음을
갖도록 그리하여야 할 것을,
58 너희는 역으로 생각하며 반대로 생각
함이니, 그게 너희 욕심이요, 죄의 근
원의 뿌리를 버리지 못한 것 때문이니,
59 그 마음을 비우고 반대로 보도록 하
라, 사랑하는 나의 아들딸들아!

5,569 번째 하나님 말씀

2003년 3월 18일 10시 12분

1 사랑하는 나의 아들아!
2 "네, 아버님! 말씀하옵소서."
3 순종하는 백성에게 나의 모든 은혜가
있으며 은총이 있다 그리 말하였음이
니라.
4 순종하는 자가 나의 아들딸이요, 백성
이라 내가 그리 말하였음이니,
5 순종이라는 그 단어요, 그 행동이 얼
마나 소중한 것인가를 너희는 알아야
할 것이니라.
6 나의 뜻을 순종치 아니하며 거역하며
너희가 임의로 생각하기에 오늘과 같
이 험악한 세상이 되었으며 도둑이 들
끓는 세상이라 말하며,
7 사탄이요, 마지막 종말이요, 너희가
불안과 공포 속에서 살아가는 오늘의
나의 백성이 되었음이니라.
8 너희는 이 대자연의 아름다움이요, 지
상에 엮어진 그 모든 자연의 아름다움
을 돌아다보라.
9 그게 얼마나 너희를 위하여 아름답게
그려진 그림이며 너희를 위해서 내가
얼마나 아름답게 만들었는가?
10 그 아름답고 훌륭한 속에서 자연의 아
름다움이요, 지상의 고귀하고 아름다
움을 느끼지 못하며 이 좋고 아름다운
세상 속에서 너희가 공포와 불안한 마
음을 갖고 살아감이니, 그것이 잘못되
었으니, 그 근본이 뭐던가?
11 나의 뜻에 순종치 아니하며 거역한 너
희의 뿌리요, 조상이 살아온 그 역사
요, 삶의 발자취이기에,
12 그리하여 너희가 오늘날 그와 같이 살
아가는 것이니라.
13 이제 나를 따르며 나의 법전을 읽고
나의 아들을 따르는 제자 선택된 너희
는 세상의 방대함이요, 그 아름다움을
보며 불안에 떨지 말며 공포에 떨지
말며 무서운 마음으로 세상을 살지 말
라.
14 그리 세상을 불안하게 살도록 나 여호
와가 만들지 아니하였음이니라.
15 순종하는 마음이요, 나의 계명을 지키

고 살아가고자 하는 자는 여기 앉아
서 대자연의 아름다움을 그대로 느낄
수 있으며, 그것이 비워진 마음이니라.
16 자연의 아름다움보다 너희 마음을 더
아름답게 만들어 세상에 내려보낸 것
이 나의 사랑하는 백성이요, 나의 아
들딸이니라.
17 아무리 자연이 아름답고 오묘하여 그
화려함에 벌린 입을 다물지 못하고 경
탄할 만큼 아름다운 경치를 본다 해도,
18 너희를 만들 때 내려 준 그 아름다운
마음만큼 아름다운 것은 세상에 없음
이니, 너희는 그를 알라.
19 너희 마음보다 고귀하고 소중한 것이
없음이니라.
20 세상에 아무리 아름답고 귀하며 아무
리 절묘하다 하여도 그것은 너희 마
음의 백 분의 일도 못 되는 아름다움
이니,
21 내가 너희에게 내려 준 그 마음이요,
그 생각의 꽃이 얼마나 아름다운지 너
희는 알아야 할 것이니라.
22 내가 너희에게 말하지 아니하였던가?
23 식물의 꽃이 아무리 아름답고 그 자태
가 예쁘다 해도 그 꽃은 그 자리에서
움직이지 못하며 그 자리에서만 향기
를 보내며, 오는 사람, 가는 사람들만
그를 볼 수 있으며 그를 접할 수 있는
사람만 본다 하였음이니라.
24 그리고 그 아름다움을 아무에게나 보
여 줄 수 없음이니, 저를 찾는 자, 그
리고 우연히 지나가는 자, 그리고 스
쳐 가는 바람만 그 꽃의 향기를 안고
가며, 그 꽃의 아름다움은 부는 바람
만 그를 볼 수 있다 그리 말하지 아니
하였던가?
25 그러나 나의 사랑하는 백성 너희의 꽃
은 어떠하던가?
26 그 꽃보다 더 아름다움이니,
27 너희에게 내가 최초에 내려 준 초심이
그보다 더 아름다우니라.
28 너희가 아름다운 꽃이니라.
29 체온으로 움직이며 피울 수 있는 꽃이
되는 것이 너희이니라.
30 너희보다 소중한 것이 없다 내가 말한
그 뜻이 어디 있는 줄 알겠는가?
31 이 세상에 너희보다 아름다운 것이
더 있는가?
32 눈으로 보이는 그 대자연에 아름답게
만발한 꽃밭에 섰을 때 행복하지 아니
하며 근심 걱정을 잊어버리지 아니하
는 자는 없을 것이며, 그보다 더 예쁘
고 고운 꽃이 없다 그리 말할 것이니
라.
33 그러나 세상에서 아름다운 꽃보다 더
아름다운 꽃이 있음이니 그것이 무엇
이던가?
34 바로 너희 마음의 꽃이니라.
35 그러니 너희는 어떠한 꽃보다도 아름
다우며, 인간 너희가 말하는 대자연의
꽃보다 아름답고 예쁘고 귀한 것이 세
상에 없다 말함이, 너희가 그 꽃과 같
이 되는 것이 더 이상 행복이 없으며
그 꽃 속에 사는 것이 천국이요, 하늘
에 오르는 것이라 그리 생각하고 살
것이니라.
36 그러나 그 꽃보다도 더 아름다운 꽃이
있음이니 바로 무엇인 줄 알겠느냐?
37 너희들이니라.
38 너희 가슴에 피우는 그 꽃이 그보다

천배 만배 더 아름다우니,
39 내가 이 세상에서 가장 소중하며 가장 나의 소중한 보배며 귀한 것이 너희들이라는 것을 이제 알겠는가?
40 그 꽃보다도 너희 꽃이 더 아름답고 나에게는 소중하기 때문이니 그리 알라.
41 너희가 그리 소중하다는 것을 알겠는가?
42 너희보다 소중한 것이 없다는 것은 너희보다 더 아름다운 꽃이 이 세상 어느 곳에도 없기 때문이니라, 사랑하는 나의 아들딸들아!

5,570 번째 하나님 말씀

2003년 3월 18일 10시 19분

1 사랑하는 나의 아들아!
2 "네, 아버님! 말씀하옵소서."
3 아담과 이브 시대부터 그들이 순종치 아니하여 너희가 오늘날 이 험악한 시대를 살게 되었음이니라.
4 그러나 그들로부터 원죄가 있어 너희가 죄인이라는 그와 같은 굴레에서 벗어나라.
5 그들은 그들 자신이 그 죄의 대가를 치렀다고 내가 하였음이니, 그들이 잘못한 것이 너희 죄가 아니라 너희는 그들로 하여 피해자라는 생각으로 바꿔야 할 것이니라.
6 그러나 지금 모든 종교 집단이요, 지도자들은 과연 뭐라 하는가?
7 너희 조상인 아담과 이브가 죄를 지었기 때문에 너희가 원죄를 가지고 세상에 나왔음이니,
8 그 원죄를 회복하기 위하여 너희는 돈을 바치며 재물을 바치며 그저 손으로 지은 성전에 목메어 기원하는 것부터 해야 한다 그리 말함이니라.
9 그러나 여기서 너희가 원죄를 가지고 나온 것이 아니라 너희는 억울하게 그 대가를 치르는 백성이니, 너희는 원죄가 아니요, 보상을 받아야 할 백성임을 알라.
10 그리하여 너희가 보상을 받는 길을 가도록 내가 너희에게 아름다운 원심을 갖고 살라 그리 말하느니라.
11 아담과 이브가 나의 나라를 믿으며 나의 뜻에 순종하는 그와 같은 역사의 삶을 살았더라면 너희는 오늘과 달리 죽지 않는 세상이요, 병들어 고생하지 않는 세상이요, 이 대자연의 아름다움 속에서 살다 하늘에 오르는 것이거늘,
12 아담과 이브가 순종치 아니하고 그 믿음의 길을 가지 아니하여 너희가 오늘의 고통과 시련을 겪으니 너희는 원죄가 있는 백성이 아니라,
13 그들에게서 보상을 받아야 하며 그들에게서 아픈 마음을 달래 줄 수 있는 그것을 도리어 찾아야 하니라.
14 그러나 너희가 먼저 조상에 대한 원망과 원성을 높이기 전에, 그 원죄를 가슴에 안은 꼴을 따지기 전에,
15 너희가 모두 원심으로 돌아갈 수 있는 바른 삶을 살도록 하여 너희의 그 원형의 모습을 찾으라 내가 너희에게 함이니,
16 그리하여 순종이 중요함을 너희는 알아야 할 것이니라.
17 너희의 본마음을 찾아 주고자 함이

나 여호와의 뜻이니라.
18 그리하여 나 여호와가 너희에게 160 권의 법전을 나의 아들을 통하여 세상에 내려보낸 그 모두는 너희가 순종함이 제일이요,
19 순종을 위해서는 너희 목숨을 다 던져서라도 그 순종의 길을 갈 수 있도록 내가 너희를 깨우치고 가르치고자 하는 것이 나의 뜻이니라.
20 이제 나의 법전을 읽는 백성, 그리고 이 대목을 읽은 백성, 그리고 나의 아들을 따르는 제자, 사랑하는 너희는 이제 원죄라는 멍에를 내가 벗겨 줌이니,
21 너희는 나의 뜻을 충분히 알지 않겠는가?
22 그리하여 원죄는 없으며, 너희가 그 죄의 대가로 지금 고통을 당하며 고생스러운 삶을 사니 그들을 원망할 수는 있으나,
23 그 원죄를 받아 짊어지고 가는 짐까지 내가 너희에게 주는 것은 아니며 그러한 법도는 없는 것이니라.
24 그러니 그것으로 인하여 나의 피조물 만백성에게 재물을 거둬들이며 사악한 짓을 하는 종교 지도자, 그들을 내가 체벌하며 그들을 다스리고 그들의 뿌리를 뽑으려고 법전이 내려가는 것이며 오늘의 역사가 이루어지며 나의 아들을 세상에 내려보냈음을 너희는 알라.
25 너희가 깨닫지 못했던 것을 하나씩 알아 갈 때, 그것은 무엇이던가?
26 하늘의 가르침이요, 하늘의 교육을 받는 것이니,
27 너희는 모두 가슴에 깊이 새겨 잊지 말아야 할 것이며, 이제 지우지 말아야 할 것이니라.
28 나를 믿고 순종하는 자는 모든 가르침이 지워지지 아니할 것이며 영원히 너희 가슴에 남아 너희를 다스림이니,
29 그게 바로 성령이 너희에게 임하는 계기가 되며,
30 나 여호와가 너희를 이끈다 하나 곧 성령이 너희 가슴속에 들어가 바르고 곧고 곧은 길로만 인도하느니라.
31 성령은 지옥에 가서 받는 고통이 얼마나 무서운지 알기에 반드시 너희를 통제하여 아름다운 모습으로 살게 할 것이니,
32 그때 너희는 내가 터치했다 그리 생각하느니라.
33 그를 받아들일 수 있도록 너희는 순종하는 마음이요, 아름다운 마음을 가지고 살도록 그리하라, 사랑하는 나의 아들딸들아!

5,571 번째 하나님 말씀

2003년 3월 18일 10시 32분

1 사랑하는 나의 아들아!
2 "네, 아버님! 말씀하옵소서."
3 말이 없는 속에서 말이 통함이요, 말이 없는 속에서 네 뜻을 알게 될 것이며, 말이 없는 속에서 네 의사가 모두 전달됨을 이제야 알겠는가?
4 네가 말이 없는 속에서 네 제자들의 행동함을 알 것이며, 말이 없는 속에서 네 뜻을 그들이 알 것이니라.
5 말이 없는 속에서 세상을 통제하며 말

이 없는 속에서 역사를 이루는 것이
나 여호와의 뜻이니라.
6 인간 세상에서는 모든 것을 말로써 변
명하며, 말로써 설명하며 말로써 가르
치나,
7 하늘의 뜻이란 말이 없는 곳에서 말이
통하며, 말이 없는 곳에서 행동을 하
며, 말이 없는 곳에서 네 의사가 전달
됨이니라.
8 그것이 하늘의 뜻이요, 하늘의 길을
가는 나의 아들이 가는 길이며 네가
역사하는 길임을 알아야 할 것이니라.
9 오늘의 네 눈물은 만백성이 너를 볼
수 있으며, 이 모든 법전이 진정한 나
의 뜻이요, 만백성을 구하는 길이요,
그 빛이 된다는 것을 그들이 깨달음이
니,
10 그를 보고 깨닫는 자는 지옥에서 구원
함이요, 하늘로 인도하는 너의 눈물임
을 알라.
11 나의 아들아, 이제 말이 없는 속에서
모두가 다 이루어지며 말이 없는 속에
서 그 역사가 이루어짐이니라.
12 무생물이요, 네가 앉아 있는 의자요,
네 앞에 있는 이 책상이요, 네 시계요,
지금 네가 말하는 모든 기계가 다 살
아서 너에게 말한다고 그리하지 아니
하였던가?
13 그들이 말을 해서 네가 그를 알아들으
며 그들이 소리를 질러서 네가 알아듣
더냐?
14 그들이 말하지 아니하고 표현하지 아
니하고 움직이지 아니하여도 네가 그
들의 말을 알아들으며 그들의 마음을
알지 않느냐, 사랑하는 아들아!
15 그리고 모든 동물이 움직이며 그들이
말하는 것을 네가 그 음성을 듣고서
알던가, 그가 소리 질러서 알던가?
16 보지 않는 속에서 그를 다 보며 그를
듣지 아니하더냐, 사랑하는 나의 아들
아!
17 그러니 지혜가 있고 깨달음이 있는 나
의 백성은 네가 말하지 아니하고 행동
하지 아니한다 해도 그를 다 보고 듣
게 되어 있음이니라.
18 그리하여 말이 없는 속에서 네가 말
로써 가르치며 말이 없는 속에서 언행
을 다듬어 가르치는 그와 같은 것이
네가 가야 하는 길이며, 네가 가르치
는 교수법이요,
19 만백성을 깨우치는 길이 바로 그러한
것이란 것을 네가 이제 알았으면 그리
행하도록 하라, 사랑하는 나의 아들아!
20 그들도 다 알게 되어 있으며 듣게 되
어 있음이니라.
21 그를 듣는 자가 나의 전사요, 네가 말
하지 않는 속에 네 말을 듣는 자가 나
에게서 선택된 백성이니라.
22 말이 없는 모든 무생물 속에서 네가
대화를 하듯, 살아 있는 너에게서 그
모든 것을 느끼고 알게 될 것이니,
23 말이 없는데 말을 가르치며, 말이 없
는데 행동을 가르치며, 말이 없는데
나의 법전을 가르치며, 말이 없는 속
에서 나의 법전의 내 뜻을 전하는 네
가 되어야 할 것이며,
24 이제 그리되었음이니, 오늘 이 아침
나 여호와의 기쁨이 끝이 없음이니라,
사랑하는 나의 아들아!

5,572 번째 하나님 말씀

2003년 3월 18일 10시 44분

1 사랑하는 나의 아들아!
2 "네, 아버님! 말씀하옵소서."
3 지금의 믿음의 길을 가는 모든 백성이
내가 십계명 중에 제1계명인 '우상을
섬기지 말라.' 하였으나, 그 우상을 그
들이 섬기고 있음이니라.
4 그러면서도 저희가 말로는 우상을 섬
기지 말라 그리 말하고 있음이니라.
5 내가 너희에게 제사를 지내는 것이 우
상이요, 제물을 차려 놓고 조상 앞에
절하는 그것을 왜 우상이라 그리 말하
였던가?
6 너희의 조상이 죄를 짓고 나에게 와,
잘못 살아온 그 죄의 대가를 받아 그
들이 어떠한 형국으로 어찌하고 있는
지 그것을 모르기에 내가 너희에게
거기에 절을 하지 말라 그리하였음이
니라.
7 그가 뱀이 되는 벌을 받고 뱀으로 가
있다면 그에게 절을 하는 것은 너희가
뱀에게 절을 하는 것이며, 새가 된 것
은 새에게 절하는 것이요,
8 그와 같이 너희 조상이 어느 형국으
로 가 있는지 그것을 모르면서, 너희
가 제물을 차려 놓고 제사를 지내는
것이 곧 그 우상을 섬기는 것이라 하
였음이니라.
9 그리하여 사탄 쪽에 가서 어떠한 일을
하는 것인지, 어떠한 죄를 치르는 것
인지 너희가 모르기에,
10 그가 어떠한 형국에 가 있는지 모르는
너희가 그 제물을 차려 놓고 그와 같
이 하는 것을 우상이라 내가 그리 말
하지 아니하였던가?
11 그러니 너희는 나의 그와 같은 가르침
에서 깨달음을 얻어야 할 것이니라.
12 지금 모든 종교 지도자는 저희를 모
셔야 하며 저희를 받들어야 하며 저
희를 기쁘고 영광스럽게 하는 것만이
모두가 축복을 받으며 심지어 나라에
까지 영광이 있다 하고 있음이니, 저
희를 따르라 그리 말하는 것이니,
13 그들이 바로 무엇이더냐?
14 우상이니라.
15 그들이 왜 우상이던가?
16 죽은 조상이 어디에서 어떤 형국으로
벌을 받고 있는지 모르기에 거기다 절
하는 것이 우상이라 내가 그리 말하였
음이니라.
17 너희 종교 지도자들이 유리로 비추어
한 점의 부끄러운 짓을 하는 자,
18 뒤에서 간음하는 자, 강간하는 자, 그
리고 남의 재물을 거짓 하여 끌어들
이는 자,
19 그와 같이 그가 생활하는 것에 얼마
나 추하고 더러운 생각을 하고 있는지
그걸 모르면서 그들을 무조건 따르며
그들을 경배하며,
20 '옳소, 믿습니다.' 소리 지르며 그를 기
쁘고 즐겁게 해 주며,
21 그가 편안하게 살아갈 수 있는 것이
요, 주의 종을 위해서는 그들이 사악
한 짓을 해도 다스리지 말라 그리 말
함이니,
22 그보다 더 큰 우상이 어디 있으며, 그
보다 더 위대한 우상이 어디 있는가?
23 너희가 제일 큰 우상을 모시는 자들

임을 알아야 할 것이니라.
24 그가 어찌 살아가는지, 그가 어떤 형
태로써 살아가는지 그것을 너희가 다
안 다음에, 그가 한 점의 부끄러움이
없이 천사와 같이 살거든 그를 받들어
도 너희는 죄가 되지 아니할 것이며
우상이라 말하지 아니하여도 될 것이
니라.
25 그러나 그 살아가는 모습이 추하며 단
상에 섰을 때의 그 아름다운 모습과
살아가는 이면의 모습은 사악한 모습
으로써 살아가며 죄짓는 것을 두려워
하지 아니하며,
26 오늘의 죄를 용서받을 수 있다는 생
각으로써 사악한 짓을 끊지 못하며 계
속하는 그와 같은 종교 지도자를 받들
며 그를 기쁘게 해 주며 그를 편안하
게 해 준다는 것은, 너희가 왕우상을
모시며 왕사탄을 모시는 것이니라.
27 지금의 종교 집단들이 가는 것이 우상
을 섬기고 우상을 모시는 것이요, 진
정한 믿음의 길을 가는 자들이 그리
없음이니라.
28 그러니 너희는 그리 알아야 할 것이
니라.
29 그것이 바로 너희가 가장 무서운 죄
요, 큰 죄를 짓기에 나와 관계없는 자
며,
30 십계명의 1계명에 '다른 신을 네게 있
게 하지 말며 우상을 섬기지 말라'는
그 뜻을 너희가 이제 알겠는가?
31 모든 종교 집단의 신도 너희는 우상
을 섬기고 있음이니라.
32 그러니 우상을 섬기며 나의 제1계명
을 위배하고 살면서 너희가 하늘에
오르는 길을 간다고 생각하지 말라.
33 이 모든 것은 지옥으로 가는 길이니
나와 관계없다는 뜻을 여기서 깊이 깨
우치라.

5,573 번째 하나님 말씀

2003년 3월 18일 10시 53분

1 사랑하는 나의 아들아!
2 "네, 아버님! 말씀하옵소서."
3 지금의 종교 집단, 지도자들이 순종치
아니하며 나의 뜻을 거역하는 일에 모
두를 바치고 살아가고 있음이니라.
4 그 하나하나를 내가 다 열거할 수 없
으며 그 하나하나를 기록할 수 없음이
니,
5 나의 법전에 기록한 내용을 너희가
찾아본다면 지금 모든 종교 지도자요,
그 신도라 하는 백성이 나의 뜻에 순
종치 아니하는 길만 가고 있으며 그
길을 위하여 살아가며 저희가 믿음이
라 달려가는 것이라 내가 그리 말하였
음이니라.
6 그들은 나의 뜻을 거역하며 구원을 받
는다고 말하느니라.
7 그러나 그들은 구원되지 아니하며 나
와는 아무런 관계도 없으며, 그들이
울고불고하는 것은 바닷가의 파도소
리만큼도, 개구리 울음소리만큼도 나
에게 들리지 아니한다 그리하였음이
니라.
8 그러나 너희는 여기서 하나의 무서움
을 알고 깨달아야 할 것이니라.
9 내가 나와는 아무런 관계도 없다고 한
내 뜻의 그 무서움을 알아야 할 것이

며 그 뜻을 깊이 깨달아야 할 것이니
라.
10 그들과 나는 아무런 관계도 없음이니
라.
11 너희를 위하여 죽음으로써 모두를 답
했으며 그 고통 속에 간 나의 아들 예
수를 너희가 사랑하는 마음보다도, 창
조주 나 여호와요, 전지전능한 아버지
라 부르며 울고불고 나를 찾는 너희가
나의 아들과 나를 사랑하는 마음보다
도,
12 너희는 너희 자신의 육신을 먼저 사랑
하며 너희가 가진 것을 더 소중히 여
기며 네 것만이 위대하다고 생각하는
것이니,
13 그리하여 너희는 사랑하는 것을 가르
치는 것이 아니요, 너 자신만을 사랑
하는 것이요,
14 이웃을 사랑하며 더불어 살아가며 나
여호와를 사랑하며 나의 아들 예수의
그 죽음을 감사드리며 그 고마움이요,
그를 사랑하는 마음을 가르치는 것이
아니라,
15 종교 집단 너희는 개인을 사랑하며
이기주의며 제 자신이 소중하다는 것
만 가르치는 것임을 알아야 할 것이
니라.
16 감사하는 마음을 생각하는 깊은 마음
이요, 그리고 나를 사랑하는 그 마음
이 너희는 없음이니라.
17 너희가 그와 같은 마음으로 살아간다
면 오늘과 같이 순종치 아니하며 거역
하는 행위는 하지 아니하였을 것이니
라.
18 내가 너희에게 '네 이웃을 네 몸처럼
사랑하라' 하였으나 너희는 그리 생각
하지 아니함이니라.
19 너희는 그리 믿지 아니하고 그대로 행
하지 아니함이니, 곧 너희의 믿음이
잘못된 것이며 말로만 하는 사랑이니
라.
20 너희가 감사하는 마음 또한 말로써만
감사하는 것뿐이요, 진심으로 행동으
로써 감사하는 삶을 살지 아니하는 것
이며 그와 같이 살지 않는 자이기 때
문에 너희가 나에게 순종하지 않는
백성이라 내가 말함이니 그리 알라.
21 불신이요, 부정적인 사고방식을 가르
치는 것이 지금 종교 집단의 가르침이
니라.
22 그리하여 믿지 않는 자들과는 너희는
상대치도 말며, 믿지 않는 자와는 금
전거래도 하지 말며, 부모·형제도 믿
지 않는 자는 사랑하지 말며,
23 믿음을 같이 가는 네 이웃의 형제를
더 사랑하라 하며,
24 너희와 같이 가는 소위 형제자매만
사랑하며,
25 너희를 낳아 주고 길러 준 부모요, 같
이 살아온 모든 형제를 사랑하는 것보
다 그들을 사랑하는 것이 더 우선이라
그리 가르침이니,
26 너희가 말로써 믿지 않는 자와 상대하
지 말며 믿지 않는 자와 금전거래도
하지 말라고 하는 것은 표현은 그리하
였으나,
27 너희 부모 형제도 믿지 않는 자는 상
대하지 말며 너희 부모 형제에게도 나
눠 주지 말며 베푸는 것을 하지 말라
고 그리 가르침이니라.

28 지금의 종교 지도자들이 그와 같이 가
르친다는 내용을 내가 여기에다 기록
하여 전하나, 너희는 아니라 고개를
흔들 것이니라.
29 너희가 상대치 말라 가르치는 것은 바
로 누구와도 상대치 말라는 것이 아
니던가?
30 그러니 너희는 나 여호와가 원하는
것이 아니요, 내 뜻을 전하는 것이 아
니요, 나 여호와의 성령이요, 내 뜻을
알아 만백성을 구하고자 전하는 것이
아님이니라.
31 너희는 내 뜻을 전함도 아니요, 또한
내 뜻을 알지도 못함이니, 내 뜻이요,
내가 원하는 것을 알지도 못하는 너희
가 어찌 내 뜻을 전할 수 있겠는가?
32 너희는 죽어 지옥으로 간다는 것이 너
무나 무섭고 두려워 그것 하나 면해야
겠다는 그 일념의 욕심 때문에 그 생
각에 사로잡혀,
33 지금 성전을 찾으며 잘못 가르치는 종
교 지도자요, 사악한 자들의 재물로써
구원을 받는다는 그 말에 현혹되어,
34 오늘도 내일도 재물이요, 금전을 가지
고 그 죄의 소굴인 성전이요, 교회라
는 곳에 울고불고 갖다 바치며,
35 그 사악한 자의 말에 현혹되어 '아멘!
옳소, 믿습니다.' 하고 소리 지르니,
36 너희는 '지옥으로 가도 좋습니다, 지
옥으로 가는 것도 믿습니다.' 그리 울
부짖는 것임을 알아야 할 것이니라.
37 너희는 알아야 할 것이니라.
38 나 여호와에게 오르고자 한다면 너희
는 내가 명한 그 계명대로 삶을 지키
고 사는 것뿐이니라.
39 그 계명대로 살지 아니하면 너희가
어떠한 짓을 하든 어떠한 행위를 하든
그건 나와 관계가 없음을 알아야 할
것이니라.
40 너희는 나의 계명대로 살라, 그리고
내가 새로 내리는 성경, 나의 법전대
로 살라.
41 그것만이 너희가 나에게 오르는 길임
을 알라.
42 나의 법전을 정독하고 읽고 또 읽어
깨우치지 아니하는 자는 정녕 나에게
오를 수 없음을 알아야 할 것이니라.
43 이게 내가 너희에게 마지막 내리는
가르침이요, 내가 원하여 나의 법전에
전하는 나의 깊은 뜻임을 너희는 알
아야 할 것이니라.
44 이제 종교 지도자들이 가르치는 그 내
용을 듣고 나와 그저 '할렐루야, 아
멘!'을 찾지 말며,
45 그걸 녹음해서 들으며 하나하나 기록
하여 조용한 시간에 그 뜻을 분석해
보며 그 뜻을 음미해 보며 그들의 가
르침을 하나하나 분석해 보도록 그리
하라.
46 그리하면 그들의 잘못됨을 알게 될 것
이니라.
47 함부로 단상에 서서 구원을 받았다 말
할 수 없음이니라.
48 나의 아들이 눈물로써 입을 함봉하며
산다 그리 말하였느니라.
49 전지전능한 나 여호와의 뜻이요, 하늘
을 두루마리 삼고 바닷물을 먹물 삼아
너희가 죽고 바다가 마를 때까지 써
도 써도 끝이 없는 것이 나의 뜻이라
는 걸 그는 깨우쳤음이니라.

50 그리고 감히 두렵고 무서워 그는 입을
열지 아니하고 산다 그리하였음이니
라.
51 입을 닫고 산다 그리하였음이니라.
52 그리하여 말하지 않는 속에서 깨달음
을 얻는 백성을 원하며 말하지 않는
속에서 진리를 행할 수 있는 백성으로
가르치는 길밖에 없다 그리 깨닫고
몸부림치는 나의 아들의 모습과,
53 단상에 서서 설교하며 각종 인간 세상
의 뜻을 다 가르치며,
54 끝날 때는 재물을 바치라, 많이 바치
는 자가 천국에 간다, 그 재물은 하늘
에 쌓인다는 그것으로써 그날의 교육
을 마치며, 그날의 설교를 마치며, 그
날의 가르침을 마치는 것을,
55 너희가 하나하나 기계에 녹음하고 하
나하나 기록하여 조용한 시간에 읽고
그를 더듬어 보라.
56 그렇다면 너희가 허실을 알 수 있으
며, 잘못된 종교 지도자들의 사악한
가르침이라는 것을 알게 될 것이니,
57 그때 가서도 너희가 깨닫지 못한다면
나의 법전을 버려도 말하지 아니할
것이니라.
58 종교 지도자가 가르치는 그 내용을 하
나하나 점검하고 기록하여 갖고 있어
보라.
59 그러면 천년만년 똑같은 소리를 되풀
이하며 또한 사람에 따라 다른 소리를
하며 엉터리 같은 소리를 하며 장소에
따라서 똑같은 내용을 가지고 가관으
로 지껄이는 것이 그들이니라.
60 그래도 '맞소, 할렐루야, 아멘!'이요,
소리 지르는 것이 너희이니,
61 밥을 주면 꼬리 치는 짐승보다도 더
세뇌된 것이 불쌍한 나의 백성이니라.
62 그들을 구원하라.
63 그들을 구제하는 것이 너희이니라.
64 사람을 구원하라.
65 사람을 구제하도록 그리하라.

5,574 번째 하나님 말씀

2003년 3월 18일 10시 58분

1 사랑하는 나의 아들아!
2 "네, 아버님! 말씀하옵소서."
3 믿음의 길을 가는 백성은 과연 어떠한
길을 가야 하는지 너희는 아는가?
4 자기의 십자가를 자기가 짊어지고 가
는 그 길을 말함이니라.
5 스스로 자기 십자가를 짊어지는 고통
을 겪지 않으려 하며, 자기 스스로 그
십자가를 지고 가는 그 마음 자세가
되지 아니하였으며,
6 자기 십자가를 지고 가는 그와 같은
삶을 살지 않는 백성은 정녕 믿음의
길이 무엇이며 진정한 믿음이 무엇이
라는 것을 알 수가 없느니라.
7 자기 십자가를 지고 가려는 노력만 한
다 해도, 지금 이 세상 모든 백성의 살
아가는 형국이 이와 같이 험악하고 돌
아볼 수 없는 세상은 되지 아니하였을
것이니라.
8 자기 자신의 십자가를 자기가 가장 먼
저 짊어지고 가겠다는 마음으로 산다
면 이 세상이 이와 같이 말세요, 종말
의 시대가 되지는 아니하였을 것이니
라.
9 스스로 자기 십자가를 짊어지는 것을

거역하며 이를 피하고자 하는 것이 지
금의 너희가 가는 길이 아니던가?
10 자기 자신의 십자가도 자기가 짊어지
고 가지 않으려 하는 것이 지금 나의
피조물 만백성을 이끄는 종교 지도자
들이 하는 작태가 아니던가?
11 나의 모든 백성을 믿음의 길로 인도한
다는 그와 같은 지금의 종교 집단 그
들이 자기의 어려운 길을 가지 아니하
며 시련의 길을 가지 아니하려는 것이
니라.
12 자신의 십자가마저 지지 않으려 하는
그들이니,
13 그 밑에서 신도들이 과연 무엇을 배
우며 무엇을 얻는다 말할 수 있는가?
14 그 밑에서 배울 것이 아무것도 없으
며 깨달음이 아무것도 없으니,
15 저희가 구원받는다는 그 자체도 그저
금화와 은화 몇 닢만을 바치면 구원받
는다 그리 생각하며 그 착각 속에서
헤어나오지 못하는 것이 그 신도들이
니라.
16 그와 같은 세상에 살아가는 풍습이 지
금 인간 세속의 인성을 망가뜨렸으며
그것을 모두 무너트리게 한 것이니,
17 지금의 종교 지도자 너희가 가르치는
형태가 잘못되었기 때문에 그리 이루
어진 것을 알아야 할 것이니라.
18 자식이 부모에게 순종하지 않는 시대
가 되었으며, 부모의 뜻을 거역함에
두려움을 모르며 그것을 당연한 것으
로 생각하는 자식으로 그와 같이 변했
으며,
19 또한 그 자식을 낳고 기른 부모의 마
음은 과연 어떤 것인가?
20 자식에 대한 책임을 지려는 자들이
점점 없어지며,
21 자식에 대한 십자가를 지고 가는 것을
거부하는 시대가 되었음이니, 이 모두
는 무엇이던가?
22 오늘의 종교 집단 너희가 저만 구원
받으면 된다는 이기적인 집단으로 가
르쳤으며 그리 지도했으며 그리 깨우
친 그 책임이니,
23 그 모두는 너희에게 중요함을 알아야
할 것이니라.
24 이제 나의 피조물 만백성의 마음을 극
단적인 이기주의의 병폐로서 전염병
처럼 세상에 전파시킨 것이 바로 종교
집단들이요, 그 책임자가 너희라는 것
을 알 것이며,
25 그 책임을 면치 못한다는 것을 너희는
알아야 할 것이니라.
26 자연의 아름다움을 느끼며 나에게 기
도하며 나의 전지전능함에 감탄하며
감사하는 삶을 살아갈 수 있는 사랑
하는 나의 백성에게,
27 너희는 이기심이요, 욕심을 불어넣었
으며 저만 생각하는 그와 같은 삶을
살아가도록 강요하고 가르쳤음이니,
28 그게 바로 무엇이더냐?
29 종교 지도자를 받들고 너희를 위해
모든 것을 강요당하며 희생하더라도
너희가 사악한 짓을 해도 못 본 척하
며 너희가 그리 가르쳤느니라.
30 섬김을 받는 백성이 되려면 낮은 자세
로 남을 섬기는 길만이 너희가 섬김을
받는다는 것을 모든 법전에 내가 상세
히 기록해 놓았음이니라.
31 이웃을 돌아다보라, 만백성을 돌아다

보라.
32 만백성의 괴로움을 같이 위로하고 달
래며 이끌어 가는 그와 같은 마음의
자세로 세상을 봐야 할 것이니라.
33 이웃과 고통을 같이하며 만백성을 구
하는 너희가 대명을 받으려는 생각을
가지고 가는 나의 아들딸이요, 선택된
너희만이 이웃을 네 몸과 같이 사랑할
수 있는 그 역사의 기적을 이룰 수 있
음을 알라.

5,575 번째 하나님 말씀

2003년 3월 18일 12시 12분 강론을 마치며

1 사랑하는 나의 아들아!
2 "네, 아버님! 말씀하옵소서."
3 내가 너에게 일찍이 명하였느니라.
4 나의 성전에 항상 아름다운 꽃을 갖다
놓도록 하라 말하였음이니, 이제는 네
가 그 뜻을 알 것이며 나의 법전에 기
록한 그 뜻을 알 것이니라.
5 내가 이 세상에서 가장 사랑하는 꽃은
어떤 꽃이라 말하였더냐?
6 자연에서 피는 꽃이 아니요, 나의 피
조물 만백성 너희가 웃는 모습이요,
인간의 꽃을 의미하였으니,
7 이제 나의 성전에 갖다 놓으라는 그
꽃의 의미를 알겠는가?
8 너희가 향기를 뿜는 꽃을 꺾어서 갖다
놓는 것이 아니니라.
9 생명을 보호하고 살리는 나 여호와가
꽃을 꺾어 갖다 놓으라고 강요하는 것
이 아니요, 그걸 바라는 것이 아니요,
10 모든 재물은 나의 것이니 아끼고 귀하
게 쓰라 명한 너희에게 재물로써 그
썩어 가는 꽃을 갖다 놓으라는 나 여
호와 뜻이 아님이니,
11 네가 이를 깨닫는 세월이 2년이라는
긴 세월이 오늘에 흘러왔음이니,
12 인간 세상에는 2년의 세월이나 하늘
에서는 잠깐 지나가는 시간이니라.
13 그러나 지금이라도 네가 그걸 깨달았
으니, 오늘도 세 송이의 아름다운 꽃
이 나의 성전을 지켜 주고 있음이니,
14 너희의 아름다운 마음이요, 인간 꽃으
로 이 성전을 지키라 함이니라.
15 그러니 나의 성전 문 앞에 들어오는
모든 백성은 꽃이 되어야 할 것이며,
16 너희가 그 꽃을 나에게 바침이니, 나
에게 가장 큰 기쁨이요, 영광을 주는
것이니라.
17 인간 세상을 살아가면서 꽃을 주고받
는 그 마음은 아름다운 마음이 아니던
가?
18 웃는 얼굴에 침 뱉지 못한다 하였듯
이, 꽃다발 갖다 주는 사람에게 욕하
지는 아니하지 않겠는가?
19 그와 마찬가지니라.
20 그 꽃의 아름다움을 볼 수 있듯이 이
제는 나의 성전에 내가 항상 아름다운
꽃을 갖다 놓으라 하는 뜻을 알겠는가?
21 그것이 너희이니라.
22 너희가 항상 나의 성전을 지키며 아름
다운 모습으로 여기를 찾아줄 때 너희
가 한 아름 꽃을 안고 오는 것이니 그
리 알라.
23 내가 이곳저곳에 많은 꽃이 피어 있는
그 모습이요, 그와 같은 형국으로 가
지라 그리하였음이니,
24 나의 성전에 와 그득히 앉아 있는 너

희가 각자 한 송이 아름다운 꽃이니라.
25 내가 그걸 원하며 그것이 바람이라는
것을 나의 새로운 성경이요, 법전에
기록하여 너희에게 전했음이니 그 뜻
을 알도록 그리하라.
26 이제 나를 가장 기쁘게 하는 것이 무
엇이던가?
27 이 세상의 모든 재물이요, 또한 부귀
영화요, 권력이요, 금은보화를 나에게
바치는 것은 나를 욕되게 하는 것이며
너희가 나를 괴롭히는 것이라 내가 그
리 말하지 아니하였던가?
28 떨어지는 꽃잎 하나를 깨끗이 씻어
너희가 나에게 바치는 그 아름다운 눈
물 어린 정성이요, 사랑이 이 세상 어
느 것보다도 소중하다 하였음이니라.
29 내가 사랑하는 인간의 꽃 한 다발이
여기에 와 있을 때, 나 여호와가 보는
마음이 얼마나 기쁘겠는가?
30 이제 너희는 나의 성전을 들어올 때
너희 각자가 꽃임을 잊지 말라.
31 꽃의 마음은 어떠한 것이며 꽃은 어찌
하여야 하는가?
32 꽃은 향기를 풍기는 것이며 꽃은 아름
다움을 보여 주며 웃음을 보임이니라.
33 너희가 그 꽃이 되어 나의 성전을 기
쁘게 하며 이 성전을 환하게 할 것이
며 환히 비출 것이며,
34 나 여호와에게 가장 기쁨의 선물은 너
희 자신이라는 것을 잊지 말라.
35 인간 세상에서 살아가는 것도 그와 같
지 아니하던가?
36 이 세상에 살아가면서 자식보다도 더
소중하고 귀한 것이 어디 있겠는가?
37 아무리 금화와 은화를 탐한다 해도 자
식이 얼마나 소중한 것인지를 알 것이
니라.
38 죽었던 자식이 살아올 수 있는 그 영
광의 기쁨을 얻을 수 있다면 너희는
세상 것을 다 던질 수 있는 그와 같은
마음이 아니던가?
39 너희 인간이 자식을 사랑하는 마음이
니라.
40 나도 내 자식을 사랑하며 나의 아들딸
보다도 더 소중한 것이 없음이니,
41 나의 아들딸이 한 송이 아름다운 꽃이
되어 나에게 바쳐질 때 그보다 더한
기쁨은 없으니 너희가 꽃이 되어야 할
것이니라.
42 오늘의 세 송이의 꽃을 내가 사랑하며
너희가 세 송이 꽃을 여기다 바친 것
을 나 여호와가 기쁘게 생각하니 그리
알라, 사랑하는 아들딸들아!

5,576 번째 하나님 말씀

2003년 3월 18일 12시 42분

1 사랑하는 나의 아들아!
2 "네, 아버님! 말씀하옵소서."
3 나 여호와에게서 선택된 백성 너희는
자신의 십자가를 자신이 지고 가는 그
와 같은 고통의 길이요, 그 힘들고 어
려운 산을 넘는 것이 나에게서 선택된
백성이 가야 할 길이며 역사할 길이라
는 것을 알아야 할 것이니라.
4 나의 아들 예수가 못 박혀 죽어 갈 그
십자가를 짊어지고 가는 것, 그가 못
박혀 죽어 가는 그 역사의 한 장면만
생각하지 말며,
5 그 과정에서 그 아픔의 고통을 말하지

아니하며 나의 뜻을 순종하여 따르며 내 명에 따르는 나의 아들이 죽음의 직전까지 가는 그 고통의 과정을 너희는 들여다봐야 할 것이니라.
6 거기서 벗어날 수 있으며 헤어날 수 있는 나의 아들이요, 그 역사를 할 수 있는 것이니라.
7 모세보다도 더한 기적을 이룰 수 있으며 더한 역사를 이룰 수 있으나,
8 나의 아들은 그 아픈 고통의 시간을 거부하지 아니하며 그대로 따랐음이니,
9 그가 가는 그 과정의 마음을 생각하며 그가 겸손하게 인내하는 것을 너희는 봐야 할 것이며, 그가 왜 그 길을 갔는지를 먼저 생각해 보라.
10 그와 같이 예수가 자신의 죽음의 십자가를 짊어지고 거기에 못 박혀 죽는 것을 거부하지 아니하며 나의 뜻을 순종하는 것을 너희가 생각한다면, 오늘날 너희가 함부로 삶을 살 수 없을 것이니라.
11 겸손한 마음이요, 겸허한 마음으로 자세를 다듬어야 할 것이며 너희의 삶을 그리 살아야 할 것이니라.
12 그리하여 자신이 짊어지고 간 십자가에서 고통 속에 간 그 피로써 구원을 받았다는 그와 같은 이야기를 감히 할 수 없음을 너희는 알아야 할 것이니라.
13 내가 뭐라 말하였는가?
14 너희는 이웃을 섬기는 마음으로 살라, 그것이 너희 자신을 섬김이라 내가 그리 말하였음이니라.
15 이웃을 너 자신처럼 섬기는 그런 마음을 가지고 사는 그와 같은 삶을 살라, 그것이 나의 아들 예수가 너희에게 전했던 사랑의 마음이라 그리하였음이니라.
16 그러나 과연 너희 자신이 얼마나 그를 행하고 사는가?
17 이를 너희가 알아야 할 것이니라.
18 너희가 이웃을 네 몸과 같이 섬기며 그를 네 몸처럼 사랑하는 것은 너를 사랑함이요, 너를 낮춤이 아니요, 너 자신을 높이는 것이라는 것을 알아야 할 것이니라.
19 이제 나 여호와가 너희에게 말함이니, 너 자신을 높이는, 그리고 남에게서 섬김을 받는 그와 같은 자세로 살아가야 할 것이며,
20 그 길을 위하여 최선의 노력을 다해야 한다는 것을 알아야 할 것이니라.
21 너희가 남에게 섬김을 받으며 남에게 칭송을 받는 그와 같은 삶의 길은 가장 낮은 자세요, 남을 먼저 섬기는 그와 같은 행위를 실천하고 행하는 속에서 너희가 정녕 높은 자며 섬김을 받는 백성이라는 것을 알아야 할 것이니라.
22 너희가 진정 남에게 섬김을 받는 그 길을 이제부터 가도록 그리하라.
23 너희가 그 길을 가지 못하며 그 길을 보지 못하기 때문에 너희를 깨우치고자 내가 나의 법전에 모두를 기록하여 하나하나 세상에 내려보냄이니,
24 너희는 나의 법전을 보며 그 뜻을 깨달으며 그 길을 가도록 하라.
25 사랑하는 나의 아들아!
26 "네, 아버님! 말씀하옵소서."

27 하나로 된 너희 육신으로 내가 그 귀
의 소중함을 오늘 너희에게 깨우쳐 주
었느니라.
28 너희가 귀가 있기에 나의 성령이요,
내가 나의 아들을 통하여 내리는 그
가르침을 직접 들으며,
29 나의 아들이 강론하는 것을 듣고 깨우
치는 그와 같은 은혜를 입은 것이 너
희라 그리 말하지 아니하였던가?
30 너희 육신에 붙어 있는 한 부분도 다
그 임무가 있으며 각자가 해야 하는
것이 있음이니,
31 이 세상의 천 가지, 만 가지 중에 그
모두가 다 필요하여 이 세상에 나왔으
며, 내가 필요하기에 역사했다는 그
말의 뜻을 너희는 여기서 깊이 새겨
야 할 것을 잊어서는 아니 됨이니라.
32 그렇다면 너희는 여기서 무엇을 깨달
아야 하겠느냐?
33 이 세상의 모든 것은 다 필요하기에
내가 존재하도록 하였으며 그들이 존
재해야만 지속하게 되었음이니,
34 그 모두는 다 사랑하는 나의 아들딸
너희를 위해서 세상에 만들어 내보냈
음이니,
35 부모가 자식을 사랑하는 그 마음이 자
식을 위해서 던지지 못할 것이 무엇이
있으며, 어떠한 것이든 역사하지 못할
것이 어디에 있겠는가?
36 전지전능한 창조주 여호와, 너희의 아
버지인 내가 너희를 위해서 이 세상
것을 다 만들어 놓았으며, 이 세상이
존재하게 했다는 그 뜻을 알아야 할
것이니라.
37 그러니 그들이 다 소중함을 알아야 할
것이며 그 자리에서 그곳을 지켜야
한다는 것을 알아야 할 것이니라.
38 너희를 위하여 내가 만들어 내려보낸
것이니, 그것이 다 소중하며 그들을
사랑하고 아끼며 살아가는 것이 너희
이니라.
39 그러나 지금 너희는 이 세상 것을 모
두를 다 사랑하는 마음을 갖기 전에,
40 너희와 같은 피부요, 같은 형제로 만
들어진 인간인 너희 그 자체도 사랑
하지 못하는 것이니라.
41 그러면서 이 세상의 수천수만 가지요,
너희가 이름도 알지 못하는 것, 너희
가 보지도 못한 것, 너희의 생활과는
아무런 관계도 없다 생각하는 그 모두
를 사랑할 수 있는 마음을 갖고 사는
것이 너희며, 그 모두 다 소중히 생각
하고 살아가는 것이 너희이거늘,
42 너희는 살아가면서 직접 피부에 닿지
않는 것은 관계없는 것이며 너희와
인연이 없다 생각하나,
43 그들이 존재하므로 너희 생명이 존재
한다는 그 위대한 뜻을 우선 먼저 깨
우치며 그리하여 소중하다는 것을 알
아야 할 것이니라.
44 그리하여 수천수만 가지를 다 관리하
고 다스리고 살아가야 하는 그 인간인
너희가 같은 형태로 만들어진 것이니
라.
45 너희는 같은 형제라는 인간을 사랑하
는 태도에 인색하며 거기에 조건이 있
으며 이유가 있음이니, 얼마나 어리석
은 백성인가?
46 너희와 믿음이라는 길을 같이 가지 아
니한다 하여, 너희와 같이 광란의 짓

으로써 나 여호와를 찾지 아니한다
하여, 나의 아들 예수의 피로써 대속
받은 자가 아니라 하여 너희는 나의
백성을 사랑할 줄 모르며 다스릴 줄
모르고 있음이니라.
47 그리고 그를 적대시 하며 모르는 자
요, 상대를 하지 아니하며 오로지 형
제자매라는 자에게 마음을 주며 그들
과 교류하며 인간관계를 맺어 가며 살
아가려 하니,
48 수천수만 가지를 다 사랑하고 가꾸며
살아가는 너희가, 같은 인간 하나를
놓고도 수백수천 가지를 따져,
49 사랑하지 않는 자, 미워하는 자, 살인
하는 자, 이와 같은 형국의 세상이 이
루어짐이니, 너희가 어찌하여 그와 같
은 어리석은 삶을 사는가?
50 이 세상에 내려 준 그 모두를 접하며
사랑하며 느끼고 살아가는 것이 아니
요,
51 그 인간 하나도 사랑하지 못하며 인간
하나도 천태만상으로 구분하고 계산
하고 나누고 살아가는 것이 너희이니,
52 이제 나의 법전을 읽고 깨우친 백성이
요, 나의 아들을 따르는 제자 너희는
이 세상 모두를 다 사랑하는 넓고 넓
은 마음으로써 이 세상을 봐야 함을
알아야 할 것이니라.
53 그와 같이 이 세상을 너희 가슴에 다
안고 사랑하는 그와 같은 넓은 마음을
가졌을 때,
54 나 여호와가 세상을 지배하며 내가 역
사하며 내가 이 세상의 모두를 가슴에
안고 사랑하라는 그 의미요, 그 뜻을
너희가 알게 될 것이니라.
55 모두를 사랑하다 보면 그 뜻을 알게
됨이니라.
56 너희가 인간 세상에 나와 부모에게 한
명 있는 그 자식이 소중히 사랑을 받
다가, 사회에 나가면서부터 이리 치고
저리 치며 제 존재가 잊히며 그 속에
서 부딪히고 살아가는 것이 너희이니
라.
57 그와 같이 너희가 수천수만 가지를
다 사랑하다 보면 대중적인 마음이 생
기며 모든 것이 소중하고 귀하지 않은
것이 없으며, 다 똑같이 소중하고 귀
한 것을 알게 되니,
58 그와 같은 마음이 되었을 때 너희가
욕심도 버릴 수 있으며, 시기하는 마
음도 다 버릴 수 있으며 질투하는 마
음도 다 버릴 수 있음이니라.
59 세상의 그 모두를 사랑하는 마음이 없
으며 그 감사함을 모르며 그 위대함을
모르고 살던 너희가 그를 깨우치고 그
많은 것을 사랑하는 것이 너희가 해야
할 길이요, 근본의 길이라 하여 모두
를 사랑하는 눈으로 보다 보면,
60 너희 자신도 모르게 가슴 깊이 뿌리가
있는 사악한 마음이요, 시기요, 질투
요, 음해하는 마음이 너희도 모르게
하나하나 뽑아 던질 수 있는 그와 같
은 대자연의 품 안으로 돌아가는 위대
한 역사를 이룰 수 있는 것이 나의 사
랑하는 백성 너희이니라.
61 변하면 변할수록 아름답게 변하며, 악
하면 악해질 대로 악해 가는 것이 너
희이니,
62 대자연을 모두 사랑하는 그와 같은 위
대한 마음을 가지고 살 때 너희는 마

음의 근심이요, 이기심이요, 그 모든
것을 버릴 수 있느니라.
63 인간 하나도 사랑하지 못하기 때문에
너희 자신이 괴로운 것이며,
64 이기심이요, 욕심에서 벗어나지 못하
는 그와 같은 어리석은 삶을 살며 몸
부림치다 나에게 와 심판을 받음이니,
65 그게 바로 지옥으로 가는 삶의 근본이
요, 원천의 뿌리를 안고 산 것임을 그
때 아나,
66 너희는 이미 돌이킬 수 없으며 후회해
도 돌아갈 수 없으며 고치고자 하여도
고칠 수도 없으며,
67 추하고 더럽게 지은 그 죄목 하나를
빼고자 하여도 뺄 수가 없으며 그를
감추려 해도 감출 수 없는 것이 그때
심판대에 섰을 때라는 것을 잊지 말라.

5,577 번째 하나님 말씀

2003년 3월 18일 12시 50분

1 사랑하는 나의 아들아!
2 "네, 아버님! 말씀하옵소서."
3 지금의 모든 종교 집단 지도자들이 나
의 아들 예수보다 높고자 하며 나보
다 높이 있다 하며, 높고자 하는 그 행
위를 하고 있다 내가 그리 말하나,
4 너희는 그렇지 않다 그리 말할 것이니
라.
5 그러나 너희 종교 지도자들이 부르짖
는 그 말을 기록하여 한번 되새겨 보
라 내가 그리하였음이니, 한번 그 뜻
을 새겨 보도록 하라.
6 종교 지도자들이 단상에 서서 설교하
며 강론하며 너희에게 당당히 말하느
니라.
7 이 성전에 와서 재물을 바치며 기도하
고 눈물의 찬송을 부르면 절대 심판을
받지 않는다 그리 말함이니라.
8 너희가 인간이 육의 삶을 마치고 와서
심판할 수 있는 그 고유 권한은 누구
에게 있으며 심판할 자는 누구라 말하
였느냐?
9 이 세상에 살아온 너희의 영혼의 심판
은 나 여호와 외에는 그 누구도 할 수
없으며 그 누구도 그 역사를 할 수 없
다 내가 너희에게 수없이 깨우쳐 주지
아니하였는가?
10 너희가 나에게서 영혼의 심판을 받는
것은 육의 너희가 하는 것이 아니요,
내가 역사하는 것이거늘,
11 그러나 감히 종교 지도자가 단상에 서
서 말하느니라.
12 지금 이 순간부터 절대 나 여호와에게
서 심판을 받지 않는다 그리 말함이니,
13 심판할 자, 나 여호와는 너희가 오기
를 기다리고 있는데 너희가 그리 말할
수 있단 말이던가?
14 기다리는 나는 무엇이던가?
15 너희가 심판을 받지 아니한다 함은 내
가 심판하는 그 권한마저도 너희가 앞
에 서 있으며 너희가 나보다 높기에
너희가 명한 것은 면죄부를 받는다는
것이 아니던가?
16 너희의 계급 사회에서 아랫사람으로
서 혼날 때, 높은 사람이 그를 용서할
수 있음이니라.
17 부장이라는 직급을 가지고 회사에 손
해를 입혔으며 피해를 준 자가, 회장
에게서 '너는 걱정하지 말라. 내 말이

면 다 끝나느니라. 너는 사장한테 구
박받을 일이 없으니 오늘 나에게 술이
나 사며 나를 즐겁게 하며 나를 기쁘
게 하라.' 그리 말한다면,
18 그 말을 믿고 따라가는 그 부하 직원
이야말로 그가 과연 얼마나 현명한 자
던가?
19 상사를 모독하는 이야기를 할 수 있는
그와 같은 자세도 인간 세상에서 그와
같은 오만한 행위는 하지 아니할 것
이니라.
20 하늘에 오르는 길이요, 만백성을 하늘
로 이끈다는 종교 지도자 너희가 하
는 행위가 지금 그러하니라.
21 감히 하늘의 두려움을 모르며, 심판을
받는 일은 절대 없을 것이며 심판을
받은 자라 그리 말하느니라.
22 너희는 또 그들에게 뭐라 말하는가?
23 그들을 광분을 시켜 재물과 금화를 받
아들이려고 너희는 그리 말하느니라.
24 멸망의 길은 절대 없다, 너희는 멸망
의 길이 없으며 오로지 승승장구 하늘
에 오르는 길만 있다 그리 말하나,
25 너희의 죄는 영원히 지워지지 아니하
며 너희에게서 떨어지지 아니한다 내
가 그리하였음이니라.
26 너희가 아름답게 살아온 그것과 죄를
짓고 살아온 그것은 영원히 떨어지지
아니한다 내가 성경에 기록하여 구약
과 신약에 그와 같은 내용을 다 기록
하여 전했으며, 나의 법전에도 또한
똑같은 내용을 기록하여 전하였으니,
27 그들이 나에게 와 심판을 받을 때 잘
못되었을 때는 지옥으로 갈 것이며,
잘되었을 때는 나에게 오를 것이니라.
28 선과 악의 무게를 달아 그것으로써 벌
하는 것을 어찌하여 그 심판에 따라
가는 그 백성에게 절대 멸망의 길이
없다 그리 말하는가?
29 그것이 너희가 나보다 높고자 하는 것
이며, 나보다 위에 있는 그와 같은 사
악한 행위를 함이며, 창조주 나 여호
와보다 더 높이 있는 자라 말함이니,
30 똑같은 인간인 백성 위에 너희가 높
이 있다는 그 오만함을 어디다 비유하
겠는가?
31 너희는 신도들을 사람으로 생각하지
않는 사악한 자들이니라.
32 너희가 인간을 두려워하며 인간을 무
섭게 안다면 나 여호와의 고유 권한인
심판을 받지 않으며 멸망의 길을 가지
않는다고 감히 나를 능멸하는 그와 같
은 말을 할 수 있으며 그와 같은 행동
을 할 수 있다고 생각하는가?
33 이것이 지금의 수천 년 동안 흘러온
종교 지도자들의 현실이며 거기에서
'아멘, 할렐루야! 맞습니다.' 하며 울
고불고 눈물 흘리며 콧물을 짜고 소리
지르는 것이 지금 너희이니라.
34 그뿐이던가?
35 너희는 그리 말함이니라.
36 너희는 이 순간부터 두려움이 절대 없
다 그리 말하느니라.
37 재물을 바침으로써 구원을 받으니 두
려움이 없는 삶을 산다고 말하느니라.
38 그러나 너희가 과연 그 두려움에서 벗
어나서 산다 생각하는가?
39 그 누가 아무리 종교 지도자가 그리
말을 한다 해도 너희 인간 마음속에는
두려움을 가진 자가 있을 것이니라.

40 심판받지 아니하며 멸망하지 않는다 하여도 과연 멸망의 길을 가지 아니할 것인가?

41 그리고 종교 지도자의 말을 믿으며 그는 과연 그리 갈 수 있는가?

42 너희는 불안과 공포의 마음을 지우지 못함이니라.

43 그는 무엇이던가?

44 너희가 나의 계명대로 행하지 아니하며, 죄를 두려워함을 모르며, 행함이 얼마나 소중한 것인지 모르기 때문이니라.

45 너희가 행함이 소중한 것이요, 행함으로 그 벌을 받고 안 받는다는 그것 하나만 깨달아도 너희는 행함을 선하게 할 것이며 아름답게 살 것이니라.

46 삶을 아름답게 살아가며 선행을 하며 살아가는 그 백성은 두려움이 없을 것이며 겁이 없을 것이니라.

47 도둑질하지 아니한 자는 아무리 도둑이라 몰아도 그는 당당할 것이니라.

48 그러나 찜찜한 짓이요, 도둑질을 했기 때문에 마음에 두려움이 있음이니라.

49 그는 무엇이더냐?

50 너희가 이웃과 반목하며 남의 것을 훔치며 시기하고 간음하며 질투하는 그와 같은 삶을 살면서 그것을 말로써 용서받았다는 것이 믿기지 아니하며, 아무래도 불안하기 때문에 지금 너희는 두려움이 없다 말하나,

51 두려움 속에서 살아가는 것이 너희라 함을 알아야 할 것이니라.

52 너희는 부족함이 없다고 종교 지도자들이 말하느니라.

53 너희는 부족함을 어디에 두는가?

54 인간 세상의 재물을 놓고 부족함이 있고 없는 것을 따지는 것이 지금의 어리석은 종교 지도자들이니라.

55 너희가 부족하고 부족하지 아니하는 것은 재물이 아니니라.

56 하나의 낙엽처럼 날아갈 수 있는 그 재물을 놓고 부족하고 부족하지 아니함이라 생각하지 말라.

57 너희의 믿음의 강도이니라.

58 그 믿음이 부족하고 하지 않고를 구별하고 따져야 할 것이니라.

59 너희가 노력하는 만큼 이 세상에서 거둬들이는 것이요, 살아갈 수 있도록 모두를 다 주었음이니,

60 부족하고 부족하지 아니한 것은 너희가 어찌 살아가고 어찌 노력하느냐에 달린 것이거늘,

61 어찌하여 그와 같이 너희의 성전에 오는 그 순간에 부족함이 없다 말하는가?

62 과연 성전에 오는 자는 부족함이 없는 사람이 많은가?

63 부족함이 없는 백성만 사는가?

64 그리하고도 떳떳하게 단상에 서서 그와 같은 말을 함이니, 오늘 끼니가 없는 자, 오늘 남에게 갚을 것을 짊어진 자, 그리고 자식을 가르치지 못하는 자, 제가 아파도 병원에 가지 못하는 자, 그와 같은 불쌍한 백성이 너희 교회요, 성전에 나오는 자는 과연 없단 말이던가?

65 그들이 노력하지 아니하였기 때문에 얻지 못하였음이니라.

66 과연 부족함이 없나 너희가 한번 생각해 보라.

67 그리고 너희는 지옥 불에 갈 일이 없

다 그리 말하느니라.
68 너희가 무엇이기에 어찌하여 지옥 불에 가지 않는 백성이라 그리 말하는가?
69 어찌하여 무슨 권한으로 심판하며 멸망의 길을 가지 아니하며 지옥 불에도 가지 아니하며 천국에 산다 그리 말하는가?
70 나의 불쌍한 백성에게 행함을 잘못하면 지옥으로 가며 나에게 올 수 없다고 가르쳐도 그들이 어렵고 힘들 때, 저희의 사악한 마음의 뿌리를 뽑을 수 있을까 말까 하거늘, 너희는 지옥 불로 가지 않는다고 말함이니,
71 그들이 그 말을 믿고 태만하며 추한 행위를 하는데 두려운 줄을 모르고 가고 있으니,
72 너희가 지옥행 열차에 나의 백성을 태워서 가는 것이니라.
73 너희가 얼마나 오만한 자인가?
74 천국의 열쇠를 나에게서 받아서 있는 것처럼, 너희가 청지기나 된 것처럼 그리 말함이니,
75 하늘의 천국 문을 열고 닫는 것도 너희가 하는 것처럼 그리 말하나,
76 너희는 내 앞에 올 수도 없으며 내 그림자도 볼 수 없으며,
77 천국의 형태도 볼 수 없는 것이 종교 지도자요, 지금의 신도임을 알라.

5,578 번째 하나님 말씀

2003년 3월 18일 14시 04분

1 사랑하는 나의 아들아!
2 **"네, 아버님! 말씀하옵소서."**
3 지금 160권이 세상에 나감이니 너희는 그저 책이 160권이 나왔을 것이라 그리 생각하나,
4 나의 법전 160권이 세상에 나와 이 세상을 정화하고 휩쓸어 갈 때는 어떠한 핵폭탄도 그보다 위력을 발휘할 수 없을 것이며,
5 어떤 태풍도 그 위력을 과시할 수 없을 것이니라.
6 모든 것이 진리요, 참뜻이기 때문에 그 역사하는 괴력은 너희가 다스릴 수 없을 것이니라.
7 그리하여 폭발하는 그 힘은 무엇과도 견줄 수 없음이니,
8 한 마디의 나의 성경이요, 법전의 한 구절이 이 세상을 뒤집어엎을 수 있는 그와 같은 무서운 힘을 가진 것이 진리요, 참뜻이니라.
9 정의라는 것은 망하지 아니하며 정의는 영원히 존재하듯이 나의 참진리요, 나의 뜻의 한 구절이 이 세상을 다 뒤집어 놓는 그 무서운 힘을 가지고 있음이니,
10 그와 같은 힘을 가진 나의 성령의 가르침이 160권 속에 기록되어 있으니,
11 과연 사탄이 이를 대적할 수 있으며 악마가 이를 대적할 수 있다 생각하는가?
12 그 누구도 여기에 대적할 수 없음이니라.
13 너희가 평생 믿어 왔으며 모든 종교 집단, 지도자들이 나의 사랑하는 백성이 원죄가 있기에 그 원죄 때문에 용서를 빌고 빌어야 하며 재물을 바쳐야 한다고 말하느니라.
14 그 말을 듣고 수천 년 동안 나의 백성

은 정말 제가 원죄를 지은 자처럼,
15 제가 조상의 죄를 지고 나온 험악한
죄인이라는 그 생각 때문에 그 원죄도
씻으며 인간으로 살며 지은 그 죄도
씻고자 하는 불안과 공포 때문에 너희
가 지금까지 그대로 끌려 왔으며 지금
까지 왔음이니라.
16 그러나 내가 뭐라 말하였는가?
17 아담과 이브에게서 너희는 변상을 받
아야 하며 너희 것을 찾아야 한다는
그와 같은 생각을 해야 할 것이며,
18 너희는 원죄가 없다 말하였음이니라.
19 이 내용을 받아들이고 이해하는 백성
이 있다면 그들의 힘이라는 것은 이루
말할 수 없음이니,
20 이 하나의 깨우침을 얻어 너희가 세
상을 뒤집어 놓는 그와 같은 무서운
괴력의 힘이 여기에 있음을 알아야 할
것이니라.
21 내가 너희에게 뭐라 말하였느냐?
22 너희의 모든 행사요, 나 여호와의 뜻
에 따라 너희가 행사하는 그 모든 종
교 집단의 행사장에는 수많은 꽃이요,
아름다운 꽃다발을 바치고 전하나,
23 그것은 생명을 죽이는 것이요, 생명을
끊는 것이니라.
24 그리고 아름다움이 아니요, 그 아름다
움을 죽이는 것이 너희가 가는 그와
같은 행위요, 역사라는 것을 알게 될
것이니라.
25 그리하여 내가 뭐라 말하였던가?
26 이 세상에서 가장 소중한 것은 너희를
나에게 바치는 인간의 꽃이라 내가 말
했음이니라.
27 너희가 자연에서 나온 아름다운 꽃을
꺾어 놓고, 금화와 은화를 주고 사다
놓는 그 허례허식의 그 꽃이 아니라,
28 웃는 모습이 아름다운 너희 인간의 마
음의 꽃이 가장 중요했으며 나는 그
꽃을 원한다 그리 말하였으니,
29 이 한 구절을 바로 읽고 깨우치는 백
성이 있다면 그는 무릎을 칠 것이며
그는 통곡할 것이니라.
30 지금까지 나 여호와의 뜻을 모르고 살
아왔으며, 나 여호와의 뜻을 모르고
수없이 꽃을 바쳤던 행위가 생명을 죽
이는 것이요,
31 나 여호와의 뜻을 거역한 것이며 자연
을 손상했다는 제 잘못을 그제야 깨달
을 것이며,
32 무엇보다도 너희 생명이 소중하듯이,
너희 생명의 그 꽃이 나에게 가장 소
중한 것이며 나를 가장 기쁘게 하는
것이니라.
33 너희의 마음이 천사와 같이 변하여 웃
는 그 모습이 가장 아름다운 인간의
꽃이라는 그 구절 하나만 너희가 세상
에 전한다 해도, 이를 보고 깨우치는
백성이 있을 때 그 파괴력은 상상을
초월할 것이니라.
34 이와 같이 세상을 다 파괴할 만한 힘
이 있는 나의 진리의 가르침이 160권
의 법전 속에 장장마다 들어 있음이
니, 그 위력이 어떨 것인지 너희는 알
겠는가?
35 그리하여 승자는 너희며, 나의 법전은
세상을 덮는다 그리하였음이니라.
36 나의 160권의 법전이 이를 막으려 하
며, 이를 쓰러트리려 하며, 이를 태우
려 하는 자를 파괴하며 밀고 나갈 때,

37 그 힘은 어떤 사탄도, 어떠한 악마도
이를 대적할 수 없을 것이니라.
38 지금 열여섯 권의 법전이 나와서 있
는 듯 없는 듯 낮은 곳으로 물이 흘러
가듯이 흘러가는 나의 법전을 너희가
그리 볼지 모르나,
39 160권의 법전이 세상에 나와서 그들
이 쓸고 파괴해 나갈 때는 바다가 육
지가 될 것이며 육지가 바다가 되는
그와 같은 무서운 변화가 이루어지는
그 기적의 역사를 이룰 것이니라.
40 나의 법전이 나의 성령이요, 내 뜻이
라 하였음이니,
41 나의 뜻이 세상에 내려갔으니, 나의
뜻이 세상을 지배하며 그걸 따르지 아
니하며 행하지 아니할 때,
42 그게 파괴하며 밀고 나가는 그 힘은
사막을 휩쓸고 가는 태풍보다도 더 무
섭게, 집채를 날려 버리는 회오리바람
보다도 더 무서운 힘으로 너희를 휩
쓸어 갈 것이니,
43 그때 가서 너희가 알게 될 것이니라.
44 그 모두를 준비하는 것이 너희며 그
역사를 시작하는 것이 나에게서 선택
된 백성이요, 나의 아들을 따르는 제
자 너희임을 알아야 할 것이니라.
45 한 구절의 역사함을 가지고 만백성이
이것이 맞다 하며 이는 진리라고 들
고 일어설 때 그 힘은 막을 수 없으며,
46 홍수보다도 더 무섭게 밀어붙이는 그
노도 같은 인간의 파도를 막을 수 없
음이니라.
47 내가 인간의 꽃이 가장 사랑스럽다 했
듯이, 그 사랑스러운 꽃들이 자신의
위치를 찾고자 할 때 그 힘은 누구도
막을 수 없다는 것을 알아야 할 것이
니,
48 그리하여 만백성을 구하는 나의 법전
이요, 심판의 법전이요, 너희가 가장
위대한 승자가 된다는 것을 잊지 말라.
49 승자의 대열에서 낙오되지 말라.
50 머지않아 영광의 면류관을 쓸 수 있
는, 달리기하는 그 선수가 몇 발짝 앞
에 놓고 주저앉는 그와 같은 역사를
하지 말라.
51 너희가 멀고 먼 길을 달려왔어도 몇
발짝 앞에 놓고 쓰러지면 그때까지 달
려온 것이 다 무산되며 그 영광의 월
계관을 쓸 수 없는 것이 그 먼 길을 달
려온 선수가 가진 운명이 아니던가?
52 너희 믿음이 그러하니라.
53 내가 너희 이름을 낙원의 동산에 기록
하여 놓았으나, 너희가 그 낙원의 동
산에 네 이름 앞에 와 설 수 있는 그
영광을 가지라 하였음이니,
54 내가 거기다 기록해 놓았으나, 그 앞
에 오고 못 오는 것은 너희에게 달렸
음이니라.
55 믿음은 먼 길을 달려오다 면류관을 쓸
수 있는 그 우승 테이프 한 발짝 앞에
서 쓰러져 거기를 넘지 못하면 그는
면류관을 쓸 수 없으며,
56 다음 사람에게 뺏기게 되어 있는 것이
너희 믿음의 운명이며,
57 너희가 가는 길이라는 걸 잊지 말라.
58 아무리 먼 길을 사력을 다하여 달려갔
어도 면류관을 쓸 수 있는 테이프를
넘지 못하면 그를 얻지 못하듯이, 너
희가 바로 서지 못하면 얻지 못함이니,
59 너희는 항상 무너질 수 있으며 쓰러질

수 있느니라.
60 그러니 너희가 굳건히 끝까지 견디고
인내하는 변하지 않는 마음을 갖고 살
아가라.
61 그자만이 승자가 될 수 있음을 잊지
말라, 사랑하는 나의 아들딸들아!

5,579 번째 하나님 말씀

2003년 3월 18일 14시 14분

1 사랑하는 나의 아들아!
2 "네, 아버님! 말씀하옵소서."
3 나의 사랑하는 백성, 나의 아들을 따
르는 제자 너희는 가슴을 열고 살아
야 할 것이니라.
4 세상사 수천수만 가지 어떠한 일이든
너희에게 부닥치며 너희와 관계된 그
모든 것을 웃음으로써, 사랑으로써 용
서하는 그와 같은 마음을 가지고 살아
야 함을 알라.
5 오늘 손해 보는 웃음이요, 손해 보는
양보 속에서 모든 관계된 것을 용서하
는 그와 같은 마음으로 사는 것이 너
희가 잃는 것 같으나, 얻음이 있음을
알아야 할 것이니라.
6 모두를 용서하면서 즐겁고 행복함을
너희 스스로 느끼면 되며 네 마음이
행복함을 느끼면 되느니라.
7 너희가 아무리 불의한 방법으로써 재
물이나 명예를 얻었다 해도, 잠자리에
들 때 고통 속에 편히 잠을 자지 못한
다면,
8 잃고 손해 보고 편히 자는 것이 육신
의 건강이요, 영혼의 건강에 아름다움
이 있다는 것을 너희는 익히 알고 있
을 것이니라.
9 그러니 너희와 관계된 수천수만 가지
어떠한 인간관계도 너희는 그를 다 용
서하는 마음으로 살라, 그리고 용서하
도록 그리하라.
10 그러한 속에서 내면의 너희 자신이 다
스려지며, 너희가 나의 뜻을 역사할
수 있으며,
11 너희 스스로 지켜 가며 스스로 일어설
수 있는 그와 같은 위대한 변화가 계
속됨이니라.
12 너희가 어떠한 부분에서 육의 세상에
살면서 잃는 것 같고 손해 보는 것 같
으나, 그러나 거기에는 반드시 얻음이
있으며 깨우침이 있음이니라.
13 나 여호와가 이 세상의 모든 백성을
관장하며 너희 머리카락 수까지도 아
는 나 여호와라 말하면서,
14 내가 억울하게 당하는 백성을 억울하
게 두며 분함을 당하는 그 백성을 그
대로 분하게 두겠는가?
15 반드시 그 대가의 깨달음이 있으니,
거기서 육의 물질은 손해 보나 영혼의
깨달음이 있으며 영혼의 깨달음의 양
식을 얻는다면 그것은 잃은 것이 아니
라 하늘의 뜻을 구함이니,
16 너희가 얼마나 행복하며 위대한 자로
변화되는 것인지를 알아야 할 것이니
라.
17 육의 세상 것은 모두를 다 가져오지
못하며 땅속에 묻고 땅에 던져 놓고
온다 그리 말하였음이니라.
18 영혼의 나라에 가져올 수 있는 것은
너희의 사악한 마음이요, 선한 마음이
요, 영혼의 그 정신이 온다 하였음이

니,
19 너희가 물질적인 손해는 보나 영혼의
깨달음이 있어 사랑하는 마음으로 변
할 기회를 얻는다면 그것은 잃는 것보
다 얻는 것이 몇천 배 위대하다는 것
을,
20 이제 그 속의 깊은 의미를 알고 그리
전하도록 하라.
21 나의 법전을 접하는 자, 그리고 나의
법전을 정독하는 자, 그와 같은 변화
가 아니면 아무것도 이루어지는 것이
없음을 알아야 할 것이니라.
22 아무리 너희가 뭐라고 기원하고 몸부
림쳐도, 나의 법전을 접하여 거기에
기록된 내용에 내가 무엇을 이루고자
하는지, 내가 역사하고자 하는 것이
무엇인지를 알고 깨우칠 때만이 얻을
수 있음이니라.
23 그리고 나의 법전에 너희가 원하는
것을 모두 다 이룰 수 있는 답이 거기
에 있으며,
24 너희가 마음을 비우고 나의 법전을 정
독하며 그대로 행하고자 노력할 때 너
희가 원하는 것을 이루지 못할 것이
없음을 알아야 할 것이니라.
25 악한 생각을 하면 악으로 빠져나가 도
저히 일어설 수 없듯이 너희가 나의
법전을 읽고 깨우치면 선하고 아름다
운 마음만 너희에게 육성시켜 줌이니,
26 그리하여 거기서 너희가 모두 다 이룰
수 있으며 모두 볼 수 있다 함이 여기
에 있음을 너희는 잊어서는 아니 되
는 것이니라.
27 이게 곧, 나의 성령이요, 나의 뜻이라
면 나의 법전을 읽고 깨우치며 정독하
는 그 속에서 깨달음을 얻을 때 너희
가 소원하는 것은 모두 이루어진다는
것을,
28 그리하여 마음이 깨끗하고 아름다운
자만 나의 법전에 기록된 그 깊은 뜻
을 알며,
29 내가 원하는 그 깊은 뜻을 너희가 알
때 구원의 길을 얻게 됨을 잊지 말라.

5,580 번째 하나님 말씀

2003년 3월 18일 14시 24분

1 사랑하는 나의 아들아!
2 "네, 아버님! 말씀하옵소서."
3 지금의 모든 종교 집단, 지도자와 성
도들이 나 여호와가 존재하며 하늘이
있으며, 나의 아들 예수가 너희를 깨
우쳐 역사하고자 했던 그 모든 것을
온 세상 만백성에게 전한 그 공은 내
가 높이 사며 너희의 그 공의 대가를
내가 알고 있음이니라.
4 너희가 나 여호와의 존재함과 나의 아
들 예수의 역사함이며, 그리고 하늘의
심판이 있다는 것을 만백성에게 전한
그 수고와 노고는 내가 알고 있음이니,
5 그 상은 너희에게 반드시 역사함을
알아야 할 것이니라.
6 그러나 너희가 선행보다는 악행을 더
많이 하며, 악행을 하는 것이 지금의
믿음의 길을 가는 자들이요, 그걸 주
도하는 것이 지도자들이니라.
7 나 여호와는 그를 바라보고 내가 그를
알고 있음이니,
8 내가 그를 바로잡으며 바로 역사하여
너희를 구원하고자 하는 것이 나의 뜻

이니,
9 너희는 여기서 갑론을박하지 말며 시
시비비하지 말며 무조건 나의 법전을
읽고 정독하며 가슴에 안고 정독할
때, 그리고 너희 생명보다도 더 소중
히 네 가슴에 안고 정독하고 읽을 때,
10 모든 구원의 길의 역사의 눈이 거기서
뜨이며 너희가 빛을 보게 된다는 것
을 알아야 할 것이니라.
11 오늘날 너희가 내가 존재하며 나의
아들 예수가 역사하여 만백성을 구하
고자 한 신약의 존재함이요, 구약의
시대에 존재했던 그 모든 것을 많은
백성에게 너희가 진실로 가르쳤든, 알
지도 못하고 가르쳤든, 그저 어용 선
생처럼 가르쳤든,
12 나 여호와의 이름을 부르며 예수의 이
름을 찾은 그 공은 내가 인정하며,
13 동양의 작은 나라의 언어를 가지고 너
희가 구석구석까지 이를 전하며 나의
법전이 나가는 그 길을 닦고 쓸어 놓
은 그 공은 내가 인정하며 그를 알고
있음이니라.
14 그리하여 내가 너희를 구원하고자 하
며 나의 법전을 보라 함이니라.
15 너희의 그 공을 내가 이루어 주고자
구원을 받는 그 길을 보라 함이니,
16 너희가 어찌하여 그를 보지 아니하며
이를 사탄이요, 이단이라 하며,
17 악한 마음으로써 나의 아들을 그리 쳐
다보며, 인간 이하로 바라보며, 사탄
이요, 마귀와 같다 생각하는가?
18 너희가 여기서 가장 소중한 것을 잃고
있다는 것을 알라.
19 다시 한 번 전함이니, 이 세상의 모두
는 나의 주관으로 이루어졌으며, 그중
에서 가장 소중한 것이 인간이라 하였
음이니라.
20 인간을 통하여 내려보낸 그 모두가 얼
마나 소중한 것인지를 깨닫고 그 마음
을 비우는 자세를 너희가 가져야 할
것이니라.
21 아직도 이기적인 마음을 비우지 못했
기 때문에 너희가 그 모든 것을 아름
답게 보지 못하는 것이니라.
22 성전이요, 교회에서 이루어지는 너희
의 악한 행동이 죄의 온상이라 내가
말하였음이니,
23 너희가 그 문을 닫고 그곳에서 뛰쳐
나와 공부하고 깨우치는 그 방법을 달
리하여야 할 것이니라.
24 너희가 제자를 육성하는 것을 인간의
능력으로 선택하지 말며, 인간이 준
그 자격증으로 지도자로 선정하지 말
며,
25 나 여호와에게 선택된 사람으로 다섯
명이고 열 명이고 그저 소집단으로 그
들을 깨우치고,
26 그중에서 또 깨닫는 자가 있을 때, 나
에게 선택된 자가 나가서 가르칠 수
있는 그와 같은 방법으로 온 백성을
다스리는 변화를 가져온다면 내가 너
희를 믿을 것이며, 내가 너희를 버리
지 않을 것이며,
27 지금의 너희가 살아가는 이곳이 죄의
온상이 되지 아니할 것이니라.
28 그러나 지금 너희가 살아가는 곳이 죄
의 온상이며,
29 너희 성전이요, 그 교회라는 곳에서
죄악의 온상을 만들어 내며 모든 죄악

의 씨가 거기서부터 시작된다는 것을
너희는 알아야 할 것이니라.
30 너희 손으로 지은 성전에서 죄가 시작
하며 모든 인간 세상의 죄악의 뿌리가
거기서부터 나오며,
31 그중에서도 가장 사악한 자요, 가장
먼저 단죄해야 할 자들이 누구인 줄
알고 있는가?
32 너희의 죄를 만들어 낸 그 근본의 원
인이요, 그 종자의 씨앗은 바로 종교
지도자들이니라.
33 너희 신도들은 그들을 심판할 수 없다
말하며 그들을 평가할 수 없다 하니,
34 그 말 때문에 종교 지도자들이 모든
죄를 만들어 낸 씨앗이며,
35 그 성전이요, 교회가 곧 죄악의 씨앗
을 육성하는 곳이며, 그 씨앗을 만들
어 내는 것은 종교 지도자라 내가 너
희에게 말함을 그리 알아야 할 것이니
라.
36 그들이 얼마나 사악한 자인가?
37 그들의 어떠한 잘못도 그 제자들이요,
신도들이 탓할 수 없으며, 저를 위하
여 저의 기쁨을 위하여 그들이 살아가
야 한다 하니,
38 모든 백성이 저희의 기쁨조로 존재하
는 것처럼 그리 착각하는 것이 그들
이니라.
39 그리하여 저희를 평가하지도 말라 하
며, 저희를 의심치도 말라 하며,
40 말을 함부로 하며 실수를 하여도 그를
용서하며 받아들이라 그리 말하는 것
이니라.
41 이와 같이 너희가 그를 높이 평가하
며 그들이 나 여호와요, 나의 아들보
다도 높은 자리에 있는 것처럼 착각하
기 때문에,
42 저희가 지은 성전이요, 나의 성령을
전달한다는 그 단상에 서서 연설하고
설교할 때 저희 마음대로 지껄여 대
며 저희 마음대로 말을 하며 저희 생
각을 마음대로 전하며,
43 인간 세상에서 사는 의식 구조에 대한
그와 같은 것으로써 설교하며 만백성
을 깨우쳐 하늘에 오르게 한다 그리
말하는 것이 아니던가?
44 내가 인간 세속의 것을 가지고 나의
피조물 만백성을 일깨워 준다 하여 이
야기하고 지껄이며 수다를 떤다 하였
음이니,
45 그것이 아닌가 긴가 하는 것은 신도
너희가 스스로 평가하도록 그리하라.
46 지금의 모든 종교 지도자는 모든 권능
의 역사를 다 할 수 있으며 하늘의 열
쇠까지 가진 착각 속에서 살아가며,
그 착각 속에서 그들이 깨어나지 못하
기 때문에 함부로 행동하며 함부로 나
의 피조물 만백성을 능멸하는 그와 같
은 행위를 스스로 하고 있음을 알아야
할 것이니라.
47 이제 그들이 더 올라가고 올라갈 길이
없음이니,
48 이제 나의 아들 예수를 능가하며 나
여호와를 능가한 자라 생각하며 그리
살아가고 있느니라.
49 그리고 제 밑에 와 고개 숙이고 나 여
호와의 뜻을, 성경을 듣고 구원을 받
겠다 앉아 있는 그 신도들이 인간적으
로 세상사의 박식한 상식이요, 가진
기능이요, 그 모든 것까지도 제가 그

들의 위에 있으며, 신도들이 저만 못
한 자라 그리 착각하는 것이 지금의
종교 지도자들이니,
50 그들이 하는 그 행위가 너무나도 추
하고 더러워 나 여호와가 그들의 세상
을 들여다보기도 싫은 이와 같은 세상
이 되어 있음을 너희는 알아야 할 것
이니라.
51 그러면서도 그들은 우리 부자의 이름
을 팔아 오로지 재물을 긁어모으는 데
사력을 다하고 있으며, 그를 위하여
연구하며 그를 위하여 개발하는 집단
까지도 운영하는 것이 바로 그들이니,
52 이와 같은 형태로써는 나의 피조물 만
백성을 구할 길이 없는 것이니라.
53 믿지 않는 백성은 상대치도 말라 가
르치며, 믿지 않는 백성과 겸상도 하
지 말라 하며, 믿지 않는 백성은 인간
으로 생각하지 말라 그리 말함이니,
54 내가 만든 백성은 다 똑같다 하였음이
니라.
55 모자란 자, 부족한 자, 구별 없이 다
동등한 나의 백성이며 내가 똑같이 사
랑한다 했으며,
56 저희도 나 여호와는 사랑의 하나님이
기 때문에 모든 백성을 똑같이 사랑한
다 말하면서, 행동하는 것은 너무나
추한 모습이니라.
57 이웃의 백성이 알까 두려워 저희는
그와 같은 무서운 말로써 족쇄를 채워
놓는 것이니라.
58 지금 믿지 않는 백성이요, 일반 백성
은 저희가 하는 짓이 너무나도 가당
치 않기 때문에, 그들이 얼마나 나 여
호와보다 높은 자리에서 망발하며 착
각을 하고 살아가는 것인지를 이방인
이라 하는 일반 백성은 저희의 살아
가는 모습을 알고 있음이니라.
59 그리하여 저희의 추한 모습이 노출될
까 봐, 저희를 비방하는 것을 듣고 성
도들이 변하며 그들이 잠에서 깨어날
까 봐,
60 너희는 절대로 이방인과 상대하지 말
며 거래하지 말며 겸상치 말라, 그리
고 부모·형제까지도 믿지 않는 자와
는 거래하지 말라 그와 같이 가르치고
있음이니라.
61 저희의 추하고 잘못된 모습이 저희가
말하는 이방인이라는 믿지 않는 백성
이 바라보는 눈에는 그것이 보이며 그
들의 가슴에는 와 닿으며,
62 저희가 하는 수다가 얼마나 사악한
짓이며, 저를 영웅으로 만드는 것인지
를, 세상의 독재자도 그리할 수 없다
는 것을 알고 있기에,
63 그들로 인하여 저희 신도요, 저를 따
르는 백성이 알고 깨우쳐 저희에게
등을 돌리고 돌을 던질 것이 두려워
정면으로 그와 같이 차단하는 일을
단상에 서서 행하고 있으며,
64 너희에게 그리 압력을 넣으며 너희를
그리 세뇌하고 있다는 것을 알아야 할
것이니라.
65 저희 신도가 아니면 구원받지 못한다
는 이것만으로 그들이 얼마나 죄악의
씨앗을 뿌리는 것인지를 알아야 할 것
이니라.
66 나는 모든 백성을 똑같이 사랑하며 내
가 세상에 너희를 내려보낼 때 선하
고 아름다운 마음이요, 나 여호와가

존재함을 믿으며,
67 나의 뜻대로 살아가는 것이 하늘에 오
르는 길이라 똑같이 너희에게 그와
같은 권한과 하늘에 올 수 있는 그 특
혜를 다 주었음이니라.
68 그러니 그 지도자들의 말에 속지 말라.
69 그들의 손으로 지은 성전에 와 구원을
받을 수 있다 그리 말하는 그 성전이
지금 죄악의 온상이며,
70 죄악의 온상에서 여왕벌처럼 씨앗을
뿌려 대는 것이 종교 지도자들이니,
그들을 내가 먼저 단죄하고자 함이니
라.
71 그리하여 이제 내가 너희에게 전하였
느니라.
72 그곳에서 뛰쳐나오는 자, 그 거짓 종
교 지도자요, 사악한 자를 단죄하는
자, 그 상이 나에게 와서 가장 큰 상이
라 내가 너희에게 명했음을 잊지 말
라.

5,581 번째 하나님 말씀

2003년 3월 18일 14시 31분

1 사랑하는 나의 아들아!
2 "네, 아버님! 말씀하옵소서."
3 너희가 한 획을 고쳐서도 안 되며 뜯
어서도 안 되며 찢어내도 안 되며 지
워서도 안 된다는 그 성경에 나의 아
들이 뭐라 전했느냐?
4 너희가 행함이 없는 믿음은 곧 죽음의
믿음이라 그리 가르치고 전했느니라.
5 또한, 지금의 종교 지도자 너희도 모
두 그리하느니라.
6 행함이 없는 것은 죽음의 믿음이라 그
리 말하고 있음이니,
7 여기서 나의 아들을 통하여 내가 성경
에 기록한 그 내용과 종교 집단, 지도
자 너희가 부르짖는 것은 똑같은 말을
가지고 만백성에게 전하나,
8 그 의미와 행함이 하늘과 땅의 차이니
이를 어찌하여야만 되겠는가?
9 나의 아들 예수를 통하여 내가 행하지
않는 믿음은 죽음의 믿음이라 하였음
이니,
10 그건 너희가 나를 경배하며 기도하며
선행을 베풀며 너희가 몸소 실천하여
모든 악조건을 다 네 것으로 만들며
남을 위해서 아름다운 마음으로 행동
하며 살아가라 하여 내가 너희에게 행
함이 중요하다는 것을 가르쳐 주었음
이니라.
11 아담과 이브가 선악과를 따먹는 행동
을 하지 않았더라면 너희는 죽지 아
니하고 영원히 사는 지상의 낙원에서
살 수 있었던 것처럼,
12 그 행함으로 그 죄의 대가를 받게 되
지 아니하였던가?
13 그리하여 너희가 믿음의 행함을 내가
명한 대로 나의 계명에 따라 행함을
실천하고 살라 그리 말하는 것이니라.
14 그러나 지금의 종교 집단은 똑같은 말
을 하면서 뭐라 말하는가?
15 하늘에 많이 쌓아 놓는 것이요, 재물
을 많이 쌓아 놓는 것이요, 저희 손으
로 지은 성전에 많은 재물을 바치는
자,
16 그와 같이 물질이 가는 곳에 마음이
있다 하며 그저 거둬들이는 데만 연연
하고 있음이니, 그 모두를 거둬들이는

데만 행함이 중요하다 그리 말하느니
라.
17 그렇다면 내가 나의 아들 예수를 통해
서 믿음의 행함을 원했듯이, 지금 나
의 새로운 성경이요, 나의 법전을 받
아 기록하는 나의 아들은 너희에게
뭐라 말하는가?
18 하늘에 오르는 것은 너희가 재물을
많이 바치는 것이 구원의 길이라 말하
는가?
19 그는 그리 말하지 아니하였느니라.
20 너희의 재물은 하늘에 쌓아 놓을 곳도
없으며, 나 여호와는 필요치 아니함이
니,
21 떨어진 아름다운 꽃잎을 깨끗하게 정
성스런 마음으로 바치는 그것이 천만
금을 주는 것보다 더 소중하다 하였음
이니라.
22 재물로 행함이 아니요, 물건을 바치는
것이 행함이 아니요, 종교 지도자를
받드는 것이 행함이 아니요,
23 나의 목자라 하여 그를 편안하게 함으
로써 가정이 편하며 너희 형제가 편
하며 나라가 편하다는 그와 같은 사기
극을 벌이는 것과의 차이점이 거기에
또 있음이니,
24 이를 보고 너희는 깨우쳐야 할 것이
니라.
25 위로는 예수의 가르침이 그러했고,
26 또 밑으로는 나의 아들이 제3의 시대
에 나의 성령을 받아 기록하여 전하는
나의 아들의 뜻이 그러하나,
27 가운데 한 토막만 너희가 재물이요,
물건을 바치며, 그저 모든 것을 바쳐
봉사하며 너희가 성전을 짓고 종교
지도자를 기쁘게 하며, 각종 헌금에
얽매여 살아가는 그와 같은 삶을 살라
하여 가운데만 그리 변질되어 있는
것이니,
28 아래위에는 사람이요, 가운데는 사람
이 아니니, 이를 어찌하여야 한단 말
이던가?
29 너희는 뭐라 하느냐?
30 내가 원하는 것이 뭐라 말하느냐?
31 진정한 사랑이라 너희가 그리 말하느
니라.
32 진정한 사랑이요, 진정한 믿음이란 무
엇이던가?
33 하나를 받아 둘로 줄 수 있는 마음이
요, 조건이 없이 던지는 마음이요,
34 남에게 칭송을 듣지 않고 던지는 마음
이요, 남에게 자랑하지 아니하고 던지
는 마음이요,
35 그것이 진정한 사랑이요, 진정한 믿음
이라 그리 말하지 아니하였던가?
36 그를 행하고 실천하고 살아가면 되는
것이 너희거늘, 어찌하여 너희 백성은
그리도 우매하게 살아가는가?
37 너희는 지금 어떠한 종교 지도자요,
어떤 집단에 속해 있는가?
38 충성하라, 충성을 다하라, 충성하는
것만이 구원을 받는 것이라 하나,
39 그게 나 여호와에게 충성하며 나 여호
와를 받드는 것이 아니요,
40 종교 지도자 저희에게 충성을 다하며
저희가 짓는 성전을 짓는 데 충성을
다하며, 저희가 많은 백성을 모아 사
기극을 벌이는 데 충성을 다하라 그리
말하고 있음이니, 그들이 과연 나의
뜻에 가는 백성이던가?

41 나의 뜻과는 관계도 없는 그 길을 가
는 지도자 앞에 너희가 소중한 생명
을 던지지 말라.
42 금화와 은화를 거둬들이는 데만 연연
하는 그곳에 가 너희 인생을 바치지
말라, 사랑하는 나의 아들딸들아!
43 내가 160권에 끝없이 기록하여 전하
며, 나의 법전에 수없이 이리 기록하
여 너희에게 애절한 마음으로 전하나,
44 이 한 가지를 듣지 않는 너희가 얼마
나 어리석은 백성인가?
45 나 여호와의 가슴이 찢어짐을 알라.

5,582 번째 하나님 말씀

2003년 3월 18일 14시 40분

1 사랑하는 나의 아들아!
2 "네, 아버님! 말씀하옵소서."
3 지금 너희가 속해 있는 종교 집단이
요, 지도자 밑에 가서 구원을 받는다
는 신도 너희는 그 모두가 죄의 온상
이라는 것을 알고 있을 것이니라.
4 그리고 너희가 잘못 가고 있음을 알
고 있으며, 구원을 받지 못한다는 것
을 알고 있으며, 가슴을 두드려 통곡
하고 우는 나의 백성이 수없이 거기
에 있을 것이니라.
5 종교 지도자 자신도 죄를 짓고 있으
며, 저희가 정녕 나와 대화하지 못하
며 나의 음성을 듣지 못하면서,
6 저희가 만백성을 구하는 길인지, 저
자신은 과연 부활할 수 있을지, 제가
구원받을 수 있는 인간인지, 제 가슴
을 두드리며 불안해하는 종교 지도자
요, 목사라는 자가 수없이 있을 것이
니라.
7 많은 재물을 바치면 구원을 받는다 하
여 던지고 또 던지는 백성 그들도 저
혼자 생각할 때 제 가슴을 두드리며
통곡하고 우는 백성이 있을 것이니라.
8 이는 정녕 잘못된 길이며, 이것은 아
니라 생각하면서도 그 길이 아니면 저
희가 지은 죄를 용서받지 못한다 하니,
9 울며 기도하는 백성이 수없이 있을 것
이니, 그와 같은 백성은 알라.
10 잘못된 줄 알고 썩은 줄 알면 그 속에
서 나와야 함이니라.
11 너희 몸이 썩어 가는 것을 아까워 도
려내지 못할 때, 전체가 썩어 죽는다
내가 법전에 기록하였음이니,
12 일찍이 도려낼 수 있는 자만 그 몸을
구할 수 있으며, 영혼을 구할 수 있음
을 알라.
13 육이 썩어 갈 때까지 너희가 바로 서
지 못하면, 너희는 영혼을 구하지 못
하며 영원히 지옥 불로 가는 그와 같
은 형국이 될 것이니라.
14 이제 나올 수 없으며 변화될 수 없으
며 그 잘못된 곳에서 헤어날 수 없는
백성 너희가 지금 어떠한 짓을 하고
있는가?
15 내가 나의 아들을 통하여 나의 법전에
하늘의 비밀이요, 너희가 숨기는 그
비밀을 기록하여 전함이니,
16 너희 가슴에 와 닿는 부분이 있거든,
벌떡 일어나 법전을 향하여 달려나오
라.
17 그리고 그 성전의 문을 닫는 데 너희
가 앞장서야 할 것이니라.
18 지금 모든 종교 지도자가 나의 아들

예수를 믿으며 예수의 피로써 구원을
받았으며,
19 그리하여 나의 아들 예수를 사랑하며
찬양하며 나 여호와는 창조주로서 사
랑하며 나를 믿는다 말하는 자,
20 그리하여 예수를 믿으며, 나를 믿으
며, 나의 아들 예수를 사랑하며, 나를
사랑하며, 나의 아들 예수를 구세주라
찬양하며, 나를 창조주라 찬양하는 너
희가,
21 육으로써 낳아 주고 길러 준 부모를
사랑하지 아니하며, 그 사랑을 외면하
며 형제지간에 사랑을 외면하고 미워
하는 자,
22 그와 같은 자들은 정녕 나에게서 선택
된 백성이 아니요, 진정한 지도자가
아님이니라.
23 예수를 사랑하며 나 여호와를 사랑하
며 너희 부모를 사랑할 줄 알며 형제
를 사랑할 줄 알며 형제를 미워하지
않는 그 마음에서만 진정한 나의 아들
예수를 사랑하는 마음이요, 나를 사랑
하는 마음의 빛을 볼 수 있거늘,
24 길러 주고 낳아 준 육의 부모를 사랑
하지 않는 자, 미워하는 자가 어찌하
여 구원을 받는다 하느냐?
25 너희 부모요, 너희 형제를 멀리하게
가르치는 자는 사탄이요, 사악한 자
요, 너희를 지옥으로 이끌어 가는 대
표적인 자들이니라.
26 종교 지도자가 자신을 섬기라는 것,
신과 같이 섬기라는 것, 그리고 그 무
엇보다도 저희가 하는 것은 거부하지
못하도록 하는 것,
27 그리고 형제들에게 나누어 줌이 아니
요, 섬기는 자에게 더 바치며 섬김을
위해서 살아가도록 가르치고 인도하
는 자들,
28 섬김을 받는 그것으로써 만족하지 못
하여 온갖 방법으로 갈취하는 삶을 살
아가는 자들, 그와 같은 자들은 바로
종교 지도자가 아님을 너희는 알아야
할 것이니라.
29 예수의 고귀한 피의 대가로 너희가
죄 사함을 받았다 그리 말하는 자,
30 그리고 2천 년 전에 그와 같은 역사가
이루어진 지금에도 너희는 나의 아들
예수의 보혈로써 구원을 받았으며, 너
희 대대손손 그저 예수의 보혈로써 구
원을 받았다 그리 가르치고 착각하며
그 내용의 의미도 모르는 자들,
31 나의 아들이요, 나 여호와를 안다 하
며 나의 계명을 지키지 않는 그와 같
은 자들,
32 나의 아들을 믿으며 그 은혜를 알며,
나 여호와의 감사함을 안다 하면서 나
의 계명을 지키지 아니하며 행동은 고
난의 길을 가지 아니하며, 모든 것을
재물 앞에 바꾸려 하는 자들,
33 그리고 너희가 가진 재물을 믿음보다
도 더 사랑하는 자, 그리고 믿음으로
써 깨우치는 것이 아니요, 재물을 먼
저 거둬들이고자 하는 그와 같은 종교
지도자들,
34 그들이 다 죄의 온상이라는 것을 너희
는 알아야 할 것이니라.
35 저는 회개했기 때문에 죄가 없다 생각
하는 자, 그리고 저는 죄를 짓지 아니
하였다 착각하는 자, 바로 그와 같은
것을 가르치며 그와 같은 행동을 하는

자는 구원을 받을 수 없으며 사탄의
자식임을 너희가 알아야 할 것이니라.
36 감히 저희의 지은 죄를 다 씻었다 말
함이니, 그건 나 여호와밖에 씻을 수
가 없거늘, 제가 씻었다 함이니라.
37 그저 말로 수다 떨고 눈물로 회개했다
해서 그 죄가 깨끗해졌기 때문에 저는
죄를 짓지 아니하였다 생각하는 자,
38 제가 살인하며 강도질하며, 남의 물건
을 훔치는 그와 같은 사악한 행위를
하고도 오늘 아침에 눈물로써 기도하
며, 재물을 갖다 바치고 저희 손으로
지은 성전에 가서 기도하고 회개했다
하여 저희는 깨끗한 자요,
39 그래서 죄가 없다 그리 말하며, 죄를
짓지 아니하였다 말을 하는 자, 그리
고 흰 종이보다도 더 깨끗한 자라 하
는 자,
40 그리고 나서 또 죄를 짓는 그와 같은
행위를 가르치며 그를 용서하며 받아
들이는 자, 그의 재물을 거둬들이는
자, 그와 같은 자의 재물을 거둬들이
는 걸 즐겁게 생각하는 자,
41 그와 같은 지도자는 인간이 아니며,
사탄임을 너희는 알아야 할 것이니라.
42 제가 하는 행위가 거짓이라는 걸 알
며, 제가 말하는 것을 행동으로 책임
지지 못하며, 말로써 세상의 아름다운
것을 다 전하나, 뒤에서 행동은 따르
지 못하고 추한 짓을 하는 자,
43 그들은 종교 지도자가 아님을 너희는
알아야 할 것이니라.
44 인간으로서, 종교 지도자로서 그들은
자격이 없음이니라.
45 그리 알아야 할 것이니라.
46 우상을 만드는 자, 그리고 우상을 섬
기는 자, 너희가 바로 무엇인 줄 알겠
는가?
47 그 종교 지도자가 어찌 섰으며 어찌
가며 어찌 행하는 것인지 그 일거수일
투족을 다 알지도 못하면서 그를 받들
고 '아멘, 할렐루야!' 하며 그의 말에
절대복종하는 그게 뭐냐?
48 사탄과 같이 행하는 자를 너희가 받
듦이니,
49 사악한 우상을 섬기는 것이라 내가 전
한 그 뜻을 다시 한 번 기억하도록 그
리하라.

5,583 번째 하나님 말씀

2003년 3월 18일 14시 43분

1 사랑하는 나의 아들아!
2 "네, 아버님! 말씀하옵소서."
3 너희의 죄상은 죽어 나에게 왔을 때
그 죄의 대가를 받아야 한다는 것을
명심하라.
4 그리고 너희가 그와 같은 역사의 이치
가 있다는 것을 깨우쳐 깨달아야 할
것이니라.
5 너희가 죽어 와서는 나에게 용서를 받
을 수 없으며 아무리 회개의 눈물을
흘려도 너희가 심판의 단계에서는 아
무것도 얻을 수가 없으며 이루어질 수
없다는 것을 깊이 깨우치라.
6 그리고 만백성에게 전하도록 그리하
라.
7 사랑하는 나의 아들아!
8 "네, 아버님! 말씀하옵소서."
9 너를 따르는 사랑하는 제자들과 나의

법전을 읽고 깨우친 백성에게 전하라.
10 나 여호와가 베푸는 그 화려한 잔치에
참석하지 못하고 문전박대 받아 쫓겨
나는 백성이 되지 말라 그리 가르치
라.
11 쫓겨나는 자가 되지 말라 그리 가르
치라.
12 그것이 너희가 만백성을 깨우치는 길
이요, 만백성을 구하는 길이요, 그들
을 구하는 길이요, 그 구함이 나 여호
와를 기쁘게 함이요, 나에게 가장 큰
행복함을 주는 것이니,
13 너희가 나에게 받은 은혜에 보답하는
길이며, 나에게 받은 그 모든 영광을
보답하는 길이라는 것을 잊어서는 아
니 될 것이니라.
14 나의 잔칫날에 쫓겨나지 않는 백성이
되도록 그리 가르치라.
15 쫓겨나는 자가 되어서는 아니 됨을
너희가 그 백성에게 손에 쥐여 줘 가
르치라.
16 그리하여 너희가 나의 잔칫날 잔칫상
에서 쫓겨나는 자가 되지 말며 문전박
대 받는 백성이 되지 말라 그리 말하
라.
17 그 잔치에 참석할 수 있는 백성이 되
라 그리 말하도록 하라.
18 너희 인간 세상에 살아가면서도 남의
잔칫상에 초대받지 못하며 남의 잔칫
상에 갈 수 없으며,
19 문전박대당하여 쫓겨나는 그와 같은
사람들이 되어서는 아니 되지 않겠는
가?
20 인간 세상에서 그와 같은 사람이 되지
않는 것이 하늘나라에서도 나의 화려
한 잔칫날 그 잔칫상에 참석할 수 있
는 백성이라는 것을 잊지 말라.

5,584 번째 하나님 말씀

2003년 3월 18일 14시 54분

1 사랑하는 나의 아들아!
2 "네, 아버님! 말씀하옵소서."
3 지금의 종교 집단들이요, 만백성이 가
는 것이 어찌 가는가?
4 그들은 믿음이요, 나 여호와를 섬김이
아니라 그들은 재물을 하나님으로 섬
기고 사는 자들이니라.
5 그리고 그들은 돈을 섬기는 집단들이
며 돈을 나 여호와라 그리 부르짖으며
살아가는 그들의 지금 그러한 형국이
라 하면 그들은 너를 죽이려 대들 것
이니라.
6 그러나 이는 네가 기록한 것이 아니
요, 나 여호와가 내리는 것을 받아서
기록한 것이며 그저 너는 그대로 책으
로 내는 죄밖에 없음이니라.
7 그리고 그들은 세상사의 삶을 하나님
이라 섬기고 사는 자들이니라.
8 육의 삶의 향락이요, 육의 행복을 위
하여 무슨 짓이든 가차없이 할 수 있
는 자들이니, 그들이 바로 그와 같은
자가 아니던가?
9 그리고 저 자신을 나 여호와처럼 생각
하며 그와 같이 살아가는 자들이니 그
게 바로 무엇이던가?
10 저희 자식에게 재물을 물려주고자 하
며 세습하는 방법으로써 그 길을 가고
자 하는 것이니,
11 그 마음의 속성을 들여다보더라도 그

들이 그 자신을 신과 같이 생각하고
산다는 증거임을 너희는 알아야 할
것이니라.
12 만백성을 깨우치며 믿음을 위하여 고
난의 길이요, 힘든 길을 가며, 자기 십
자가를 짊어지고 가는 그와 같은 고통
의 세상 속에서 살아가는 그 삶이요,
깨달음을 얻는 그 속에서 변화되어야
하거늘,
13 지금 만백성을 인도한다는 가장 큰
종교 집단이요, 그 지도자요, 그 많은
물질이요, 많은 자원이 있으며 나의
백성을 거느리는 그들이 진정한 믿음
이요, 참진리를 위하는 것이 아니요,
14 재물이라는 것을 하나님 나 여호와로
삼고 살아가며, 돈을 섬기는 것을 나
여호와처럼, 금화와 은화를 나 여호와
처럼 섬기고 살아가는 집단으로 전락
하였음이니,
15 너희는 이를 거부할 말이 없을 것이니
라.
16 더 큰 성전을 짓고 더 많은 사람에게
거둬들이고자 혈안이 되어 있는 그
방법이 무엇이더냐?
17 나에게 기도하고 경배하는 것보다 그
와 같은 것에 더 빠져 있으며 연연하
고 있음이니,
18 그리하여 모든 선생의 가르침의 그 결
론이 무엇이더냐?
19 가장 중요한 대목을 요점 정리하여
마지막을 가르침이니, 마지막 가르치
는 것은 헌금이요, 재물을 바치라는
것으로 끝냄이니라.
20 그리하여 너희는 재물을 하나님으로
받들며 금전이요, 금화와 은화를 섬기
는 집단이라 내가 말하니,
21 여기서 할 말이 있거든 죽어 내 앞에
와서 항변하도록 그리하라.
22 그리고 너희는 세상의 삶을 세속적인
것에서 벗어나지 못했음이니라.
23 더 큰 성전을 짓는 것도 더 큰 집을 갖
고자 하는 자요,
24 더 아름답고 궁궐같이 꾸미려 하는 것
도 속내를 더 아름답고 편하게 살아가
고자 하는 인간의 사행심에서 그저 투
자하고 갖다 바르는 것과 무엇이 다르
던가?
25 그러니 세상의 삶을 나 여호와를 섬기
는 것보다도 더 위대하게 섬기고 사는
것이 너희가 지금 하는 짓이니라.
26 그리고 너희가 진정한 믿음의 길을 가
지 않는 것이 무엇이던가?
27 너희는 하나님이라는 대우를 받고 싶
어 하며, 너희 자식까지도 나 여호와
처럼 대우를 받게 하고자 하는 것이
너희 욕심이니라.
28 정녕 고통스럽고 시련의 길이라면 너
희는 자식에게 물려주지 아니할 것이
며 네 자식에게 세습하지 않으려 할
것이 너희이니라.
29 절대로 하지 않을 것이니라.
30 세상의 향락과 세상의 즐거움이요, 그
것을 모두 종과 같이 부릴 수 있는 제
왕적인 그 위치에 있는 너희가 그리하
여 거기에 빠져 있기에 네 자식에게
그를 넘기려 함이니,
31 너희가 나를 믿지 않는 증거가 여기에
있음이니라.
32 더욱이 너희가 악을 쓰며 갖은 수단과
방법을 가리지 아니하고 세습 체제까

지 이루려 하는 것이 바로 사악한 증
거며 너희가 잘못 가고 있다는 것을
알아야 할 것이니 그리 알라.

5,585 번째 하나님 말씀

2003년 3월 18일 19시

1 사랑하는 나의 아들아!
2 "네, 아버님! 말씀하옵소서."
3 네가 어찌하여 십계명을 암송하지 아
니하며 기도에 들어가는가?
4 그리하여 내가 네 목을 메웠으며 말이
나오지 않게 하였음이니,
5 너는 두 번 다시 이와 같은 역사의 실
수를 하지 말도록 그리하라.
6 어찌하여 네가 계명을 외우는 것을 잊
어버리며 그저 그대로 바로 기도에 들
어가는 그와 같은 생각을 하고 있는가?
7 이는 네가 지금 무슨 생각을 하고 있
으며 네 마음을 어디에 두고 있는가?
8 어찌하여 네가 그리 많이 암송했던 십
계명을 암송하지 아니하며 나의 성령
의 뜻을 들으려 하는가?
9 차후에 이와 같은 실수가 두 번 다시
있어서는 아니 될 것이니라.
10 그리하여 내가 네 음성을 막았음이니
라.
11 "전지전능하신 창조주 아버님, 저의
죄를 용서하여 주옵소서.
12 제가 감히 십계명을 암송하는 것을
잠깐 잊었으며,
13 아버님의 말씀을 받는 그 생각에 급급
하여 십계명을 암송하는 것을 잠깐 잊
었으며, 그를 저버리고 그저 기도를
하였사옵나이다.
14 저의 죄를 용서하여 주옵소서, 아버
님!"
15 이제 그와 같은 실수가 없도록 그리하
라.
16 내가 네 음성을 막았으며 네 입을 막
았음이니,
17 두 번 다시 네가 나의 십계명을 암송
하지 아니하는 일이 있어 내가 네 입
을 막는 그와 같은 번거로움이요, 수
고로움이 있어서는 아니 될 것이니라.
18 네가 남들이 보지 않는 곳에서 네가
바르게 행함이 중요하며,
19 네가 십계명을 외워 나에게서 성령을
받았다고 만백성한테 그리 말하면서,
20 네가 어찌하여 오늘 이 밤에 계명을
외우지 아니하고 기도를 받으려 그리
했던가?
21 그 모든 것은 네 생각이요, 네 마음 자
세가 흔들림이 있음을 알아야 할 것이
니라, 사랑하는 나의 아들아!
22 사랑하는 나의 아들아!
23 "네, 아버님! 말씀하옵소서."
24 나의 사랑하는 백성 너희가 수년, 수
십 년, 평생 성서를 공부하며 기도하
고 경배하는 그 뜻이 어디에 있겠는가?
25 나의 품에 오르며 구원을 받고자 하는
것이 너희라 내가 그리 가르쳐 주었
으며 너희의 소원이 또한 그것이라 일
찍이 내가 너희에게 깨우쳐 주었느니
라.
26 그리하여 너희는 지금까지 기도하고
경배하는 그 생활을 살아왔음이니라.
27 그러나 너희가 구약의 세월이 흘러 그
세월 속에 우상을 섬기는 역사가 이루
었으며, 너희가 신약의 시대 나의 아

들 예수가 너희에게 사랑을 실천하고
자 했으나, 너희는 그와 같이 우상을
만든 구약의 시대의 백성보다도 나의
아들을 그와 같이 고통스럽게 죽게 하
였음이니,
28 그리하여 그 흐르는 세월 동안에 내가
전하고자 하는 나의 성령의 뜻이 그대
로 전해진 것이 아니요,
29 수천 년 동안 흐르는 동안에 변하고
변질하여 나의 뜻과 내가 이루고자 하
는 역사와는 너무 멀리 격이 떨어져
있음이니,
30 오늘날 너희의 마음을 다스리며 너희
를 바로 세울 길이 없음이니라.
31 무엇으로도 너희를 다스릴 수 없으며,
나에게서 멀리 떠나가 있는 너희 마
음을 이끌어 나에게 오르는 길에 마음
을 다스릴 것이 없음이니,
32 그리하여 내가 법전이라 하여 열여섯
권을 기초로 하여 160권의 법전을 세
상에 내보냄이니라.
33 내가 책표지에 기록했듯이 '하늘에 오
르는 길'이요, 나 여호와의 말씀이라
하여 너희에게 전함이니,
34 이를 보고 깨우치지 아니하는 자는 나
에게 오를 수 없다 내가 그리 말하였
음이니라.
35 내가 나의 법전을 높이 들어 너희에게
전하지 아니하였던가?
36 앞으로만 가는 백성 너희가 지금 천국
에 가는 길이라 달려가고 달려가나,
37 그것은 지옥으로 가는 길이요, 지옥행
열차를 타고 가는 것이라 내가 그리
말하였음이니라.
38 지금 가는 그 믿음에서 뛰쳐나오는 자
는 지옥 불의 열차에서 뛰어내리는 자
들이니,
39 위험을 무릅쓰고 한 번의 생명을 던
져 나왔음이니라.
40 그게 바로 나에게 귀중한 생명을 던지
며 너희가 나의 법전을 읽고 깨우쳐
하늘에 오르고자 하였으니,
41 너희는 생명을 던진 나에게 선택된 백
성이라, 그리하여 너희가 그리 귀하고
소중하다 말하였음이니라.
42 너희는 육의 세상에 살아가면서 역사
할 때, 이것을 재 보고 저것을 재 보며
남에게 속아 넘어가지는 않는지 모든
것을 점검하고 두드려 보면서,
43 그보다 몇천 배 소중한, 인간인 너희
가 살고 난 다음, 또 죽은 다음에 나에
게 심판을 받으며 그 삶이 영원히 변
하지 않는 그 무서운 세상에 대해서는
준비하지 아니하며 두드려 보지 아니
함이니, 이를 어찌해야 하겠는가?
44 너희가 지금 가는 길이 지옥으로 가는
길이라 하였음이니라.
45 그리하여 나의 법전을 읽고 깨우쳐 하
늘에 오르는 길로 돌리라 내가 수없이
너희에게 울부짖었건만,
46 어찌하여 나의 이 애타는 마음을 그리
도 외면하며 이를 들으려 하지 아니하
는가?
47 지금 종교 집단이요, 지도자 너희가
하는 그 형태를 죄가 되는 것과 너희
가 나에게 은혜를 받고 사랑을 받는
것을 모두 구분하여 나의 법전에 하나
하나 기록하였으며,
48 너희가 해서는 안 되는 행동과 해야
하는 모든 행동 지침을 나의 법전에

기록하여 너희에게 다 전했음이니, 너
희가 그를 보고 깨우쳐야 할 것이니
라.
49 모든 종교 지도자 너희가 마지막 시대
며, 너희의 교회가 다 비워질 것이며,
한 사람도 구원받는 길을 갈 자가 없
다는 그 무서운 말의 뜻을 너희가 그
냥 들어서는 아니 됨을 알아야 할 것
이니라.
50 이제 내가 심판을 시작하였음이니, 너
희에게 시간이 없으며 너희를 기다려
줄 그와 같은 세월의 흐름이 없음을
알아야 할 것이니라.
51 이제 나의 법전을 읽고 깨우쳐 지옥으
로 가는 그 열차에서 뛰어내려 구원을
받는 길을 보는 그와 같은 변화의 역
사를 이루지 아니하면, 너희는 구원을
받을 수 없다는 것을 알아야 할 것이
니라.

5,586 번째 하나님 말씀

2003년 3월 18일 19시 08분

1 사랑하는 나의 아들아!
2 "네, 아버님! 말씀하옵소서."
3 지금 구원의 길을 가는 나의 사랑하는
백성, 그리고 신도라는 그들을 나는
구원하고자 함이니라.
4 그 종교 집단이요, 지도자들이 이끌어
가는 것을 보기 전에,
5 거기에 가서 아무것도 모르고 재물을
바치며 눈물의 기도로써 구원이라 매
달리는 그 길이 지옥으로 달려가는 열
차라 내가 그리 말하였음이니라.
6 그리하여 거기서 뛰어내려 나의 법전
을 접하고 깨우치는 자를 내가 거둬들
인다 하지 아니하였던가?
7 지금의 믿음의 길을 가는 그 종교 집
단이요, 지도자들이 왜 잘못되었는지,
8 구원받을 수 없는 길을 간다는 것을
내가 누누이 나의 법전에 기록하여 전
하였으니, 너희는 귀가 따갑도록 들었
을 것이니라.
9 너희가 행함이 없는 지금의 그 믿음으
로써는 구원을 받을 수 없다는 것을
내가 그리 가르쳤으나,
10 너희가 아직도 그 뜻 하나를 이해 못
하고 있다면 이를 어찌하겠는가?
11 너희의 죄상이요, 나에게 와 심판을
받는 것은 너희의 행함을 가지고 기준
을 함이니라.
12 너희가 말로써 믿음의 길을 가는 자,
그리 행하는 자, 선을 베풀지 아니하
며 그저 구원받았다 말하는 자, 너희
는 죄를 짓기만 하는 것이요,
13 선을 베풀어 면죄부를 만들어야 하는
것이 아니기에, 얼마나 죄를 짓고 살
아가는 것인가를 들여다봐야 할 것이
며,
14 행함이 중요치 않다고 가르치는 종교
지도자들이 너희를 지금 죽음으로 인
도한다는 것을 알아야 할 것이니라.
15 행함이 얼마나 중요한 것인가를 다시
한 번 깨우치도록 그리하라.
16 지금의 종교 지도자들이 하는 것이 어
떠한 길인지 알겠는가?
17 참된 것을 거짓으로 말하며 거짓을 참
된 것으로 지금 가르치고 뒤바꿔 끌고
가는 것이니라.
18 주객이 전도된 그와 같은 형국으로써

지금 나의 피조물 만백성을 이끌어 가
는 자들이니,
19 믿음이요, 진리를 깨우치는 것이 아니
요, 그저 더 큰 성전을 지으려고 재물
을 거둬들이는 데만 모든 정열을 쏟는
그와 같은 집단으로 전락했다는 것을
너희가 보고 알 것이니라.
20 너희가 고통을 당하고 시련을 당하며
마지못해 울며 겨자 먹기 식으로 재물
을 바치며, 어쩔 수 없이 끌려가는 그
와 같은 형국으로,
21 그나마 그곳에 가지 아니하면 지옥 불
로 간다는 것이 무서우며 구원받지 못
한다는 것이 두려워 눈물을 머금고 헌
금을 내고 재물을 바치며 사는 백성은
과연 없는가?
22 그리고 제가 잘못 가고 있으며 제가
허황된 짓을 하고 있으며 할 능력이
없는 자가 더 많은 헌금이요, 재물을
바쳐 고통의 길로 가는 것은 과연 없
으며, 처자식들의 고통을 가중시키는
자는 없는가?
23 그를 한번 들여다보라.
24 그와 같은 자가 있다면, 그와 같은 행
동을 하는 백성이 있다면, 그와 같은
제자라 하는 그 신도들을 이끌어 가는
종교 지도자가 있다면,
25 그들의 말을 들어서는 아니 될 것이니
라.
26 악을 제거하고 선하게 살아가는 것이
아니요,
27 가장 간교한 방법으로써 인간과 인간
사이를 이간질하는 그와 같은 집단이
되어서는 아니 될 것이니라.
28 그와 같은 집단이 너희 종교 집단 속
에 없다 말할 수 있는가?
29 형제자매라 말하며 이끌어 가는 종교
지도자가 간교한 방법으로써 그 백성
을 이간질하며 그 신도들을 갈라놓고,
30 그들을 이리 치고 저리 치는 그와 같
은 방법으로써 끌고 가며,
31 능력 있는 자 와 능력 없는 자를 구분
하여 그들에게 비중을 실어 주고, 성
전을 짓고 이끌어 가며,
32 그들로 하여금 나머지는 그저 이유 없
이 이끌려 가는 그와 같은 형국으로써
성장해 가는 그 믿음의 장이 되지는
않는가?
33 그것을 한번 들여다봐야 할 것이니라.
34 너희가 작게는 살아가면서 신도와 신
도 간에 불화를 일으키며, 또한 형제
지간에 불화를 일으키며, 가정에 불화
를 일으키며, 만백성에게 불화를 일으
키는 그와 같은 사악한 짓을 하고 있
지는 않은가 돌이켜 봐야 할 것이니
라.
35 지금의 종교 집단이요, 지도자 너희가
가는 것이 그와 같은 행위를 하고 있
음을 알라.
36 종교 지도자는 유리로 비춰봐 깨끗해
야 하며, 속과 겉이 다른 백성은 나 여
호와가 그를 용서하지 아니하며 그를
받아들이지 아니한다 하였음이니라.
37 그러나 과연 종교 지도자들이 속과 겉
이 다르지 않은 자가 얼마나 있는가?
38 너희는 재물을 거둬들이고 성전을 짓
기 위하여 많은 신도에게서 많은 재물
을 거둬들이려면 너희가 깨끗한 자세
로 갈 수 없으며 속과 겉이 같은 자세
로 가서는 그 역사를 할 수 없음이니,

39 간교한 방법으로 수단과 방법을 모두
동원하여 머리를 짜내고 있음이니,
40 그것이 썩어서 냄새가 나는 것이 바로
종교 지도자들이 오늘에 서 있는 자세
라는 것을 알아야 할 것이니라.
41 거짓 맹세를 일삼느니라.
42 모든 것이 어찌 가는 것인지도 모르며
역사하는 것도 모르며 그저 너희가 거
짓 맹세만 수없이 하느니라.
43 그리하여 바로 무엇이더냐?
44 우리 부자의 이름을 팔아먹는 그 자체
가 벌써 거짓 맹세를 하는 것이니라.
45 어찌 구원을 받으며 어찌 하늘에 오르
는지도 모르는 자가 우리 부자의 이름
만 부르며 그저 예수의 보혈로써 구원
받았다 그리 말하는 그 모두가 나에게
와 거짓 맹세를 일삼으면서 나의 백성
을 괴롭히며 그들을 고통으로 이끌어
가는 행위를 하는 자들이니, 그와 같
은 자들을 너희는 보지 말라.
46 그와 같은 자 속에서 구원을 받고자
하는 백성 너희가 이제 그들을 단죄할
때가 되었음이니라.
47 나의 법전을 정독하고 깨우쳐 보면 너
희가 단죄해야 할 이유가 있으며, 그
들을 다스려야 할 이유가 있으며, 그
성전의 문을 닫고 교회의 문을 닫아야
할 그 이유가 거기에 있음이니,
48 이를 보고 행하는 자는 나로부터 상이
내려짐을 잊지 말라.

5,587 번째 하나님 말씀

2003년 3월 18일 19시 20분

1 사랑하는 나의 아들아!
2 "네, 아버님! 말씀하옵소서."
3 나 여호와가 오죽 분개하며 참을 수
없었으면, 지금의 모든 종교 집단의
지도자요, 신도라 하여 지옥으로 가는
열차를 타고 가는 백성에게 내가 뭐라
말하였느냐?
4 너희는 청지기라는 그 말을 쓸 수 있
는 자격도 없다 말하였으며, 청지기라
는 그 단어까지도 너희에게서 회수한
다 하였음이니라.
5 그리하여 청지기라는 말을 쓰지 말라
고 나 여호와가 지금의 종교 집단이
요, 지도자들에게 명함이니, 이를 너
희가 무서워하며 두려움을 알아야 할
것이니라.
6 청지기란 무엇이던가?
7 주인의 명을 받아 대신하며 주인의 재
산과 생명을 보호해 주며 모든 것을
관리하는 것이 청지기가 하는 일이 아
니던가?
8 청지기인 너희는 나의 뜻을 대신하여
수행하며 내가 역사하는 것을 만백성
앞에서 가르치고 지도해야 하나,
9 그와 같은 자격이 없는 것이 지금의
종교 집단에 있는 지도자라 내가 그리
말함이니라.
10 그리하여 너희는 나의 뜻을 대신하며
나의 역사함을 수행할 수 있는 자격이
없는 자라 하여 내가 너희에게 청지기
라는 그 말도 내 앞에서 쓰지 말라 하
며 그를 너희에게서 거둬들인다는 명
을 오늘 내림이니라.
11 너희는 이와 같은 나의 뜻을 알아야
할 것이니라.
12 그 무서운 변화하는 역사의 소용돌이

속에서 내가 오죽하면 너희에게 청지
기라는 그 단어까지 쓰지 말라 그리
명하겠는가?
13 청지기는 무엇이던가?
14 자기의 재산이나 소유와 자신의 영광
을 위해서 살아가는 것이 아니니라.
15 주인의 재산을 관리하며 주인의 뜻에
따라 그 모두를 관리하고 보호하는 것
이며, 제 것을 쌓아 놓고자 하는 것이
청지기가 아님을 너희는 알아야 할
것이니라.
16 모두는 주인을 위하여 존재함이니,
17 너희는 과연 나를 위하여 존재할 자격
이 있는 종교 지도자라 그리 말할 수
있는가?
18 너희는 나 여호와를 위하여 나의 청
지기로서 역사하는 것이 아니요, 너희
는 거둬들여 쌓아 놓으려고 그와 같
은 역사를 하고 있음이니,
19 그리하여 너희에게서 청지기라는 그
이름을 거둬들임이니,
20 나를 빙자하여 너희가 모든 사악한
짓을 하는 것을 내가 이제 중단하라
명하는 그 무서운 뜻임을 알라.
21 여기서 너희가 계속 그와 같은 역사를
할 때, 어떠한 결과를 초래하든 너희
스스로 감내해야 할 것이니라.
22 나 여호와가 너희가 나의 것을 관리하
고 쓰다 지상에 모두 다 두고 오는 것
이라 내가 그리 말하였음이니라.
23 그리하여 너희가 하나도 가지고 오지
못하며, 너희가 이 세상에 사는 것은
내가 내려 준 나의 것을 관리하고 다
스리다 놓고 온다 하였음이니라.
24 지금의 종교 집단 신도 너희는 과연
어찌하는가?
25 나 여호와의 청지기 역할을 잘했다 생
각하며 충실히 했다고 생각하는가?
26 내가 너희를 더 이상 볼 수 없어 회수
함을 알라.
27 너희가 이제 다시 청지기라는 그 이름
을 받으며 나를 대신하여 역사하며 나
의 뜻에 따라 움직이는 청지기로서 임
무를 수행할 수 있으며 그 자리로 돌
아오고 싶다면,
28 이제는 나의 법전을 읽으며 나의 법전
을 정독하고 깨우쳐, 거기에서 너희가
가야 하는 길이요, 이루어야 하는 그
역사를 가르치고 전한 그대로 지키고
행하는 자, 그리고 법전을 읽고 깨닫
고 회개하는 자만이 나에게 오를 수
있다는 것을 잊어서는 아니 될 것이니
라.
29 이제 나는 너희에게서 청지기라는 이
름을 거둬들임이니,
30 모든 종교 집단에서 가는 너희는 청지
기가 아니며 내 뜻을 대신하는 자가
아니요, 나의 모든 것을 관리하는 자
가 아니라는 것을 전함이니 그리 알라.

5,588 번째 하나님 말씀

2003년 3월 18일 19시 30분

1 사랑하는 나의 아들아!
2 "네, 아버님! 말씀하옵소서."
3 나를 찾지 아니하며 나를 믿지 않는
나의 사랑하는 백성 그들은 도덕이요,
질서에 어긋나지 않는 삶을 살아가고
자 노력함이니라.
4 그리하여 남에게 실수함이 없이 살아

가고자 하는 것에 삶의 목표를 두고
행동하며 살아가고 있음이니라.
5 그러니 믿음의 길을 가는 길이요, 만
백성을 지도한다는 너희는 과연 어찌
가야 하겠는가?
6 너희는 오로지 나 여호와의 성령이요,
나의 계명이요, 내가 명한 것에 순종
하며 맞추고 살아가는 것을 우선 해야
할 길이 아니던가?
7 그러나 지금의 종교 집단은 과연 어찌
가는가?
8 그들은 모든 삶이요, 믿음이라는 것을
나 여호와에게 맞추는 것이 아니요,
9 그 지도자들의 뜻에 따라 삶의 중심을
물질을 거둬들이고 물질을 쌓는 데 그
모두를 바치는 그와 같은 형태로 지금
바뀌어 있는 이 험악한 세상이 되어
버렸음이니라.
10 가장 큰 집단의 역사함이 그리되어
있음이니라.
11 그리고 집단의 조직이 가장 잘 되어
있으며, 한 사람의 지도자 말에 의해
일사불란하게 움직일 수 있는 그 힘은
믿지 않는 백성보다도 너희가 더 큰
위력을 발휘할 수 있으며 역사의 힘을
발휘할 수 있는데,
12 그 중추적인 역할을 하여야 할 너희
가 모든 인간의 삶이요, 삶의 중심을
모두 물질을 거둬들이고 물질을 쌓아
놓는 데 두고 있음이니, 이를 어찌해
야 하겠는가?
13 이제 몇 명 되지 않는 사랑하는 나의
아들딸이요, 나의 아들을 따르는 제자
너희는 이 지구 위에 넓고 넓은 바닷
가에 모래 한 움큼만도 못한 숫자인
너희가 어찌 살아가야 하겠는가?
14 너희만이라도 물질이 중심이 되지 말
며 믿음이 중심이 되어 내가 원하는
길을 살아가는 아름답고 알찬 삶을 살
도록 그리하라.
15 내가 한 사람의 의인을 세상과 바꾸지
아니한다 하였음이니, 적은 수라 하나
너희가 존재함이 나의 기쁨임을 알라.
16 지금의 모든 종교 집단은 내부가 썩을
대로 썩어 그 냄새를 저희도 잘 알고
있음이니라.
17 그리하여 물질에 모든 것을 다 바치는
가 하면, 돈주머니를 챙기며, 그 돈주
머니를 걸고 가는 것이 인생의 목표
요, 삶으로 생각하는 것이 그들이 살
아가는 형태이니라.
18 그들은 재물과 금화와 은화를 사랑하
고 살아가느니라.
19 그러니 그걸 보고 내가 어찌해야 하겠
는가?
20 이제 나의 법전을 따르는 사랑하는 나
의 아들 너희는 돈주머니를 챙기며
그를 쩔렁거리며 다니지 말며, 재물과
금화와 은화를 사랑하는 그와 같은 마
음으로 변화되는 삶을 살지 말라.
21 오로지 나의 계명이요, 내가 내리는
법전에 따라 살아가는 아름다운 모습
이요, 천사와 같은 생활의 기초를 다
져 나가도록 그리하라.
22 나의 뜻을 거역하는 데만 모든 것을
집중하여 바치는 것이 종교 집단이요,
지도자들이니라.
23 그들이 거둬들이는 방법도 나의 뜻을
역행하는 것이요, 바치는 자는 그 자
체부터 나의 뜻을 역행하여 쓰는 것이

니라.
24 내가 오른손이 하는 것을 왼손이 모르도록 그리 베풀고 나누며 살면 된다 성경에 기록하였음이니,
25 너희는 그 재물이요, 금화와 은화를 바치는 자도 잘못 쓰며 거둬들이는 자도 잘못 쓰는 그와 같은 형국이 되어 있음을 알아야 할 것이니라.
26 너희가 얼마나 썩어 있는지 아는가?
27 너희가 썩은 집단이라 수없이 너희에게 말하였느니라.
28 너희는 어찌 말하고 부르짖는가?
29 너희는 나의 백성이 열심히 일하고 피땀으로 노력하여 얻은 그 재물을 한 달이면 한 달, 1년이면 1년, 그가 번 재물의 십일조라는 것을 말도 없이 떼어 바치라 하며, 정확하게 그를 바쳐야 한다며 거둬들임이니라.
30 나의 재산이요, 나의 것을 관리하는 청지기가, 어찌하여 그 관리하는 것을 바치라 하는가?
31 남의 집 청지기에게 압력을 넣어 그 주인의 것을 도둑질하는 것이며 재산을 도둑질하는 것이 너희임을 알아야 할 것이니라.
32 너희는 지금 어찌 살아가는가?
33 십일조를 제대로 바치지 않는 것은 나 여호와의 재산을 도둑질하는 것이라 그리 말하나,
34 너희가 나의 사랑하는 백성에게 십일조를 바치라 강요하는 것은, 쓰고 남은 그 주인의 재산을 훔쳐 오도록 남의 청지기를 유혹하며 그를 힐책하는 그와 같은 행위와 똑같은 짓을 하고 있다는 것을 알라.
35 나의 청지기에게서 돈을 훔치며 재물을 바치라 하여 그들을 도둑으로 만들며 그들을 유혹하여 내 재산을 훔쳐 가는 자가 바로 종교 집단이요, 지도자들이니라.
36 나의 사랑하는 청지기에게서 재산을 훔쳐 가는 것이 사악한 사탄이요, 너희이니라.
37 나의 재산을 훔쳐 가는 것이 십일조를 안 바치는 것이 아니요,
38 십일조요, 각종 헌금이요, 주일 헌금이요, 감사 헌금이요, 특별 헌금이요, 건축 헌금이요, 그걸 너희가 받아들여 착복하는 것이 나 여호와의 순박한 청지기에게서 내 재산을 훔쳐 가는 것이라는 그 무서운 사실을 알라.
39 내가 오늘 하늘의 뜻이요, 너희의 사악하고 추한 모습을 글로써 표현하여 전해 줌이니,
40 이를 읽고도 깨우치지 못한다면 과연 내가 어찌해야 하겠는가?
41 너희는 하늘을 두루마리 삼고 바다를 먹물 삼아 써 내리고 써 내려도 모자란 나의 진실이요, 나의 성령이요, 나의 참진리를 계속 이와 같이 나의 아들을 통하여 내려보내야만 너희가 깨우치겠는가?
42 나의 착한 청지기에게서 나 여호와의 재산을 도둑질하며 그들과 공모하여 훔쳐 가는 것이 너희며, 십일조요, 헌금을 바치는 것이 죄라는 것은,
43 관리자가 나의 돈을 훔쳐 자신이 구원을 받고 영광을 얻고자 하니, 그것이 도둑질하는 것이니라.
44 남의 재산을 관리하는 종이요, 청지기

가 제 재산을 위하여, 제 즐거움을 위하여 향락하며 술을 마시고 노름하며 마약을 하는 그와 같은 짓을 하는 자와 똑같음이니라.
45 나의 돈을 가져다 구원의 길을 사겠다 하여 지금 나의 돈을 훔치는 가장 사악한 청지기가 헌금을 내는 자요,
46 그 돈을 거둬들이며 그들을 달래고 이용하는 것이 너희 종교 지도자들이니 그리 알라.
47 특별 헌금을 많이 바치는 자가 구원을 받는다 그리 가르치며 그 청지기들에게 많이 바치는 것이 나에게 사랑을 받는 것이라 하니,
48 어찌하여 내 돈주머니요, 내 쌀독에서 퍼내는 것이 구원을 받으며 나에게 충성하는 길이라 그리 말하는가?
49 내 재산을 축내며 내 계획을 무너트리며 사탄에게 갖다 주는 것이며, 남의 주인에게 충성을 다하는 그와 같은 자가 어찌하여 제 주인을 위하는 길이며,
50 나에게 유산을 받는 그와 같은 청지기로서 설 수 있다 생각하는가?
51 하다 하다 안 되니, 이제는 구원받는 것이 축복이요, 영광이 아니라, 병마까지 고쳐 주며 건강까지 지켜 주며 모두 다 고쳐 준다 그리 말하는 그들이 사악한 자들이니,
52 이제 사랑하는 나의 청지기는 주인인 나 여호와의 재물을 훔쳐 가지 말며 도둑질하지 말라.
53 나의 재물을 훔쳐 가고 도둑질한 그 청지기가 영원히 존재할 수 있다고 생각하는가?
54 너희는 정녕 나의 아들딸이 장가가는 그 잔치요, 즐겁고 행복한 내 집의 행사에서 쫓겨나 정녕 거리의 거지가 될 것이니,
55 그게 지옥으로 가는 너희의 모습임을 알라 그리 전하라.

5,589 번째 하나님 말씀

2003년 3월 18일 19시 40분

1 사랑하는 나의 아들아!
2 "네, 아버님! 말씀하옵소서."
3 너의 제자들에게 이르라.
4 나의 성령을 받아 '하늘에 오르는 길'이요, '하나님! 말씀하옵소서'라는 만 백성을 구하는 이 책을 만드는 나의 아들의 제자라 명함이 얼마나 소중한 이름인가?
5 너희를 나의 아들의 제자라 그리 명해 주는 것은, 너희를 나의 아들과 똑같은 나의 아들딸이라는 것을 내가 입증해 주는 것이며, 그를 인정해 주는 것이며, 내가 너희를 그리 믿음이니라.
6 하늘의 뜻을 공부하며 하늘의 이치를 배우는 것은 선택된 나의 백성이요, 나의 아들을 따르는 제자들이니, 그리하여 내가 그 이름을 붙여 준 것임을 알아야 할 것이니라.
7 2천 년 전 그 아픔이요, 고통 속에 눈물로써 목숨을 던졌던 나의 아들 예수는 어찌 살아갔는지 아는가?
8 그는 복음을 전하기 위한 노력을 많이 했음이니라.
9 그리고 복음을 전하려고 모두를 다 바치듯 했음이니라.
10 그러나 그는 복음을 전하는 것이요,

만백성을 깨우치는 것보다도,
11 그 분신인 제자들을 육성하는 데 최선
의 노력을 다했으며 모두를 거기에 바
쳤다는 것을 너희는 오늘 알아야 할
것이니라.
12 나의 아들 예수가 죽음의 길이 얼마
남지 않은 것을 알았으며, 그가 살 시
간이 얼마 남지 않은 것을 알았기 때
문에,
13 그가 살아서 만백성에게 복음을 전하
고 만백성을 직접 깨우치는 그 역사함
보다 분신과 같은 제자들을 육성하는
데 모두를 다 바쳤으며 더 노력했으며
더 생각을 했음이니라.
14 그리하여 그들과 더불어 생활했음이
니라.
15 최선을 다하여 노력했던 그 모두가 무
너졌음이니, 그 얼마나 마음이 아프며
오늘의 쓰라림이 있겠는가?
16 단 한 명의 바른 의인의 제자를 만들
고자 나의 아들은 그와 같은 모든 고
통과 역경을 다 겪었지만, 그 결과는
무엇이던가?
17 그리하여 지금의 나의 아들 또한 너희
를 다스려 바로 세우려고 그 제자들
을 육성하는 데 모두를 다 바쳐 가고
있다는 것을 너희는 알아야 할 것이
니라.
18 이제 나의 아들의 뒤를 돌아다보며 나
의 아들의 뒤를 이어 갈 수 있는 제자,
그와 같은 백성이 세상에 한 사람은
육성되어야 하며,
19 나의 아들의 대를 이어서 이를 행하며
이를 계승할 수 있는 한 사람의 의인
이 세상에 나와야 함이니라.
20 그를 누구에게서 선택하며 어디에서
그가 나오겠는가?
21 지금의 너희 제자 중에서 나올 것이며,
22 너희 제자들의 후손에서 그와 같은 영
광의 역사를 받아 다음 세대를 이끌어
갈 나의 선택된 백성이 나오지 아니하
겠는가?
23 너희는 여기서 알아야 할 것이니라.
24 과연 누가 인자로 나와야 하며, 언제
나와야 할 것이며, 누가 역사함을 이
루어야 할 것인가?
25 나의 아들을 따라 다음의 그 역사를
다스려 나갈 수 있는 자, 그는 고난의
길을 참고 인내하며 인내로써 견디며
고달프다 생각하지 아니하며 역경을
즐거움으로써 살아가는 그와 같은 선
택된 백성이 될 것이니 그리 알아야
할 것이니라.
26 이제 만백성을 지도할 능력을 갖춘,
나의 아들의 대를 이어 그 뜻을 이어
일할 수 있는 자, 그와 같은 자를 육성
해야 하며, 이를 다스리고 관리할 자
가 있어야 함을 너희는 알아야 할 것
이니라.
27 그것이 너희 자신에게서, 너희 후손에
게서 나올 수 있는 그 영광이 있을 것
이니 그리 알도록 하라.

부 록

【하나님께서 가르쳐 주신 운동】

천재지변이 일어날 때, 동물이나 미물들은 미리 알고 대피하지만, 인간은 알지 못하고 큰 화를 당합니다. 하나님께서 인간에게 가장 높은 지혜를 주시고 완벽하게 창조해 주셨기에 동물들보다 더 잘 알 수 있지만, 욕심으로 마음이 혼탁해져서 한 치 앞을 보지 못하는 것입니다.

마찬가지로, 인간은 누구나 스스로 필요한 운동을 해서 건강을 지킬 수 있도록 하나님께서 만들어 주셨습니다. 우리의 머리에서 우리 몸에 필요한 동작을 해 달라고 끊임없이 신호를 보내지만, 인간이 혼탁하게 살아서 그 신호를 알아채지 못합니다. 그러니 자연스럽게 자기 몸이 원하는 그 신호를 따라서 운동하는 것이 하나님께서 가르쳐 주신 운동 방법입니다. 바로, 우리의 영이 육을 이끄는 운동입니다.

▶ 하나님 운동법

1. 눈을 감고, 발을 어깨너비로 벌리고 바르게 선다.
2. 몸에 힘을 풀고, 허리를 숙이면서 손과 머리를 아래로 내린다.
3. 허리를 펴고 싶을 때, 천천히 펴면서 하고 싶은 동작을 하면 운동이 시작된다. (사람마다 다르다.)
4. 멈추지 말고, 어떤 동작이든지 자기 몸의 느낌대로 계속 이어서 한다.

▶ 참고 사항

① 눈을 감은 상태로 아무 생각 하지 않고, 자기 몸의 느낌대로 움직입니다.

② 마음을 비우고, 욕심을 버리고, 지난날의 잘못을 반성하면서 몇 차례 시도하다 보면, 자기도 모르게 하고 싶은 동작이 끊임없이 생깁니다.

③ 운동 장소는 방 안이든 운동장이든 관계없으며, 걷거나 달리고 싶을 때는 눈을 떠도 됩니다.

④ 매일 40분 이상, 주 4회 이상, 3개월 이상 하면 음식 조절에 들어갑니다.
- 음식으로 생긴 병은 음식으로 치료하게 되며, 어떤 음식을 먹어야 하는지 스스로 알게 됩니다.
(자기 몸에 필요한 음식만 먹고 싶어집니다.)

⑤ 사랑하는 사람과 함께 운동하면 서로 치료해 주기도 합니다.

⑥ 운동을 하다가 몸의 어느 한 부분을 계속 손으로 자극한다면 그쪽에 이상이 있는 것이니, 의사에게 상담을 받고 적절한 치료를 받으면 됩니다.

⑦ 다이어트 및 기타 건강관리에 효과적입니다.

⑧ 꾸준히 운동하여 영이 맑아지면, 자신의 과거와 미래를 스스로 보게 됩니다.

누구나 스스로 하실 수 있습니다.

간행사

《새로운 성경》은:

· 새로운 성경은, 하나님께서 선량하고 선한 자를 선택하여 십계명을 암송하도록 하시고, 십계명을 암송한 다음에 음성으로써 들려주시는 말씀을 듣고 그대로 카세트테이프에 녹음해서 받아쓴 책입니다.

· 90분짜리 녹음테이프 700여 개에 달하는 말씀으로, 1999년 8월부터 2004년 7월까지 총 160권(권당 288쪽)을 완성하였으며, 그 이후에도 현재까지 계속 말씀을 내려 주고 계십니다.

· 새로운 성경은 "하늘을 두루마리 삼고 바닷물을 먹물 삼아 쓰고 써도 다 못 쓴다"는, 끝없이 방대한 하나님의 말씀이 두루마리로 직접 내려오는 것입니다. 이러한 새로운 성경은 구약과 신약을 폐하려는 것이 아니라 "인봉된 성서의 비유의 뜻"을 상세히 설명하여 완성하고자 하나님께서 직접 내려 주신 말씀입니다.

《새로운 성경》의 구성:

· 제 목: 2013년, 160권 모음집을 발간하면서, 본 도서의 제목을 "하나님! 말씀하옵소서"에서 《새로운 성경》 으로 명해 주셨습니다.

· 단행본: 각 권당 288쪽(신국판) 책이 160권까지 시리즈로 출판됩니다.
(모음집은 단행본을 16권씩 묶어서, 총 10부로 구성됩니다.)

《새로운 성경》의 성경적 근거:

· 신약 성경 [요한복음] 16장 13절에 "진리의 성령이 오시면 그가 너희를 모든 진리 가운데로 인도하시리니 그가 자의로 말하지 않고, 오직 듣는 것만을 말하며" 하신 말씀처럼 하나님의 음성을 들은 것만 기록하였으며,

· "장래 일을 너희에게 알리시리라" 하신 말씀과 같이 개인, 나라, 인류의 "장래"일을 하나님께서 알려 주시는 것만 기록하여 책으로 만들었습니다.

《새로운 성경》의 기록 방법:

· 1999년 8월부터 하나님께서 저에게 들려주시는 음성을 기록하였습니다. 처음에는 제가 들은 말씀을 불러 주면 저의 아내가 기록하여, 2000년 1월 29일에 1권 초판이 세상에 나왔습니다. 2000년 4월부터는 주시는 말씀을 받아 녹음기에 기록하여 시리즈로 출간하기 시작하였습니다.

· 녹음을 시작하면서 하나님의 말씀을 받는 데 가속도가 붙었고, 2001년 5월 3일에 1부(1~16권까지)를 인쇄하여 출판하였으며, 2004년 7월까지 총160권 분량의 말씀을 받아 기록하였습니다.

하나님께서 저에게 주신 것은:

· 첫째, 만백성을 상대로 내려 주시는 "기도", 둘째, 수시로 내려 주시는 "묵상", 셋째, 개인의 과거, 현재, 미래를 알려 주시는 "개인 기도", 넷째, 개인의 건강을 위해서 내려 주시는 "음식 처방", 다섯째, 하나님께서 가르쳐 주신 "운동"등이 있습니다. 이 중에 첫 번째, "기도"를 책으로 편찬하였습니다. 사람의 생사, 개인의 미래에 관한 천기는 수록하지 말라 하셨습니다.

강론 안내:

· 하나님께서는 지금도 매일 저에게 새로운 하늘의 비밀의 말씀을 내려 주고 계십니다. 수시로 내려 주시는 말씀을 정리해서 제자를 육성하라는 말씀에 따라 매주 강론을 하고 있습니다. 누구나 무료로 들으실 수 있습니다. (book160.com)

《새로운 성경》을 읽는 분들에게 드리는 선물:

· 개인 기도: 개인의 과거, 현재, 미래에 관하여 말씀을 내려 주십니다.

· 음식 처방: 사람은 음식을 먹고살다가 건강을 잃으니, 음식과 운동으로 건강을 되찾는 방법을 알려 드립니다. 단, 하나님이 계심을 믿고, 십계명을 지키겠다고 진실로 서약하는 분들께 알려드립니다.

《새로운 성경》의 은혜와 기적:

· 새로운 성경 전160권은 16권씩 묶어서 총 10부의 모음집으로 구성됩니다. 모음집 한 부를 읽고 깨우치는 자에게 하나님께서 다음과 같은 기적이 있다고 하셨습니다.

· "첫째, 그가 죽어 하늘에 갔을 때 그의 죄를 묻지 아니하며, 구원을 받는 위대한 은혜가 있으며, 둘째, 그의 소원과 소망이 이루어지고, 셋째, 죽은 자(부모, 형제, 자식, 사랑하고 은혜 입은 분)의 이름으로 구입한 책을 읽고 누군가 한 사람이 깨우칠 때, 그 죽은 자가 지옥에서 천국으로 구원을 받게 되며, 넷째, 유산, 중절 수술 등으로 태어나지 못한 아이를 위하여 구입한 책을 보고 한 명이 깨우쳤을 때, 그 아이가 사람으로 다시 한 번 태어나는 은혜를 받는다."

· "새로운 성경"을 3회 이상 정성을 다해 정독하는 자, 성서의 비밀을 알게 되고, 세상의 이치를 알게 되며, 세상을 지배하고 통제할 수 있는 지혜를 다 얻게 된다고 하셨습니다. 이 책은 만백성이 정독하고 이웃에게 전하여, 평생 가슴에 묻은 슬픔과 고통의 짐을 벗고 미래를 위한 힘찬 삶을 살아가도록 하는 책입니다.

끝으로

· 하나님께서는 흰 눈이 세상을 덮듯이 새로운 성경을 온 세상에 전하라고 하셨습니다. 《새로운 성경》을 각국어로 번역해서 온 인류에게 구원의 길을 깨우쳐 주고, 그 수익으로 가난하고 어려운 백성을 구제하여, 만백성의 영과 육을 함께 구원하는 선지자의 임무를 수행하라고 저에게 명하셨습니다.

· 하늘에서 내려 주신 말씀의 보화를 만백성에게 나누어 주는 것이 선지자의 임무라고 하셨습니다. 새로운 성경을 통해서 얻는 재물을 사용할 곳도 하나님께서 일일이 명해 주십니다. 모든 재물은 저의 자의로 쓸 수 없고, 하나님께서 명하시는 대로만 쓰여집니다.

· 어떤 명분으로든 십일조나 각종 헌금을 거두어들이지 말라 하셨으며, 국내뿐 아니라 각국에 성전과 단독 서점을 운영하며, 한국의 많은 젊은이들을 전 세계에 지도자로 내보내라고 하셨습니다.

· 우리는 세계적으로 새로운 성경을 보급하며 어려운 이들을 돕는 역사를 해 나갈 것입니다. 지금까지 비록 몇 명 안 되는 제자들과 함께 이러한 일을 역사했지만, 앞으로도 계속 하나님께서 기뻐하시는 일들을 해 나갈 것입니다. 부족한 저희에게 여러분들의 지혜와 성원을 보내 주시기를 바랍니다. 많은 분들의 참여와 도움을 간절히 기다립니다. 감사합니다.

한국어로 내려온 《새로운 성경》 단행본을 출간하며
2016년 4월 10일

발행인 **김 용 철**

한국어로 내려온

새로운 **성 경** · 5부 · 제75권

지은이 하나님 말씀
대역자 김용철

초판인쇄 1쇄 2017년 4월 3일

펴낸 곳 도서출판 하얀마음
등록번호 제 10-2107호 (2001년 2월 14일)
주소 서울시 노원구 덕릉로86길5, 2층
전화번호 02) 313-1114
팩스 02) 393-5554
전자우편 book160@hanmail.net
편집위원 조나영 김미향 이석교
제작지원 김창현 김지영

도서상담 1600-7527
ISBN 978-89-5875-175-5 (04230)
978-89-5875-100-7 (세 트)

값 10,000원
잘못된 책은 구입하신 곳에서 바꾸어 드립니다.

※이 책은 10부로 제작되며, 각 부 16권씩 총160권으로 구성됩니다.※

1부	2부	3부	4부	**5부**	6부	7부	8부	9부	10부
1권	17권	33권	49권	65권	81권	97권	113권	129권	145권
2권	18권	34권	50권	66권	82권	98권	114권	130권	146권
3권	19권	35권	51권	67권	83권	99권	115권	131권	147권
4권	20권	36권	52권	68권	84권	100권	116권	132권	148권
5권	21권	37권	53권	69권	85권	101권	117권	133권	149권
6권	22권	38권	54권	70권	86권	102권	118권	134권	150권
7권	23권	39권	55권	71권	87권	103권	119권	135권	151권
8권	24권	40권	56권	72권	88권	104권	120권	136권	152권
9권	25권	41권	57권	73권	89권	105권	121권	137권	153권
10권	26권	42권	58권	74권	90권	106권	122권	138권	154권
11권	27권	43권	59권	75권	91권	107권	123권	139권	155권
12권	28권	44권	60권	76권	92권	108권	124권	140권	156권
13권	29권	45권	61권	77권	93권	109권	125권	141권	157권
14권	30권	46권	62권	78권	94권	110권	126권	142권	158권
15권	31권	47권	63권	79권	95권	111권	127권	143권	159권
16권	32권	48권	64권	80권	96권	112권	128권	144권	160권